アマゾン・コムの野望

ジェフ・ベゾスの経営哲学

脇 英世

東京電機大学出版局

まえがき

二〇一一年三月一一日にフォーブスの世界の億万長者リストが発表された。

第一位は、メキシコの電気通信事業者のカルロス・スリム（七一歳）で七四〇億ドル。ラテンアメリカの電気通信事業を押さえているといわれているが、ふだんあまり報道されることのない人だ。第二位が、有名なマイクロソフトのビル・ゲイツ元会長（五五歳）で五六〇億ドル。第一位をすべり落ちて二年目である。第三位が、バークシャー・ハサウェイの最高経営責任者のウォーレン・バフェット（八〇歳）で五〇〇億ドル。世界一の投資家としてたいへん知名度が高いが、どうしてもビル・ゲイツを抜けない。第五位に、データベースで有名なオラクルのラリー・エリソン（六六歳）で三九五億ドル。第七位に、既製服ファッションで有名なＺＡＲＡのアマンチオ・オルテガ（七五歳）で三一〇億ドルである。読んでいくと、興味の尽きないリストである。

このリストの第三〇位に、アマゾンのジェフ・ベゾス（四七歳）がいる。一八一億ドルである。為替レートによって日本円での評価が違うが、一兆円を越えることはまちがいない。多くの大富豪がすでに功成り名遂げて現役を引退した形となっているが、ジェフ・ベゾスはバリバリの現役で業界に影響力の強い人である。

ジェフ・ベゾスを追撃する若い世代には、一九八億ドルで第二四位のグーグルのラリー・ページ（三八歳）とセルゲイ・ブリン（三七歳）や、一三五億ドルで第五二位のフェイスブックの創業者マーク・ザッカーバーグ（二六歳）がいる。ジェフ・ベゾスは、若い世代にも負けずに頑張っている。

ジェフ・ベゾスのアマゾン・コムは一九九四年に創業され、一九九七年に株式を上場したが、二〇〇一年まで利益を計上しなかった。米国の口やかましい株主たちが、その間、何も不満や文句を言わなかったのが不思議である。ジェフ・ベゾスの人柄のどこかに、将来を期待させるなんらかの魅力があったのだろう。

ジェフ・ベゾスは取材するのが非常にむずかしい人といわれている。大新聞や大放送局の権威をもってしても、なかなか会ってもらえない。いく例か私の友人のマスコミ関係者がシアトルに行ってインタビューを申し込んで、かなわなかったのを記憶している。仮に会ってくれるとしても、ジェフ・ベゾスのほうに新製品の仕掛けがあったりして、うまく乗せられてしまうという危険もある。

また、ある裁判で、裁判長が、「（ジェフ・ベゾスらが）きわめて選択的な記憶を持っており、ある詳細部分について『思い出せません。確かではありません。それについてはまったく記憶にありません』を乱発するのに驚いた。これと対照的に、他の詳細部分については、きわめてはっきりした鮮やかな記憶を持っている」と記録している。

ジェフ・ベゾスは魅力もあるが、きわめてしたたかな人である。ジェフ・ベゾスはどういう人なのか、どういうビジネス戦略を持っているのか、私なりのやり方で考えてみたのが本書である。かなりよく調べて書いたつもりだが、浅学菲才の私のこと、予想しなかったまちがいがあるかもしれない。その際は読者のご寛恕を賜れれば幸いである。

本書の読み方について一言。本書はどこから読んでも結構である。全部を最初から通読するのは多少つらいかもしれない。興味のある所から読んで、むずかしそうな所は後回しにしていただいて、また気の向いたときに読み直していただければ幸いである。

二〇一一年四月

脇　英世

商標および登録商標について

本書の執筆にあたっては、さまざまな著作や資料を参考にしています。本書に出現する名詞（企業名および製品名）には商標または登録商標が含まれていますが、それらは当該企業が権利を所有する商標または登録商標です。読みやすさを保つために、文中では®記号を省略して表記しました。

目 次

第8章　か細きダビデ、ゴリアテに変身 — 156

第1章　ジェフ・ベゾスの神話

1　アイゼンハワーとキューバ

一九五二年一一月、大統領に当選したアイゼンハワーはニュールック政策を提唱した。当時の米国の戦略思想は圧倒的に航空戦力万能論に支配されており、戦略空軍、戦略爆撃機、航空母艦、核爆弾、核ミサイルなどがキーワードだった。ただ、核戦力の行使は地球の破滅につながりかねず、朝鮮戦争は核戦力の行使を伴わない通常戦力の範疇で行なわれた。この場合、核戦力と戦略空軍の整備に力を注いだ米軍には不利であって、世界最強を標榜しながら中国人民解放軍の人海戦術の前に意外な苦戦を強いられた。

朝鮮戦争の終結をポイントにして大統領となったアイゼンハワーは、国防費の節減と米軍兵士の生命を犠牲にする通常戦争の回避を図らねばならなかった。軍人出身でありながらハト派的な路線をとらざるをえなかったのである。しかし、米国は通常戦争は避けたいものの、全世界統治という立場では、警察権の行使はしたかった。

そこで、抜け道として比較的安上がりなＣＩＡ（中央情報局）が重用された。まず、ＣＩＡは一九五三年八月、イランのムハンマド・モサデグ政権をクーデターで打倒した。これはわずか五名のＣＩＡ工作員で成功した。続いて、一九五四年六月、グアテマラのハコボ・アルベンス左翼政権を打倒した。クーデターは、わずか数百名の傭兵部隊と中古の航空機三機で成功した。こうした安直な成功が、ＣＩＡにとっても米国にとってもよくなかったのかもしれない。

アイゼンハワー政権末期、ＣＩＡはキューバのカストロ政権の打倒を画策した。ＣＩＡはパナマで三〇〇〇人のキューバ亡命兵士を訓練しはじめた。軍人出身のアイゼンハワーは、承認はしたものの計画の無謀さに呆れていたという。アイゼンハワー大統領は、ＣＩＡの作戦計画に承認を与えながら作戦の前途に冷笑的であった。連合軍総司令官としてノルマンジー上陸作戦を指揮した経験から当然だろう。ただ、そうでないという説もある。

2　ケネディの失策

一九六一年一月二〇日、民主党のジョン・Ｆ・ケネディが大統領に就任した。彼は共和党のアイゼンハワー政権の悪い部分を真っ先に継承した。ＰＴ-１０９という魚雷艇長出身のケネディは、特殊部隊やＣＩＡが好きだった。若い大統領には、さっそうたる青年将校たちの敬礼がたまらなかったのだろう。サングラスをかけて特殊部隊の将校たちと談笑している写真を見たことがある。このあたり、まことに残念なことにオバマ大統領にも通じるところがある。

ＣＩＡの立てたキューバ上陸作戦は、きわめて楽観的で粗雑だった。なんどか変更はあったものの基本はまずキューバのピッグス湾にキューバ亡命兵士一五〇〇名が敵前上陸し、橋頭堡を確保する。このため、揚陸艦三隻、上陸用舟艇四隻を用意する。上陸と同時にＣＩＡの影響下にある一二カ所の放送局から反カストロ軍の上陸を告げる放送を行ない、キューバ人の蜂起を待つ。それだけである。

キューバ軍二〇万人、ソ連の提供したＴ–34、ＩＳ–2、ＳＵ–１００など数百両の機甲戦力と多数の野戦砲や高射砲の存在を無視している。かりそめにも一つの国家を転覆しようとするのに、ずいぶん甘い見積もりだと思わざるをえない。

ＣＩＡは空からの支援のために、中古の輸送機、短距離離陸機、対潜哨戒機を寄せ集めた。爆撃機については、アリゾナのツーソンの米空軍の余剰品集積所からＣＩＡがインターナショナル航空というダミー会社経由で購入したプロペラ式の双発爆撃機Ｂ–26Ｂ（Ａ–26という名称は一九六六年に改称されたもので、当時はＢ–26である）が一九機であった。これを選んだ理由は、革命前のキューバには米国からＢ–26Ｃが一六機供与されていたので、キューバ軍のマークをつけてしまえば、米国の介入でなくキューバ軍の蜂起とごまかせると思ったのである。だが、ＢとＣでは機種の先端が不透明か透明かというちがいがあって、写真を見ればすぐ偽物とわかってしまうのである。実際、わかってしまった。

ジェット機の時代なのに、第二次世界大戦の航空博物館のようなセコハンのプロペラ飛行機ばかりである。さらに、戦闘機が足りないのが特徴だ。制空権の確保を考えていない。何とものんきな計画であった。

3　鷹は飛び立った

さて、一九六一年四月一五日、反カストロ軍の爆撃機八機はニカラグアから発進し、カストロ軍の三カ所の飛行場に攻撃をかけた。八機しか出動しなかったのは、B‐26Bの操縦に習熟した反カストロ軍パイロットが限られていたからである。

キューバ軍側でも飛べるB‐26Cは六機だけで、初日に爆撃で三機が破壊されてしまった。残ったキューバ軍のB‐26Cの運命はというと、翌日、反カストロ軍の揚陸艦の攻撃時に対空砲火で一機が撃墜されてしまい、さらにその翌日、自軍の対空砲火で撃墜されてしまった。どの資料においても戦果には未確認や嘘があり、機体番号やパイロット名まではわかっていても正確なところはわからないことが多い。ウィキペディアのような権威ある百科事典においても、英語版と日本語版の記述は大きくちがっている。

反カストロ軍を驚かせたのは、米国が供与したT‐33ジェット練習機に機関銃が装備されており、これで四機のB‐26Bが撃墜されてしまったことである。まさか練習機が機関銃で武装しているとは思わなかった。さらに、T‐33とB‐26Cの5インチロケット弾で、反カストロ軍の二隻の輸送船が撃沈されてしまった。

当惑したケネディは四月一七日払暁を期して、キューバのカストロ軍の全航空戦力の撃滅を指令した。しかし優柔不断で悩めるケネディは、間際になってB‐26B爆撃機隊の出動をとりやめさせた。

それでも、実際にはこの爆撃機隊は出撃した。パラシュート部隊を運ぶ輸送機に関して、計画では一機が出動するはずだったが、四機分だけしか操縦士が間に合わなかった。パラシュート部隊は降下したが、待ち構えていたキューバ革命軍に蹴散らかされた。上陸用舟艇で上陸した反カストロ軍の2506旅団もあっけなく殲滅されてしまい、一二〇〇名が降伏した。何というお粗末な漫画的な結末だっただろう。

この事件あたりでCIA万能論には懲りたはずなのだが、一九六二年一〇月二二日に始まるキューバ・ミサイル危機での瀬戸際作戦でケネディは自信を回復した。全世界が熱核戦争に巻き込まれかねない危機であった。私も子供のころテレビでニュースを見て、一五〇〇機といわれたB-47が全米に展開しているのを見て、熱核戦争で地球が滅んでしまうと心配したものである。

自信を取り戻したケネディは、再びCIAや緑のベレー帽をかぶった特殊部隊に食指を伸ばす。取り巻きも威勢のよい連中が増えてきて、ウォルト・ロストウの対ゲリラ戦論やヘンリー・キッシンジャーの戦術核兵器論が跋扈する。結局、米国はずるずると泥沼のベトナム戦争に引きずり込まれてしまった。オバマ大統領にも、ぜひ歴史の教訓を思い出してほしいものだ。

4　カトリック神父のペドロ・パン作戦

ペドロ・パン作戦というのはスペイン語で、英語ではピーター・パン作戦という。フロリダ州マイアミのカトリック協会のブライアン・O・ウォルシュ神父が発案・組織した運動である。国務省とC

ＩＡが関与していたといわれる。状況的にだけいえばまちがいない。

事の起こりは、キューバ革命によってカストロ政権が発足したことにある。革命に反対する人々のあいだに、子供たちが強制的に親から引き離されてソ連の労働キャンプに送り込まれるという噂が立った。ペドロ・パン作戦は、これに反対するカトリック教会のウォルシュ神父がキューバの子供たちを救おうと米国に引き取った運動であり、一九六〇年一二月二六日に開始されて以来一九六二年一〇月までに、六歳から一七歳までの子供一万四千人を米国に引き取った。親元を離れて米国の親戚などに育てられることになったのだが、はたしてそれで幸福になれたかどうかはわからない。

このことは、しかし本書の物語にとっては重要な事件であった。一九六二年、一五歳（一七歳ともいわれる）のマイク・ベゾスがキューバから米国に渡ってきたからだ。マイク・ベゾスは本名をミゲル・ベゾスという。米国で通じやすいように、本人はマイク・ベゾスと呼ばれるのを好んだ。本来の発音は〈ベゾス〉よりも〈ベイゾース〉に近いが、日本ではほぼ〈ベゾス〉で定着してしまったので、本書ではこう表記する。

マイク・ベゾスの持ち物といえば、二枚のシャツと下着のみであった。マイク・ベゾスは年少の一五名の少年たちとともに、デラウェア州のカトリック教会の庇護の下で育った。英語を必死でマスターしたマイク・ベゾスは、できるアルバイトは何でもこなしながらデラウェア州の高校を卒業した。その後、遠く西に離れたニューメキシコ州のアルバカーキ大学に入学した。アルバカーキ大学を選んだ理由は、キューバから逃れてきた少年たちに特別の奨学金が用意されていたからだという。

5　ジェフ・ベゾスの家系

本書の主人公ジェフ・ベゾスは、アマゾン・コムの創立者で、会長兼社長兼ＣＥＯ（最高経営責任者）である。アマゾン・コムは、正式には英語でAmazon.com, Inc.で、カタカナに直してアマゾン・コム・インクだが、以下、アマゾン・コムと略す。アマゾン・コムでなくてアマゾン・ドット・コムという表記もあるが、山形浩生氏の指摘するようにアマゾン・コムのほうが自然である。英文表記でAmazon.dot.comなどない。読むときに注意すればよいのである。当初、ドット・コム企業というのが珍しかった時代もあるから仕方のないことかもしれないが、いかにも不自然である。しかし、もともとカタカナ表記はないのだから、どちらでもよいといえばどちらでもよいのだが。

さて、ジェフ・ベゾスは愛称で、正式にはジェフリー・プレストン・ベゾスという。生まれたときはジェフリー・プレストンであった。プレストンは祖父の姓である。のちにマイク・ベゾスの養子になってから、ジェフリー・プレストン・ベゾスになる。

ジェフ・ベゾスは一九六四年一月一二日、ニューメキシコ州アルバカーキに生まれた。母は一七歳の高校生のジャクリーヌ（通常はジャッキーと略す）・ガイス・ヨルゲンセンである。今の名前はジャクリーヌ・ガイス・ベゾス（略してジャッキー・ガイス・ベゾス）である。ジャッキー・ガイスはすこぶる美人であったという。現在の写真を見てもたしかにそう思える。不幸なことに、ジャッキー・ガイスの結婚は一歳年上の夫と仲違いして一八カ月で破綻した。

ベゾスは実の父を知らない。暗黙の内に伏せられているが、再婚前の母の名前がジャッキー・ガイス・ヨルゲンセンだったことから、実父の姓はヨルゲンセンだったようにも思われる。デンマークなど北欧系に多い姓である。実父の名をテッド・ヨルゲンセンとする資料もある。また、ジャッキーとマイクが眼鏡をかける必要がなかったのにベゾスが眼鏡をかけていたことから、実の父親テッド・ヨルゲンセンは眼鏡をかけていたのだろうと想像できる。しかし勝手な想像をしても始まらない。

聖書では祖先から子孫に向かって系図をたどるが、ここでは逆に子孫から先祖へ向かって系図をたどってみよう（図1・1）。ジャッキー・ガイスの両親は、ローレンス・プレストン・ガイスとマッティー・ルイーズ・ストレイトである。さらにローレンス・プレストン・ガイスの両親は、ロイド・プレストン・ガイスとレベッカ・マーベル・ホールである。ロイド・プレストン・ガイスの両親は、ダニエル・ガイスとアデリーン・ケアンズ、またダニエル・ガイスの両親は、デビッド・ガイスとサラ・カーリンである。デビッド・ガイスが一八四三年ペンシルバニア州レバノンに生まれたことはわかるが、この系統で追跡できるのはここまでである。以上で、ジェフ・ベゾスの母のジャッキー・ガイス・ベゾスという名前のミドルネームがなぜガイスかを明らかにした。

ジャッキー・ガイスが祖先として尊敬しているのは、レベッカ・マーベル・ホールの系統である。これも見ておこう。レベッカ・マーベル・ホールの両親は、トーマス・キング・ホールとアンリエッタ・トラメルである。トーマス・キング・ホールの両親は、ロバート・ホールとマリー・ミネルバー・キングである（ルーツウェブというツールを使ってインターネット検索を続ければ、ホール家はまだ三代ほど遡れるが、生没年がはっきりしているのはロバート・ホールまでである）。ロバート・

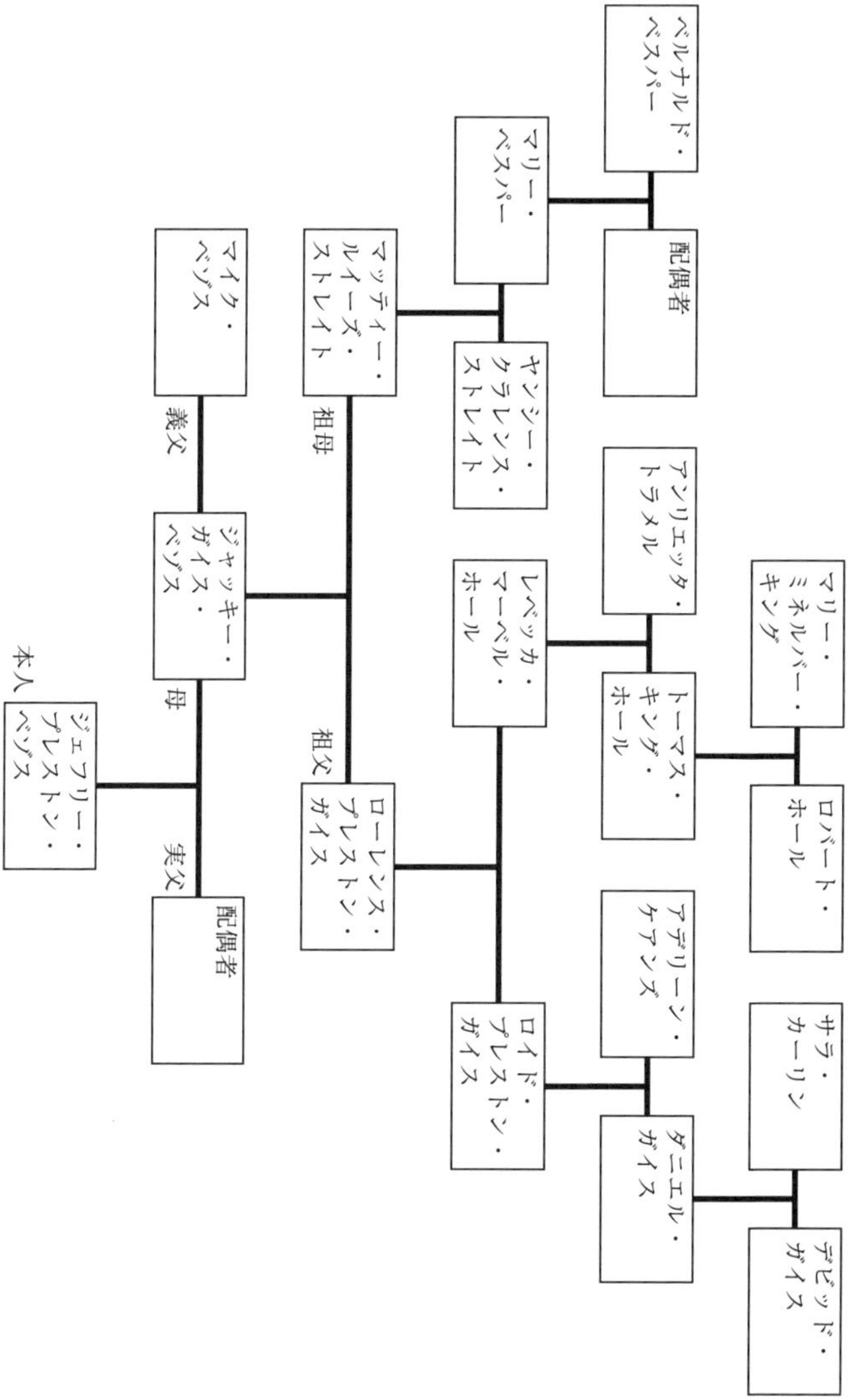

図1.1　ジェフリー・プレストン・ベゾスの家系

ホールはサウスカロライナ州のロッキーリバーに一八一四年に生まれ、一八九九年に亡くなっている。ロバート・ホールはロバート・ホール大佐とよばれていて、テキサス州サンアントニオに移り住んできた。人々から恐れられるこわもての存在であったらしい。家族の系図に詳しいジャッキー・ガイスは、このロバート・ホール大佐を尊敬しているらしく、いろいろな記事に出てくる。

次に、ガイス家の基盤を築いたのは、ベルナルド・ベスパーの流れのベスパー家である。これも見ておこう。ジャッキー・ガイスの両親がローレンス・プレストン・ガイスとマッティー・ルイーズ・ストレイトであることは述べた。母方の系列をたどると、マッティー・ルイーズ・ストレイトの両親は、ヤンシー・クラレンス・ストレイトとマリー・ベスパーである。マリー・ベスパーの父親は一八四五年生まれのベルナルド・ベスパーであるが、配偶者はわからない。ベルナルド・ベスパーがサンアントニオ南西のコトゥーラに二万五千エイカーの牧場を購入した。牧場は、ベスパー家からストレイト家に、さらにガイス家へと継承されてきた。

さて、このくらいの予備知識があれば、ジェフ・ベゾスの家系に関する通常の記事や本を読んでも困らないと思う。私もここまで調べてやっと納得した。

6　ジェフ・ベゾスの誕生

一九六四年一月一二日、ジェフ・ベゾスが生まれたことは述べた。

ジェフ・ベゾスの将来の義父マイク・ベゾスは、アルバカーキ大学に通いながら、夜間に地元のニニューメキシコ銀行でアルバイトをした。一方、ジェフ・ベゾスの母のジャッキー・ガイスは、コミュニティカレッジでビジネスを勉強した。

一九六六年、ジェフ・ベゾスが二歳のとき、ジャッキー・ガイスはニューメキシコ銀行に帳簿係として雇われ、ジャッキーが夜勤に回されたときマイク・ベゾスと知り合った。二人はしだいに接近して交際するようになる。一九六八年、ジェフ・ベゾスが四歳のときに二人は結婚した。一九六九年、ジェフ・ベゾスの妹のクリスティーナが生まれる。一九七〇年、ジェフ・ベゾスが六歳のときに、ジェフ・ベゾスは正式に養子として二人に引き取られた。

こうして、ジェフリー・プレストンはジェフリー・プレストン・ベゾスとなったのである。どうもこの年、結婚式をしたらしい。ジェフ・ベゾスが

「六歳のときに結婚式に参列したよ」

と友人に語り、

「それはおかしい。結婚式は君が生まれる前にするものだよ」

と語ったといわれるからである。また、この年、弟マーク・ベゾスが生まれた。

この年譜の整理はとてもむずかしく、二〇本ぐらいの本と記事を読んで猛烈な矛盾に悩まされた。

ジェフ・ベゾスの義父マイク・ベゾスは、ハリウッド映画の俳優だって十分に勤まりそうな、渋いロマンスグレーのハンサムな人だ。

7　大好きなおじいさん、ローレンス・プレストン・ガイス

さて、ロバート・スペクターの『アマゾン・ドット・コム』（長谷川真実訳、日経ＢＰ社、二〇〇〇年）などを読むと、ジャッキー・ガイスの父親のローレンス・プレストン・ガイスは、もとは国防総省のＡＲＰＡ（アルパと読む。先進研究計画局）にいて、それからＡＥＣ（原子力委員会）のマネージャーをやっていたとある。だから、ガイス家の親子はニューメキシコ州アルバカーキにいたわけである。

私が長いあいだ疑問に思っていたのは、本当にローレンス・ガイスは大物だったのかということであった。世間には大袈裟に書いた本がよくある。その類なのかもしれないと思っていた。ところが、実際に調べてみると、かなりの大物であった。

8　先進研究計画局ＡＲＰＡ

ＡＲＰＡは、ときどきＤＡＲＰＡともよばれる。Ｄはディフェンス、つまり国防である。ＡＲＰＡは一九五八年二月七日、国防総省令５１０５・１５によって設立され、一九七二年三月二三日、国防総省令５１０５・４１によってＤＡＲＰＡ（国防先進研究計画局）と改称された。ところが、ビル・クリントン大統領の政策で一九九三年二月二二日再びＡＲＰＡと改められ、一九九六年二月一〇日ま

たDARPAになった。その後、変更はなく現在の名称はDARPAのままである。なぜそう変更があるかというと、時代背景による。米国が戦争をしているときは、とくに泥沼戦争にはまっているときは、国防意識の高揚と愛国主義が前面に出るからである。

ARPAは一九五七年一〇月四日、ソビエト連邦がスプートニクという人工衛星の打ち上げに成功したことに端を発する。突然、米国はソビエト連邦に後れをとった。衛星の代わりに核爆弾を搭載されたらどうなるか。米国本土は無防備なままである。スプートニクが米国に与えた心理的衝撃は大きかった。

米国は二つの点で大いに反省した。一つは、宇宙開発とりわけロケットの開発の遅れである。これをミサイルギャップともいう。米国は、ソ連が米国が追随できないような非常に強力なロケットをもっていると誤解した。米国のロケット技術は非常に遅れていると反省した。もっとも、この点はソ連のほうが頭がよくて、ドイツのV2号と大差のないロケットを数本集めて一本としていた。打ち上げの写真は公開されていなかったから、米国はものすごいショックを受けた。

もう一つは、国防の観点から先進的な科学技術の組織と管理がまずかったのではないかということであった。地味で牛歩のごとく進まない在来型の国防研究でなく、思い切って斬新で野心的な科学技術の計画が必要と考えられた。この考え方がARPAの創設につながる。ARPAの特徴は、研究の計画や資金の配分はするが、自分では研究所をもたないことである。

ハーバート・F・ヨークの『絶滅へのレース：軍備競争の参加者の視点』という本に、ARPAがあわただしくできたときの様子が述べられている。

「それはＡＲＰＡ、アドバンスド・リサーチ・プロジェクト・エージェンシー（先進研究計画局）とよばれた。ＧＥの重役であったロイ・ジョンソンが新しい組織の初代局長となった。海軍少将ジョン・クラークが暫定局長であり、著者（ハーバート・Ｆ・ヨーク）が主任科学者となった。数週間後ローレンス・ガイスが管理本部長となった」

この最後に出てくるローレンス・ガイスが、ジェフ・ベゾスの祖父であり、相当の大物であることがわかる。

ＡＲＰＡは、現在ではインターネットの前身であるＡＲＰＡネットで有名である。ＡＲＰＡネットをつくりあげたのは、ＡＲＰＡのＩＰＴＯ（情報処理技術部）であって、その部長職にあった人の名前はよく知られている。インターネットの歴史をよく知っている人なら、次の名前には通暁しておられるだろう。

第１代　Ｊ・Ｃ・Ｒ・リックライダー
第２代　イワン・サザーランド
第３代　ロバート・テイラー
第４代　ローレンス・Ｇ・ロバーツ
第５代　Ｊ・Ｃ・Ｒ・リックライダー

だが、ＡＲＰＡのＩＰＴＯは、国防総省管理下のＡＲＰＡの一部局にすぎない。もともとＡＲＰＡができたとき、ＡＲＰＡの主要業務は、宇宙飛行、弾道ミサイル防衛、核実験の検知であった。一年が経たないうちに、宇宙飛行の業務はＮＡＳＡ（米国航空宇宙局）に移された。ＡＲＰＡネットがインターネットに成長したことから、ARPAの業務を平和的な研究奨励と管理と勘ちがいする向きもあるようだが、事実はまったくちがう。核実験の検知はベラ・ホテル計画という暗号名でよばれていた。ローレンス・ガイスはこの計画に大きくかかわっていた。関連文書を読むと、防衛的な検知というよりも、かなり攻撃的な検知だったようである。『パラレルワールド』(ミチオ・カク著、斉藤隆央訳、NHK出版、二〇〇六年)によれば、ベラ衛星はニューク・フラッシュ(核の閃光)を検出し、不法な核実験を検知するものであったという。

9　原子力委員会と核兵器製造

ある時点で、ローレンス・ガイスはエネルギー省のAEC(原子力委員会)に異動する。この原子力委員会というのは一見、原子力の平和利用委員会のように見えるが、実際は原子核兵器の製造委員会である。

エネルギー省のオープンネットで原子力委員会のローレンス・ガイス関係の文書を探してみると、一一四通が見つかる。当時国家機密であったものも多いが、機密解除となった今は誰でも読むことができる。ほとんどが核兵器開発関係の文書である。実験で被爆した人の報告や、モンサントなどの核製造施設の図面まで見ることができる。ネバダ州のアルバカーキというのは米国の核兵器の実験場であって、ローレンス・ガイスがどうしてそこに異動したのかと思っていたが、残されたメールなどから推定すると、ガイスの業務は核兵器の開発で、実務上の最高責任者に近かったようである。

こうした経歴をもつジェフ・ベゾスのおじいさんローレンス・プレストン・ガイスは一九六八年、五三歳で原子力委員会を辞したのち、テキサス州コトゥーラの牧場レイジーGに引退していた。コトゥーラはサンアントニオ市の南西にある。インターネット上のコトゥーラ周辺の墓地の埋葬記録からローレンス・プレストン・ガイスを探し出すと、生年月日は一九一五年四月二三日、死亡年月日は一九九五年一一月一二日である。墓碑の写真まで手に入る。

コトゥーラという町の人口は三〇〇〇人くらいである。それで思い出したが、ジェフ・ベゾスがアマゾン・コムの採用試験に好んで出す問題の一例に「米国にはどのぐらいのガソリンスタンドがあるか?」というのがある。これはマイクロソフトのスティーブ・バルマーあたりが一九八〇年代後半から採用試験に使って、全世界に流行させたタイプの問題である。たとえば「シアトルにはいくつマンホールがあるか?」などと問い、その人の当意即妙さを試すものである。なぞなぞ遊びのようなものだ。

さて、ジェフ・ベゾスの出した問題の解答例を見てみよう。コトゥーラの人口は三〇〇〇人でガソリンスタンドは二つあった。つまり、一五〇〇人に一つガソリンスタンドがある。米国の人口は二億八〇〇〇万人だから、二億八〇〇〇万を一五〇〇で割って、一八万六六六六ぐらいだろうというのである。米国石油協会による正解は一七万五〇〇〇である。その人の頭の良さをみるのに有効な場合もあるが、ある意味では荒唐無稽な試験である。大学から学生を就職試験に送り出す私などからすると、そんな問題で学生を評価されてはたまらないと思ったりもする。たぶん私も頭が固くて、とてもアマゾン・コムには雇ってもらえないだろう。

ローレンス・プレストン・ガイスは、一九九五年七月二四日にアマゾン・コムの株主になっている。亡くなる四カ月前である。一九九三年四月二一日付のガイス家信託約款に基づいたものだ。S-1というアマゾン・コムの目論見書のEXHIBIT 10・14に書いてある。最後の住所は、テキサス州コトゥーラ市レオナストリート600番地である。

10　ジェフ・ベゾスの幼年時代

ジェフ・ベゾスの幼年時代については神話ばかりで、細かいことはほとんどわからない。伝えられているものも、おそらく意図してつくられた神話が多いと思う。ウォーレン・バフェットの伝記『スノーボール』（アリス・シュローダー著、伏見威蕃訳、日本経済新聞出版社、二〇〇九年）のように、ジェフ・ベゾスの包括的な伝記が将来書かれたときには、ほとんど神話が否定される可能性がある。また、『スノーボール』は伝記としてはよく書かれているほうだが、それでさえも、不良少年が大学に行くと突如、品行方正な勉強家になったりして、批判的にみれば少しおかしい。

ジェフ・ベゾスの少年時代は、天才少年であったことを強調する逸話に富んでいる。三歳のころ、ベビーベッドでなく本当のベッドで寝たかったジェフ・ベゾスは、ドライバーでベビーベッドを分解しようとしたという。本当のベッドに改造したかったというのである。三歳児がベッドをドライバーで分解できるものかどうか、よくわからない。少し疑わしいのではないかと思う。

ジェフ・ベゾスの誕生は一九六四年であり、両親の結婚は一九六八年であるから、三歳とすれば、これはたぶんアルバカーキ時代の逸話だろうと思われる。また、ジェフ・ベゾスもアルバカーキを離れたのは四歳と言っているからまちがいないだろう。

一九六八年に結婚して義理の父親となったマイク・ベゾスは、大学を卒業すると石油会社のエクソンに職を得た。そのため、ベゾス一家はテキサス州ヒューストンに移り住んだ。文献によって、この移動の時期の表現が異なっている。

11 モンテッソーリ・プレスクール

ジェフはモンテッソーリ・プレスクールに通った。二歳から六歳までがプレスクールのようだ。誤解がなければ幼稚園といってよいだろう。モンテッソーリ教育法とは、イタリアの医師で教育家のマリア・モンテッソーリによって考案された教育法である。モンテッソーリは、自発的に学習できるように考えられた用具を準備し、その環境で自由にふるまうことを許された子供を観察する過程で、子供の本当に自然な性質を発見した。この観察の結果を活かした創造的な教育法がモンテッソーリ教育法である。モンテッソーリ教育法は米国ではとくに広まった。

モンテッソーリ・スクールの卒業生である有名人は数多い。まず、アンヌ・フランク、ジャクリーヌ・ケンディ、ピーター・ドラッカーがいる。さらに、キャサリン・グレアム（ワシントン・ポスト紙経営者）、セルゲイ・ブリンとラリー・ページ（グーグルの共同創立者）、ジミー・ウェールズ（ウィキペディア創設者）などがいる。これらの情報は Montessori College of Auckland のホームページによった。まだ他にもいるが割愛する。

モンテッソーリ・プレスクールで何事にも夢中になってしまうジェフを次の作業に移すには、先生が椅子ごとジェフを運んでしまうしかなかったという逸話がある。それほど集中力が強かったというのだ。この話はたぶんつくられたものだろう。モンテッソーリが集中現象の発見をしたとき、円柱を穴に差し込む作業に熱中している女の子を椅子ごと持ち上げてテーブルにおいても気がつかなかったという観察結果に関する有名なエピソードがあって、それを下敷きにしているように思われる。

このマリア・モンテッソーリの創始したモンテッソーリ法という教育法はきわめて興味深いもので、関心のある方は英訳があるので一読をお勧めしたい。第一章からマックス・ウェーバーやグスタフ・フェヒナーやヴィルヘルム・ヴントなどの名前も出てきて、はっとする。できれば、やさしく噛み砕いたハウツー物ではなく、原典を読むことをお勧めする。

12　科学少年と宇宙への憧れ

ジャッキー・ベゾスは、ラジオシャックで簡単な電子機器を買ってきてジェフ・ベゾスに与えた。母親の偉い点は、もし部品が必要なら、日に何度でもジェフ・ベゾスを連れてラジオシャックに出かけて行ったということである。ジェフは、妹のクリスティーナや弟のマークが家のまわりをヨチヨチ歩きするようになると、自分の寝室の扉にブザーを取り付けたという。これで、妹や弟がジェフの寝室に入ってくるのを検知できるようにしたというのである。

ジェフ・ベゾスは、ヒューストンのリバーオークス小学校に四年から六年まで通った。ここで八歳のとき、優秀な子供向けのパイロットプログラムに参加する。一九七四年、一〇歳のとき、リバーオークス小学校のタイムシェアリング用のテレタイプ端末から、ヒューストンのダウンタウンにあるメインフレームコンピュータにアクセスできるようになると、ジェフ・ベゾスと友人たちはスタートレックゲームに熱中した。ただし、テレタイプでできる3行×3列のスタートレックゲームであったというから、おそらくＢＡＳＩＣで書かれたゲームであったろう。

13 牧場レイジーＧと宇宙旅行基地

ジェフ・ベゾスは、四歳から一六歳まで毎夏三カ月、コトゥーラの牧場レイジーＧで暮らしていた。レイジーＧは二五〇〇〇エイカーの広さがあった。ジェフ・ベゾスはレイジーＧで、馬に乗ったり、牛の面倒をみたり、牛に〝Lazy G〟という牧場の烙印を押したりできた。また、祖父のローレンス・プレストン・ガイスはジェフ・ベゾスに、インターナショナル・ハーベスタースカウトというピックアップトラックの運転もさせてやった。公道でないので、免許はいらなかった。ジェフ・ベゾスは祖父を手伝って、牧場で溝を掘ったり、パイプを敷設したりした。

ローレンス・プレストン・ガイスは、トランスミッションの故障した中古のキャタピラー社製ブルドーザーＤ-6を買った。修理をするには、五〇〇ポンドのギアーを外さなければならず、またクレーンを自作する必要もあった。二人は実際そうした。男の子にはたまらない幸福である。都会では味わえない経験だ。アン・バイヤーズによれば、ジェフ・ベゾスはこれらの体験を通して、どんな問題だって解決できる、困難とは困難と考えるから困難なのだ、という教訓を学んだという。

また、ローレンス・プレストン・ガイスはジェフ・ベゾスに、ヒースキットなどの電子工作キットを買い与えたという。ヒースキットはアマチュア無線用の自作キットから出発しており、ヒースキットの組立てキットは米軍の放出物資をもとにつくられた伝統があるので、一般にそんなに高価なものではない。もっとも、一九七九年にゼニスがヒースキットを買収してからは、しだいにコンピュータの組立てキットに傾斜していった。

14　レイジーGとロングフェローランチ

ジェフ・ベゾスがどれほど、この牧場レイジーGのあるテキサス州コトゥーラを愛していたかは、Fastcompany.com の伝える二〇〇三年三月六日に起きた事件に関連しても報道されている。

この日、ジェフ・ベゾスはアエロスパシアル・ガゼルというヘリコプターをチャーターしてテキサスに飛んだ。ガゼルはフランス製の少し古い型のヘリコプターだが、もともと対戦車ヘリコプターとして開発され、軽快な動作のできるヘリコプターだ。ガゼルは巡航速度二六〇キロ／時で、航続距離は六七〇キロメートルと比較的長い。映画「地獄の黙示録」に出てくるベルUH-1イロコイスの巡航速度二〇五キロ／時、航続距離五一〇キロメートルに比べればましだ。もっとも、こうしたカタログデータはチャンピオンデータであることが多く、比較してもあまり意味がない。

資産家となったジェフ・ベゾスは、レイジーGのような牧場を買うために下見に出かけたとされている。航続距離は比較的長いというものの、このヘリコプターに乗ってジェフ・ベゾスがシアトルから長躯コトゥーラをめざすというのには無理がある。シアトルからの距離は相当あって、何回か給油しないと到達できない。時間もかかりすぎる。

ジェフ・ベゾスを乗せたガゼルは、テキサス州の南西部フォートデイビスの近くの海抜二〇〇〇メートルのカシードラル山付近を通過した。パイロットは歴戦のベテランであったというが、山岳地帯をヘリコプターで飛ぶとはあまりに無謀である。実際、強い突風が吹いてガゼルは失速し、カラミティクリークに不時着した。ローターが折れて機体は大破というから、墜落というほうが適切かもしれない。助かったとはいうものの、ジェフ・ベゾスは肋骨を三本折った。後日、ジェフ・ベゾスは高笑いして言った。

「あんなことで死ぬのは馬鹿げている。もうヘリコプターには乗らない。ヘリコプターは固定翼機ほど信頼できない」

パイロットの名誉のためにいえば、固定翼機でも山岳地帯や渓谷上空を通過するのは必ずしも安全ではない。私も家族とグランドキャニオンをセスナに乗って遊覧飛行をしたことがあるが、渓谷からの風でいいように揺さぶられた。数年前の夏も、アルプスに行ったとき、ヘリコプターが資材を運びに雪の積もった四〇〇〇メートルの山頂付近まで上がってきた。ツアーでご一緒した若い美しい女性が何回かそういう折り、「私もヘリコプターに乗りたいわ」と言っていた。幼時、飛行機大好き少年であった私だが、とても山岳地帯でヘリコプターに乗りたいと思わなかった。ヘリコプターは気流の急激な変化に弱いのだ。

表向きジェフ・ベゾスは牧場を探しに行ったことになっているが、レイジーGがあるのに奇妙だ。調べてみると、事故の二年後の二〇〇五年一月にジェフ・ベゾスは、自己の所有している宇宙開発企業ブルーオリジンの宇宙船基地建設を発表している。

ブルーオリジンは二〇〇〇年に設立されたが、二〇〇三年まで公表されなかった。宇宙船基地の場所はバンホーンという町の北側で、そこにジェフ・ベゾスの牧場ロングフェローランチ（コーンランチともいう）があることになっている。グーグルの地図を見ると、ヘリコプターが墜落した場所から北西に一〇〇キロくらいの地点である。バンホーンから北にグアダループ山まで平地がある。そこの一六万五〇〇〇エイカー（六六八平方キロメートル）がロングフェローランチである。たぶん、ジェフ・ベゾスは宇宙船基地の候補地を探しに行っていたのだろう。

宇宙船ニューシェパードの打上げは米国航空宇宙局ＮＡＳＡの支援も受けていて、二〇〇六年一一月に初の実験が行なわれた。垂直離着陸機で、機体名はゴダードである。『不思議の国のアリス』に出てくる、タマゴ怪人ハンプティ・ダンプティのようなロケットだ。ヴァージングループを率いるリチャード・ブランソンも同じようなことをやっている。本当に打上げが成功して、軌道に乗れるのだろうか。しょせん、お金持ちの道楽の世界だから、微笑ましいことである。

15 インフィニティキューブ

一二歳になると、ジェフはインフィニティキューブという科学実験玩具を欲しがった。母のジャッキー・ベゾスは、子供に買い与えるには少し高価に過ぎるのではと二の足を踏んだ。すると、ジェフは部品を買い集めて、自分でつくってしまった。科学少年であったという神話である。ジェフ・ベゾスはいろいろな科学おもちゃをつくり出したが、それを居間に置かれるのに困った両親はガレージをジェフ・ベゾスの実験室にさせたという。ガレージはジェフ・ベゾスのつくったジャンクで埋まったようである。

一九七七年、ジュリー・レイという人が〝Turning on Bright Minds : A Parent Looks Gifted Education in Texas〟という報告を書いている。テキサス州時代の資料である。インターネットで探すと、まだ手に入るらしい。買いたいとは思わなかったので手元にはない。伝聞でなくて活字となったジェフ・ベゾスの幼児期に関する唯一の資料である。インターネットで必要な部分だけ読める。そのなかで、彼女がジェフ・ベゾスのことを〝general intellectual excellence〟と褒めている。〝ジェネラル〟の意味がとりにくいが、知的に優越していると評価しているのだろう。

しかし、彼の先生方は「リーダーシップにおいて、とくに優れているとは言いがたい」と査定している。頭はよいけれど、人の上に立つ指導力はないと言っているらしい。何となくわかるような気がする。この時代から、ジェフ・ベゾスには高笑いの癖があったようだ。あまり大きな声でしきりに笑うので、図書館の入館証をとりあげられたり、弟や妹は絶対に映画館にいっしょに行かなかったという。

16　フロリダのペンサコーラへ

さらに、ベゾス一家はフロリダ州のペンサコーラへと移り住むことになる。一九七八年、ベゾス一家は数百キロ東南のフロリダ州のマイアミ郊外に引っ越した。ここはキューバへ二〇〇キロメートルほどで、マイク・ベゾスの胸には複雑な思いが去来したにちがいない。

ジェフ・ベゾスはマイアミのパルメット高校に通い、一九八二年優秀な成績で卒業した。当時の夢は宇宙飛行士かステファン・ホーキングのような物理学者になることだった。スタートレックに傾倒し、ロバート・ハインラインやアイザック・アシモフのSF小説に夢中になっていたと伝えられる。

高校時代、ジェフ・ベゾスはアップルⅡプラスを買ってもらった。この時代、パルメット高校の一年上級生のアーシュラ・ウェルナーという少女と親しくなる。二人は一九八二年夏、近所の子供を集めてドリームインスティチュートという夏季学校を開く。ドリームとは、Directed REAsonig Methodsという語呂合わせである。『ガリバー旅行記』や『デビッド・カッパーフィールド』や『ロード・オブ・リングス』を読んだりした。カメラの操作法や宇宙旅行や核物理学の話をした。二週間のセッションの費用として一人一五〇ドルを集めた。ジェフ・ベゾス初めてのビジネスであり、少年時代からビジネスに関心があったという逸話である。

当時のジェフ・ベゾスは整った顔立ちのなかなかハンサムな少年である。

17　宇宙からコンピュータへの転進

一九八二年、ジェフ・ベゾスはプリンストン大学の物理学科に入学する。だが、自分よりもずっと優れた学生がいたことから途中で進路を変更し、電気工学とコンピュータ科学を専攻することになる。

「プリンストンにおける私の最良の記憶は、偏微分方程式の問題を解き終えたことです。そして、プリンストンにおける私の最悪の記憶は、偏微分方程式の問題を解き始めたことです」

物理学科をやめたのは量子力学の偏微分方程式がむずかしくて解けなかったからだと、本人はいろいろなところでしきりに言っている。それほどむずかしいかな、と首をひねらざるをえない。特殊関数が性に合わなかったということだろうか。ここでいったん、ジェフ・ベゾスの宇宙への夢は破れたが、二〇〇〇年には民間宇宙開発企業のブルーオリジン社の設立となって結実する。

一九八六年、ジェフ・ベゾスはプリンストン大学を首席で卒業する。当時、ジェフ・ベゾスは、すでに「懸命に働き、楽しみもし、歴史をつくろう」という哲学をもっていた。ジェフ・ベゾスはプリンストンには強い愛着をもっているようで、学生たちに卒業生としてのアドバイスを贈っている。これにはユーチューブにビデオ映像があるのだが、映像を短く編集した結果、論理的に脈絡が通らないところがある。ここでは、私がさらに編集したものを紹介する。

「私の名前はジェフ・ベゾスです。私は電子工学とコンピュータサイエンスを専攻しました。私の現在の仕事はアマゾン・コムの創立者で最高経営責任者CEOです」

〈キンドルの話が続くが、これは唐突なので省略。本書のキンドルの章で紹介する。次に失敗論が続く〉

「失敗は、イノベーション（革新）と発明の本質的な部分です。もし、それがうまくいくと知っているなら、それは試みではないのです。もし発明をしたいなら、もしイノベーションをしたいなら、失敗はそれの部分であり断片であります。それから逃れることはできないのです」

「もし、私が時を遡って、私自身に学生として一言アドバイスするとしたら、それはこうなるでしょう。自分の決定とハードワークに誇りを持ちなさい。ただし自分の才能にではないですよ。自分の才能を祝福しなさい。才能を楽しみなさい。しかし、才能を誇ってはなりません。自分の決定とハードワークに誇りを持ちなさい」

〈ここで先の偏微分方程式の話が続く。少し唐突である〉

「スタートしようとする誰にとっても、プリンストンでスタートしようとする誰にとっても、何にフォーカスすべきかについてのアドバイスは非常に簡単です。それは必ずしも簡単ではないのですが、自分が本当に関心をもっているのは何であるかを見極めなさい。そしてそれらを追求していきなさい。

　別のやり方としては、何がもっとも有益と思われるかを見極めようとするというのがあるでしょう。もっとも、このやり方はうまくいかないかもしれません。

　波を追いかけるのはたいへんむずかしいことです。自分が本当に好きなことの真中に自分を立たせ、波がやってきてあなたを見つけさせるようにしたほうがベターでしょう」

ジェフ・ベゾスの物の考え方が、かいま見れる証言である。

18 金融通信会社ファイテル

一九八六年五月、ジェフ・ベゾスはファイテルという小さな金融通信会社に入社する。ファイテルという名前は、ファイナンシャル・テレコミュニケーションズ（財務電気通信）に由来する。国際金融の世界の複雑な金融情報やニュースを扱えるネットワークを構築することが業務であった。この会社を興したなかに、コロンビア大学経済学部教授のグラシェラ・チチニルスキーとジェフリー・ヒールがいた。ファイテルには欧州の資本家がついていた。グラシェラ・チチニルスキーは女性で、最近は京都議定書をめぐって活躍している。若いころの写真を見ると、大学教授というよりは、ぞっとするほど妖艶な女性である。最近の映像では少し落ち着いてきている。

ジェフ・ベゾスはファイテルの総務・開発部門のマネージャーとなり、国際テレコミュニケーションネットワークの管理を行なった。ファイテルは一九八六年一二月からエクイネットを提供した。グラシェラ・チチニルスキーが計画したものだという。このネットワークの中心にはデュアルプロセッサのタンデムの無停電コンピュータがあり、大規模データベースサーバーとなっていた。これにＧＥ情報サービスの高速ネットワーク経由でＩＢＭ ＰＣ／ＡＴやコンパック３８６などのデスクトップパソコンをつないだ。当時はまだインターネットが普及していなかったのとＬＡＮの標準化が十分ではなかったので、この程度のシステム構築でもけっこうむずかしかったのである。データベースから引き出されたデータは、データアーキテクト社のソフトを使ってパソコンのロータス1-2-3で読み込めた。

一九八七年二月、ジェフ・ベゾスは技術および事業開発部のアソシエイトディレクターとなった。ファイテル時代、ジェフ・ベゾスは毎週のようにニューヨークとロンドンのあいだを行き来した。東京事務所を開設した。ファイテルのネットワークは誰でも考えつくもので、たぶんすぐに行き詰ってしまったのではないかと思う。次のステップに進むことが必要であった。

19　バンカーズトラスト社への転進とハルゼイ・マイナーとの出会い

一九八八年、ジェフ・ベゾスは投資銀行のバンカーズトラスト社に転職した。ここでジェフ・ベゾスは、国際信託サービス部門の副社長補佐となった。ここでの仕事は、BTワールドとよばれる通信ネットワークの設計開発であり、プログラミング部門の統括であった。

一九九〇年、ジェフ・ベゾスはメリルリンチで投資銀行アナリストをしていたハルゼイ・マイナーと知り合う。ハルゼイ・マイナーはバージニア州のシャーロッツビルで生まれ育った。ハルゼイ・マイナーの父は農地を扱う不動産業で成功しており、母は馬の調教と売買をしていた。ハルゼイ・マイナーの父親のいとこは、第二次世界大戦中に南太平洋でハルゼイ空母機動部隊を指揮して日本海軍に大打撃を与えた人として有名な、ビル・ハルゼイ提督である。

ハルゼイ・マイナーは恵まれた環境で育ち、コンピュータに夢中になったのは一〇歳のころ、ヒースキットのシステムを注文したのが始まりだった。一九八三年、ハルゼイ・マイナーはウッドベリーフォーレストのウッドベリーフォーレストスクールを卒業して、それからバージニア大学で人類学を専攻した。ハルゼイ・マイナーはバージニア大学時代にザ・レンタルネットワークという小さな会社をつくった。この会社はシャーロッツビル市内の数カ所にスタンドアローンの端末を置き、アパートの空室のデータベースを検索できるようになっていた。使いやすいキオスクの形態であったらしい。要するに不動産情報の提供業をやっていたのである。

一九八七年、ハルゼイ・マイナーはバージニア大学を卒業するとニューヨークに行って、メリルリンチキャピタルマーケットのインベストバンカーになった。仕事はうまくいったらしいが、性に合わなかったようだ。この時代、ハルゼイ・マイナーはエレクトロニックパブリッシング（電子出版）のアイデアに魅せられていた。当初の二年間の雇用契約期間が過ぎた一九八九年、ハルゼイ・マイナーはジェフ・ベゾスと組んで、グローバルパブリッシングコーポレーションを設立した。

この会社は、コンピュータネットワークを使ってマルチメディアによるビジネストレーニングを行なうものであったという。この会社はメリルリンチから注文をとることが前提であったが、メリルリンチの業績不良のため予算がなくなり、わずか二カ月でつぶれた。つまり、何もしなかったというのが正しいようだ。

ただ失敗しただけなら、ジェフ・ベゾス物語には登場しないだろうが、ある時期ハルゼイ・マイナーは成功したのであり、ジェフ・ベゾスの権威づけに使われる要素もあったのである。機内誌のコンサルタントなどを経て、ハルゼイ・マイナーはラッセル・レイノルズアソシエイツのラッセル・レイノルズのかばん持ち兼スカッシュの相手になった。

一九九二年一二月、ハルゼイ・マイナーが二七歳のとき、ラッセル・レイノルズのかばん持ち兼スカッシュの相手を辞めて、ＣＮＥＴを創業することになった。資本金は五万ドル、サンフランシスコに本拠を置いた。ソフトウェア会社ならシリコンバレーに本拠を置くべきだが、メディア会社なのだからサンフランシスコに本拠を置くべきだというのがハルゼイ・マイナーの考え方であった。当然のことではあるが、ＣＮＥＴはそう簡単にうまくいくわけがなく、一九九四年には会社倒産の危機を迎えた。ところが一九九四年夏、ビル・ゲイツの盟友で億万長者のポール・アレンの投資会社バルカンベンチャーズがＣＮＥＴに五〇〇万ドルの投資を決め、ハルゼイ・マイナーの窮状を救った。

これに続いて、ＵＳＡネットワークが投資を決め、ＣＮＥＴセントラルをＵＳＡネットワークとその系列チャンネルで流すことを決めた。実際の放送は一九九五年四月になってからである。一九九五年六月にはＣＮＥＴオンラインがサービスを開始した。

いちど動きだせば順風満帆である。ＣＮＥＴは無敵の快進撃を続け、またたく間に全米でいちばんアクセスされるウェブサービスにのしあがった。一九九六年七月には株式を上場した。ハルゼイ・マイナーは、一九九四年以来のインターネットブームにうまく乗った。

ハルゼイ・マイナーは二〇〇〇年三月、ＣＮＥＴの最高経営責任者ＣＥＯの地位を降りた。ベンチャー企業の育成に専念したいとのことであった。さらに、この企業の経営に専念するため、二〇〇〇年一一月、ＣＮＥＴの会長の地位も降りた。このベンチャー企業の経営にはマーク・アンドリーセンも参加していて当初は注目されたが、二〇〇一年一一月には経営の破綻が表面化した。原因は経営のずさんさにあった。

20　D・E・ショウとの出会い

一九九〇年、ジェフ・ベゾスは、ウォール街のヘッジファンドのD・E・ショウ&カンパニー（以下、D・E・ショウと略す）社に移る。D・E・ショウは現在、ニューヨークに本社を構える世界最大級のヘッジファンドの一つである。会社の現在のホームページからは、ほとんど何もわからない。極端な秘密主義の会社である。現在は六角形の部屋に陣どった六人の重役によって運営されている。受付は、ほとんど飾りのない完全な直方体の変わった部屋である。

二〇〇九年のヘッジファンドの資産額第一位はブリッジウォーターアソシエイツで三兆八六〇〇億円、第二位はJPモルガンアセットマネジメントで三兆二八九三億円、第三位がボールソン&カンパニーで二兆九〇〇〇億円、第四位がD・E・ショウで二兆八六〇〇億円である。年度によって入れ替えは激しいが、たしかに今は超一流会社である。

ただし、一九九〇年当時はできたばかりで、少し様子がちがっていたのではないかと思う。D・E・ショウの運用リターンは平均すると一八%ぐらいといわれている。D・E・ショウは秘密守護のヘッジファンドの中でも最も秘密主義といわれており、実績はいっさい公開されていないので確かなところはわからない。ジャネット・タバコリの『ウォーレン・バフェット』（牧野洋訳、東洋経済新報社、二〇一〇年）によれば、運用リターンは割安株ファンドの場合一一・三%ぐらいで、ウォーレン・バフェットのバークシャーハサウェイで二四・一％である。トップではないが、悪くはない成績である。

D・E・ショウの設立は一九八八年で、設立者はデビッド・E・ショウ（以下、デビッド・ショウ）である。デビッド・ショウについて、もっともおもしろい話は、ジャック・D・シュワッガーの『マーケットの魔術師 株式編』（増沢浩一訳、パンローリング、二〇〇一年）に書いてあるものだろう。デビッド・ショウは一二歳のとき、ホラー映画制作のために友だちから一〇〇ドルを調達した。映画の撮影と編集はうまくいったが、フィルムの一つが現像室で駄目になり挫折した。さらにデビッド・ショウは、高校生のとき、サイケデリックなネクタイの製造販売を手がけた。ミシンを三台買い、縫製を担当する高校生も雇った。流通を考えていなかったために挫折した。

さもありなんと思う。頭でっかちで現場を知らないのである。そういう部分は、大人になっても、そう簡単に直らないはずだが、と思う。デビッド・ショウは一九八〇年、スタンフォード大学で博士号を取得した。博士号取得に八年もかかった。デビッド・ショウは大学院のとき、二年間休学してコンパイラー開発の会社をつくったからである。指導教官に会社経営と博士号取得は両立しないといわれて、会社を売却して博士号取得に励んだ。デビッド・ショウの博士論文は「リレーショナルデータベースマシンでの知識ベース検索」であった。

スタンフォード大学では、シスコシステムズの創業者の一人となったレオナルド・ボサック、サンマイクロシステムズの創業者の一人となったアンドレア・ベクトルシャイム、シリコングラフィックスの創業者ジム・クラーク、ペンコンピュータのゴー（GO）の創業者のジェリー・カプランなど、そうそうたる面々といっしょであった。

デビッド・ショウは博士の学位取得後、コロンビア大学のコンピュータ科学科の助教授になった。超並列コンピュータの研究をしていた。一九八六年、モルガンスタンレーが、解析的プロプライエタリトレーディング技術グループにデビッド・ショウを引き抜いた。給料は彼の指導教授の六倍であったという。

「ファイナンスは実際、すばらしく純粋な情報処理ビジネスだ」というのがデビッド・ショウの感想であった。モルガンスタンレーはすばらしい会社ではあったが、デビッド・ショウはコンピュータ技術をファイナンシャルマーケットに応用する自分自身のアイデアに出合った。しだいにモルガンスタンレーは窮屈になってきた。自分自身の会社を設立して、コンピュータ科学のパースペクティブから、一から設計してみたくなったのである。そこで一九八八年、デビッド・ショウは自分の会社D・E・ショウを設立した。

一九九〇年一二月、ジェフ・ベゾスはデビッド・ショウに採用された。このときの逸話がジャック・D・シュワッガーの『マーケットの魔術師 株式編』（既出）に紹介されている。D・E・ショウでは、経験よりも、もともとその人に備わっている能力に比重をおいて人を採用する傾向がある。たとえその時点でその人を配置すべき適当なポジションがなくとも、採用したいと考える。そのもっとも有名な例は、おそらくジェフ・ベゾスだろう。

デビッド・ショウは語る。

「彼を面接したとき、パートナーの一人が私のところに来てこういいました。『たった今、ジェフ・ベゾスというすばらしい採用候補者と面接をしたところなんだ。ちょうどいいポジションの空きはないけれど、彼はいずれかなり稼げるようになるだろうから、少なくとも当面は彼をわが社に迎えた方がいいよ』。私はジェフに会い、彼の知性、想像性、生まれ持つ企業家精神に感動しました。私はそのパートナーにこう言いました。『君の言うとおりだった。適当なポジションはないけれど、とにかく彼を採用してから、どうするかを決めよう』」

こうしてジェフ・ベゾスは、デビッド・ショウのD・E・ショウに雇われた。D・E・ショウは経歴だけで見ていると、いかにも天才肌の痩せ型の神経質な人を想像させるが、実際にインターネットの動画像を見ると、がっしりした人でびっくりする。

一九九二年、ジェフ・ベゾスは最年少で副社長となった。ただし、米国での副社長というポストはそれほど高いランクではない。せいぜいわが国の会社の課長か、よくて部長といったところだ。

一九九三年、ジェフ・ベゾスは、マッケンジー・タトルという女性と結婚した。偶然、彼女もプリンストン出身であった。フロリダ州パームビーチのブレーカーズリゾートで結婚式を挙げた。彼女はしっかりした快活な人で、結婚式のあとのパーティーは友人たちと水の詰まった風船をぶつけ合うことだったといわれる。結婚後、ジェフ・ベゾスは、愛犬のラブラドルレトリーバーのカマラと住んだ。カマラはテレビのSF番組「スタートレック」に登場した女性の名前である。ジェフ・ベゾスのSF好きを象徴している。

ジェフ・ベゾスは、一九九四年には上級副社長となった。とんとん拍子の出世である。ただし、ジェフ・ベゾスはウォール街に身を置いていたとはいえ、マイケル・ルイスの『ライアーズ・ポーカー』（東江一紀訳、角川書店、一九九〇年）に登場するソロモンブラザーズの証券トレーダーや、ローレンス・マグドナルドとパトリック・ロビンソンの『金融大狂乱』（峯村利哉訳、徳間書店、二〇〇九年）や、ケン・オーレッタの『ウォール街の欲望と栄光』（永田永寿訳、日本経済新聞社、一九八七年）に登場するリーマンブラザーズの債券トレーダーや、アリス・シュローダーの『スノーボール』（既出）に登場する人たちのような劇的な経験があったのかなかったのか、記録が開示されていないのでわからない。D・E・ショウはまったく秘密に包まれた会社なのである。

ここまでの経歴では、ジェフ・ベゾスはまったく平凡な人のようにみえる。ところが、必ずしもそうではないのである。

21　アメリア島コンビニ襲撃事件

一九九七年のクリスマスのころ、フロリダのアメリア島のフラッシュフーズ・コンビニエンスストアの駐車場に、白のレンタカーのシボレーサバーバンが停まった。停車しても運転手はエンジンを切らない。車からは平服を着込んだ三人の海軍特殊部隊員が飛び出してきた。海軍特殊部隊と推定されるのは、モトローラ製の携帯通信機に向かって「ウィスキー、ブラボ、タンゴ」という怪しい符牒をささやいていたからである。

女性の運転手は車に座ったまま時間を計り、二人目のコマンドは車の扉のところで歩哨に立った。三人目のコマンドはお客の列に並んで現金を掴んでいた。四人目のコマンドが特殊部隊の究極の目標に突進した。二分間で買い物は終わり、三人は大声を上げて笑って自動車に乗り込んだ。自動車は轟音を立てて去って行った。

彼らの獲物は一カートンのミルクだった。この海軍特殊部隊に扮装していたのは、ジェフ・ベゾス、父親のマイク・ベゾス、弟のマーク・ベゾス、運転手はジャッキー・ベゾスであった。ジェフ・ベゾスが三三歳のころの話である。大人がやることにしてはずいぶん変わっているが、それにしても家族全員がこのファンタスティックな作戦ゲームに参加して楽しんでいるのだから変わった家族である。ここに出てこないクリスティーナも軍服に身を固めるのが好きだと読んだことがある。

Ffej Sozeb というのが、ベゾス一家の中でのジェフ・ベゾスのコードネーム（暗号名）なのだそうだ。すぐわかると思うが、ジェフ・ベゾスのスペル Jeff Bezos を逆に読んでいるだけである。念のため。ワイヤード7・03の「ザ・インナー・ベゾス」という記事の冒頭にある話だが、最初に読んだときは何かまちがったものを読んだかなと思った。いくつかの本に出ている有名な話なので、つなぎ合わせて再構成してみた。

ジェフ・ベゾスは奇妙なおもちゃやガラクタが好きで、いつもたくさん持ち歩いている。ジェフ・ベゾスといえば、青いシャツとカーキ色のズボンが定番のようだ。けれども、ある時期カーゴパンツが欲しくて仕方がなかったようだ。カーゴパンツというのは、貨物船の船員がはいている丈夫な布でつくったズボンで、ポケットが太腿のあたりにいくつも付いている。ミリタリールック風になる。最近はおしゃれ風につくり直して女性も着ている。雨宮塔子さんの『それからのパリ』（祥伝社、二〇〇六年）には、彼女が白いブラウスとカーゴパンツを粋に着こなしているカラー写真が口絵写真に載っている。最近はフェイスブックのＣＥＯのマーク・ザッカーバーグが愛用していて、映画「ソーシャル・ネットワーク」でも見ることができる。カーゴパンツは、おもちゃやガラクタを収容するには便利だろうが、ジェフ・ベゾスの妻のマッケンジーはジェフ・ベゾスのこうした奇行を必ずしも好んでいないようだ。

ジェフ・ベゾスは家族全員に、９・11事件で有名になったワールドトレードセンター脱出キットと称するものを贈っている。ブルックストアで買ったスイス・アーミーナイフ風のツールロジック・ツールライトデラックスという製品である。インターネットで簡単に見られるが、ナイフにレーザーライトやペンチやドライバー、ワイヤーカッターなどが付いているものだ。こういうものを身につけていれば、いざというときにでも脱出は簡単ですよということである。

アメリア島では、レーザー付きのモデルガンでベゾス家の全員が夜間、モデルガンで撃ち合いのゲームをやっていたというから噴き出してしまう。むろん妻のマッケンジーは参加していない。だいたいのインタビューに採録されている有名な「あっはははは」という空笑いにしても、ジェフ・ベゾスは懸命に神話をつくろうとしていた時期があるようだ。本当のジェフ・ベゾスという人格は少しちがうように思える。

第2章　インターネット時代の幕明け

ジェフ・ベゾスは、インターネットラッシュという言葉を発明している。一九世紀のゴールドラッシュに引っ掛けたものである。

1　革命児マーク・アンドリーセンの登場

インターネットは、モザイクというブラウザの存在なしには、現在の成功を収めることはなかっただろう。モザイクはあっという間に古いウェブブラウザを押しのけて普及した。

それまでのインターネットのウェブブラウザは、どれも使いにくい文字ベースのインターフェイスであった。そこへ登場したモザイクはウィンドウズ風のGUIを採用した、きわめて使いやすいウェブブラウザだ。GUIとは、グラフィカルユーザーインターフェイスのことである。絵や写真などのグラフィックスが使われているユーザーインターフェイスである。

インターネットの商用化による開放と、モザイクの出現は、インターネットの爆発的普及に大きな効果があった。

マーク・アンドリーセンは一時、第二のビル・ゲイツとして期待された逸材である。アンドリーセンは学生時代に親友のエリック・ビナとともにモザイクというインターネットブラウザを開発し、全世界にインターネットブームを巻き起こした。続いて、モザイクを改良したネットスケープというウェブブラウザを開発した。このウェブブラウザは一時、全世界のインターネットブラウザの八五％のシェアをとった。マーク・アンドリーセンこそは文字どおりインターネットの革命児であった。

マーク・アンドリーセンは、ビル・ゲイツとは対照的な育ち方をしている。ビル・ゲイツはワシントン州シアトル屈指の名門の金持ちの息子として生まれた。ビル・ゲイツの父親はシアトルでも有名な弁護士で、母親はシアトルの銀行家の娘だった。

マーク・アンドリーセンは一九七一年七月九日、アイオワ州のシーダーフォールに生まれた。さらに、ウィスコンシン州のニューリスボンの平凡な家庭で育った。マーク・アンドリーセンの父親は農業関係のセールスマンで、母親は小売カタログ会社に勤めていた。

マーク・アンドリーセンとコンピュータとのかかわりは、町の図書館でＢＡＳＩＣ言語の独習を始めたことに始まる。初めてパソコンに触ったのが学校の図書館のパソコンだったという。マーク・アンドリーセンの最初のプログラムはバーチャルカルキュレータ（仮想電卓）というものだった。問題となったのは、図書館の閉館時刻には、せっかくのプログラムを消さざるをえないことだった。そこでマーク・アンドリーセンの両親は、コモドール64という安いパソコンを息子に買い与えた。

ビル・ゲイツが上流家庭の師弟の通う私立学校、次いで名門ハーバード大学へ進んだのに対して、マーク・アンドリーセンは公立学校、イリノイ大学へと進んだ。マーク・アンドリーセンは、勉強はできたほうらしく、コンピュータや数学はむろんだが、歴史、英語などの文科系の科目の成績もよかった。ビル・ゲイツがほとんどコンピュータとお金儲けにしか関心を示さなかったのに対して、マーク・アンドリーセンの興味や関心は多彩で、古典音楽、歴史、哲学、メディアと広がっている。マーク・アンドリーセンはマイクロソフトに対してはきわめて戦闘的であるといわれているが、こうした対照性に原因があるのかもしれない。

マーク・アンドリーセンはイリノイ大学に入学し、イリノイ大学のNCSAというコンピュータセンターでアルバイトをしていたが、一九九二年一一月、年上のエリック・ビナにグラフィカルユーザーインターフェイス付きのインターネットブラウザを書こうと持ち掛けた。すでにエリック・ビナはイリノイ大学のコンピュータ学科で修士号を取得して、NCSAの技術職員として働いていた。

二人はティム・バーナーズ・リーのWWW（ワールドワイドウェブ）という技術を参考にして六週間で九〇〇〇行のプログラムを書いた。これがモザイクとよばれるウェブブラウザである。このモザイクはインターネット経由で、あっという間に全世界に広がった。ただし、プログラムの開発はNCSAで行なわれたので、プログラムの著作権はイリノイ大学のNCSAにあった。

イリノイ大学の失敗は、マーク・アンドリーセンが一九九三年秋に学部を卒業すると、イリノイ大学のNCSAから彼を追い出してしまったことである。たかが一介の学生と思ったのだろう。追われたマーク・アンドリーセンはシリコンバレーのEITという会社に就職した。マーク・アンドリーセンは安アパートを借りて、フォードマスタングを買った。そして、やがて一時フィアンセとなる金髪の美女エリザベス・ホーンに会った。不動産関係に従事していた女性と伝えられる。

その後、実際に結婚したのは、ローラ・アリラガという別の女性である。この人は知的な美女である。スタンフォード大学の美術史学科で学士号と修士号をとり、スタンフォードの大学院MBAを取得した。ローラ・アリラガと結婚しても、エリザベス・ホーンと交際を続けた時期もあったようだ。

一九九四年二月、「ジュラシック・パーク」のグラフィックスで一躍有名になったSGI（シリコングラフィックス）の創業者で会長であり、すでに前年の秋SGIを去っていたジム・クラークから電子メールをもらった。

「ご存じないかもしれませんが、わたしはシリコングラフィックスの創業者です」に始まる有名な手紙である。この電子メールをきっかけに二人は出会う。ジム・クラークの家で単に話をするだけのはずが、ヨットで熱い語らいになった。ジム・クラークはマーク・アンドリーセンと話すうちに、セットトップボックスやゲームへの夢をさっと捨て、インターネット分野への参入を決意する。このへんのジム・クラークの変身のすばやさが、先見の明があるとも抜け目がなさすぎるともいわれやすいところである。

しかし、ジム・クラークは電光石火すばやく行動し、マーク・アンドリーセンとともに飛行機に乗ってイリノイ州に飛び、NCSAのモザイク開発チームの中核であるエリック・ビナ、ロブ・マックール、ジョン・ミッテルハウザー、アレックス・トテイク、クリス・ハウクを引き抜いてしまう。

２　打ち上げ花火のようなネットスケープ

一九九四年四月、ジム・クラークとマーク・アンドリーセンによって、モザイクコミュニケーションズ社が設立された。ジム・クラークは会長となり、マーク・アンドリーセンは副社長となった。一九九四年一一月、モザイクコミュニケーションズはイリノイ大学ＮＣＳＡからの強硬な抗議により、ネットスケープと社名変更した。モザイクという名前の権利はイリノイ大学のＮＣＳＡに帰属するから使ってはいけないというのである。これに困ったジム・クラークらはネットスケープという名前を考えついた。ネットスケープという新社名は、ランドスケープという英語に端を発しているという。イリノイ大学の二度目の失敗である。こういう扱いを受けてマーク・アンドリーセンが母校によい感情をもてるわけがない。イリノイ大学にとっては大きな損失で、もったいないことである。

イリノイ大学の失策はまだあって、新設計のネットスケープのナビゲータが、イリノイ大学のＮＣＳＡのモザイクの知的所有権を侵害しているとクレームをつけた。実際に知的所有権侵犯はあったようだ。新しいソフトがそれほど簡単につくれるわけがない。ただ、イリノイ大学の要求は単にお金が欲しいということだけだったので、これに対してはビジネスの駆け引きの経験に富む老獪なジム・クラークが対抗して、値切って解決した。

何があろうとネットスケープは破竹の快進撃を続け、またたく間にネットスケープは世界のインターネット用ブラウザ市場の八五％を制した。一九九五年一月にネットスケープにジェームズ・バークスデールが社長かつ最高経営責任者として迎え入れられた。このころすでにジム・クラークはひそかに別の方面への転進を考えていた。

一九九五年八月、ネットスケープは五〇〇〇万株を一株二八ドルで公開した。ジム・クラークがネットスケープに投資した金額は四一〇〇万ドル程度だったが、ジム・クラークの持ち株は九四〇〇万株である。ネットスケープの株は一時一〇九ドルになり、ジム・クラークの資産は一九カ月で一〇〇〇億円になった。

こうして、あっという間に覇権を握ったネットスケープだが、またたく間にマイクロソフトに覇権を奪われてしまう。この間の事情をうまく説明したものに、マイクロソフトのインターネットカスタマー部門戦略関係担当副社長であったキャメロン・ミアボルドの、一九九九年一月の独占禁止法裁判における直接証言書がある。この五七ページにわたる直接証言書の第5章に「いかにしてネットスケープとそのブラウザソフトウェアはISP（インターネットサービスプロバイダ）には魅力的でないものになったか」という章がある。要するに、ネットスケープはなぜマイクロソフトに負けたかを論じている。勝者の余裕を感じさせる論評である。

「第1項　ネットスケープは小規模なISPを粗略に扱った」（98節）

「第2項　ネットスケープはしだいに先端的なインターネット技術の提供者でなくなった」（99節）

第3項は、なるほどと思わせる内容である。

「第三に、ネットスケープは、確立された『ブラウザ』というブランド名を強調するのを弱め、

『コミュニケータ』というブランド名を強調するという奇妙な決定をしたことである」（１００節）

第４項も、そういえばそうだ。

「第四に、ネットスケープは、ＩＢＭのロータスノーツやマイクロソフトのエクスチェンジと競って、企業内のメッセージビジネスに多くの時間と資金を投資したことである。この分野にはネットスケープは製品を出した経験もなく、大企業のカスタマーの要求する厳格な品質や製品サポートに応える準備がなかった」（１０１節）

第５項は、鋭い指摘だ。

「第五に、ネットスケープは六カ月ごとに企業の方向性を変更しつづけ、ネットスケープとはどんな会社であるか誰にもわからなくさせてしまった。

当初ネットスケープは、ウェブブラウザソフトの会社であった。

それからネットスケープは、ウェブサーバーソフトの会社になった。

それからネットスケープは、イントラネットの会社になった。

それからネットスケープは、エクストラネットの会社になった。

それからネットスケープは、企業内メッセージングの会社になった。

それからネットスケープは、オンラインｅコマースの会社になった。

それからネットスケープは、ポータルウェブサイトの会社になった。

この手の企業の自己同一性のもろさは、安定性と一貫性を求めるＩＳＰのようなビジネスパートナーを不安にさせる。さらに企業の方向性におけるこのような変更は、ネットスケープの優先度に変更を加え、そのことがISPをさらにないがしろにする結果となった」（102節）

これは、たしかにキャメロン・ミアボルドの言うとおりだろう。マイクロソフトの側からみていると、ネットスケープは勝手に自滅しているようなところもあるのである。もう少し腰の据わった相手であっても、という気持ちが見てとれる。

一九九八年一一月、AOLは、敗北したネットスケープを四二億ドルで買収した。ネットスケープの株式はAOLの株式に交換されることになり、理論的には会長ジム・クラークは六億ドル（四億三五〇〇万ドルとの説もある）を、ジェームズ・バークスデールは一億九〇〇〇万ドルを手中にした。

マーク・アンドリーセンはAOLによるネットスケープの買収後、AOLの最高技術責任者（CTO＝チーフテクノロジーオフィサー）を務めていたが、一九九九年九月にAOLを辞めてラウドクラウド社を設立した。ラウドクラウドは、ネットワークのインフラを構築したり、サービスを提供したりする会社である。

その前月、マーク・アンドリーセンは、AOLの株式九四万株を売却して八八〇〇万ドルを得た。これがラウドクラウド社の資本金の一部になった。ラウドクラウドでは、マーク・アンドリーセンは会長に就任し、ネットスケープから来たベン・ホロビッツが最高経営責任者になった。ディレクトリサービスで注目されているLDAP技術を開発したティム・ハウスがCTOに就任した。

ラウドクラウドは当初、もっとも期待された会社であった。ところが、ラウドクラウドは運が悪かった。二〇〇一年三月、ラウドクラウドは株式を上場したが、株価はほとんど上がらず、ひたすら低落する一方であった。困ったマーク・アンドリーセンは六月に一〇〇万株を買い支え、一〇月には四三万株を買い支えた。それでも低落を防ぐことはできなかった。ネットバブルは完全に崩壊していたのである。ラウドクラウドは二〇〇三年、ホスティングビジネスをＥＤＳに売却した。オプスウェアと社名変更した。その後、ラウドクラウドは二〇〇七年九月、ヒューレットパッカード（ＨＰ）に買収された。

一方、マーク・アンドリーセンは二〇〇〇年五月にオクトパス・コムという会社に出資し、取締役会に参加した。オクトパスはパーソナライズされたウェブサービスを提供する会社であった。言葉を変えれば、メタブラウジングサービスを提供する会社であった。これもうまくいったとはいいがたい。どうも、マーク・アンドリーセンにはビジネスの才能はなかったようだ。

マーク・アンドリーセンは、大食いで有名である。背が高く丸々と太っている。顔も真ん丸い。マーク・アンドリーセンは、袋に詰めこまれて指でつまむジャンクフードに弱い。フレンチフライのように脂肪の多いもの、チョコレートのように甘いものには目がない。そのうえ、スポーツには関心がない。そのため、ますます太る一方だ。

マーク・アンドリーセンは一九九四年後半から、もうプログラムは書いていない。技術の先行きを見ることが業務である。もともとモザイクの開発においても、マーク・アンドリーセンはプログラミングよりもプログラム開発の仕事の割り振りや進行管理をやっていたといわれる。ネットスケープ社の仕事はプログラム開発が中心であり、二〇歳代前半で完全にプログラミングから手を引いたのは少し早すぎたような気がする。デビット・カークパトリックの『フェイスブック　若き天才の野望』（滑川海彦・高橋信夫訳、日経BP社、二〇一一年）を読むと、最近はマーク・アンドリーセンはフェイスブックのマイク・ザッカーバーグに非常に強い影響を与えているようだ。二〇〇八年六月二九日にフェイスブックの取締役に就任している。

その他にもマーク・アンドリーセンは二〇〇八年九月三〇日、イーベイ（eBay）の取締役に就任した。さらに二〇〇九年九月一七日にはヒューレットパッカードの取締役に就任した。

3 ヤフーと二人の創業者

ヤフーというポータルサイトが、ジェリー・ヤンとデビッド・ファイロという二人のスタンフォード大学博士課程の大学院生によって開設されたことはよく知られている。ジェリー・ヤンは、漢字で書くと楊致遠である。一九六八年台湾生まれで、一九七八年に渡米している。スタンフォード大学の電気工学科の学部を卒業し、スタンフォードの大学院の電気工学科に進み、修士号を取得して博士課程に進んだ。研究のほうは、オートマトン理論やブール代数をCADに持ち込んで回路設計をしていたらしい。

しかし、よくいえば趣味が広く、別の言い方をすればかなり変わった人だったらしい。ゴルフも嫌いではないらしく、スタンフォード大学に残っているホームページには、スタンフォードゴルフコースでのスコアカードをもった写真も残っている。きわめて積極的で、外向的な人物である。

一方のデビッド・ファイロは、ルイジアナ州モスブラフの出身である。チュレーン大学からコンピユータ工学の学位をとり、スタンフォード大学の電気工学科に進み、修士号を取得して博士課程に進んだ。ジェリー・ヤンとは対照的に寡黙な人で、笑わない人でもあるらしい。

ジェリー・ヤンとデビッド・ファイロは、一九九四年の初頭からマーク・アンドリーセンの開発したモザイクを使ってインターネットにアクセスしていた。二人はインターネットが専門だったわけではない。どちらかというと、博士課程の研究の息抜きや余芸だったのだろう。二人はインターネットを探検するうちに、インターネット上には多くの興味深いコンテンツが多数存在することに気がついた。これをピックアップして記録し、あとで簡単に利用できれば便利である。そこで、ジェリー・ヤンとデビッド・ファイロはモザイクのホットリストを使い、おもしろいホームページへのリンクを収集しはじめた。リンクが増えてくると、二人はリンクを階層的に分類するツールをつくり出した。

ヤフーが特徴的だったのは、階層的分類である。当時はスパイダーズやクローラーなどのソフトウェアロボットによって検索データベースの構築に関心が集まっていたのに対し、ヤフーは階層的分類に主力を置き、情報を主題やカテゴリー別に整理した。ヤフーの階層的分類は、やみくもな検索を避けることができた。その後、階層的分類は、ほとんどすべての競合サービスに真似されてしまい、ヤフーの独自性は薄れてしまったが、当時は独特なディレクトリサービスとして存在感があった。

このようにしてつくられた検索エンジン付きのリンク集サイトは、最初「ジェリーのモザイクへのファーストトラック」という名前がつけられた。それから「ジェリー・ヤンのＷＷＷガイド」「ジェリーとデイブのＷＷＷガイド」と名を変え、ヤフーという名前に行き着いた。

ヤフーという名は、『ガリバー旅行記』に出てくる人間の形をした獣に由来するという。だが、表向きはそうだとも言いにくかった。そこで、UNIX（ユニックス）のツールYACCにヒントを得て、Yet Another Hierarchical Officious Oracle の略とした。直訳すると、「もう一つの階層的なおせっかいな神託」とでもなろうか。とはいえ、ヤフーとは『ガリバー旅行記』に出てくる人間の形をした獣も意味するので、本当の由来はこちらではなかろうか。

一九九二年、ジェリー・ヤンとデビッド・ファイロは、交換留学プログラムで京都のスタンフォード大学日本センターに一年間滞在した。そのとき、ジェリー・ヤンは日系米国人の人類学者山崎晶子氏と出会い、一九九七年に結婚した。ジェリー・ヤンとデビッド・ファイロが日本の相撲に関心を持ちはじめたのは、山崎晶子氏を通じてのことと伝えられる。

ヤフーはジェリー・ヤンのアケボノというワークステーションに、検索エンジンはデビッド・ファイロのコニシキというコンピュータに置かれていた。相撲の力士の名前がついている。ヤフーはボランティア的なサービスであり、無料であった。一九九四年一月、ヤフーが設立された。ただし、法人格は持っていなかった。

ヤフーは当初、システムの資源を浪費しないように画像を除外した。ヤフーはしだいに評判をよび、アクセスの回数も増えはじめたので、一九九四年一一月、ジェリー・ヤンとデビッド・ファイロはスタンフォード大学のコンピュータ資源を使わせてくれるように要請した。大学はきわめて快くこれに応じたことになっている。

一九九五年初め、ジェリー・ヤンとデビッド・ファイロはスタンフォード大学当局からトレーラーの立ち退きを命じられた。行き場所を失い途方に暮れていた二人だったが、一九九五年初め、ネットスケープのマーク・アンドリーセンがネットスケープのコンピュータにヤフーのファイルを移すように勧めた。これにより、ヤフーのファイルは、スタンフォード大学からネットスケープへと移動した。しばらくネットスケープでの間借り生活が続く。しかし、やがてネットスケープとの提携話がうまくいかなくなると、またネットスケープを出ていくことになるのだった。

4　ヤフーの設立から上場へ

さて、そうこうするうちに、ISN（インターネットショッピングサービス）の共同創立者であるランディ・アダムスがジェリー・ヤンとデビッド・ファイロに接触し、ベンチャーキャピタルであるセコイヤを紹介した。セコイヤはもともと、世界一の投資家ウォーレン・バフェットが、一九六九年バフェットパートナーズを閉じたときにファンドを立ち上げて、パートナー全員を引き受けるようにビル・ルエインに頼んだのが始まりである。だから、セコイヤはウォーレン・バフェットのバークシャーハサウェイの株をたくさん持っている。

当時、セコイヤでヤフーを担当していたのは、マイケル・モリッツという人物だった。ベンチャーキャピタルと接触したということは、ヤフーが趣味の領域にとどまらず、起業への道を歩みはじめたということである。一九九五年春、セコイヤはヤフーに一〇〇万ドルを投資し、代価として二五％の株式を得た。ジェリー・ヤンとデビッド・ファイロは、ヤフーのサービスを基本的に無料とし、広告料収入を主たる財源に決めた。彼らはよく深夜までヤフーについて話し合ったが、お金については話し合わなかった。よい製品はおのずとよい結果を生むと考えていたからであるといわれている。

一九九五年三月一日、ヤフーはカリフォルニア州の法人として設立されたが、五月一四日にデラウェア州で再設立された。デラウェア州は、訴訟が迅速であったからである。さて、ヤフーが設立されてみると、ジェリー・ヤンとデビッド・ファイロは企業の顔としてはよかったが、どうみても経営者には向いていなかった。そのことは自分たちがいちばんよく知っていた。そこで二人は、自らの役職名を前代未聞のチーフヤフーという、まったく経営者とは思えない役職にしてしまった。そして、一九九五年四月にヤフーが成立した。デビッド・ファイロが技術面を担当、ジェリー・ヤンはビジネス面を担当し、会社の顔になった。二人の関係は対等で、チーフヤフーという奇妙な役職である。二人は企業家への道を歩みはじめたのである。

ヤフーのシステムは、初期にはかなり荒っぽいもので、セキュリティ対策は皆無、バックアップサーバーはなし、ミラーシステムもなかった。ジェリー・ヤンの戦略はアイデア優先で、設備投資にお金をかけないことが特徴だ。ヤフーは、インターネットだけでなく出版との提携戦略を意欲的に進め、また地域の特性を考慮した地域展開戦略を推し進め、一九九六年一月には日本でもヤフー株式会社を設立した。

一九九六年四月、ヤフーは株式を公開した。これに先立つ一九九五年一二月、ソフトバンクは一〇〇%出資の米国持ち株会社であるソフトバンクホールディングスを通じて、ヤフーに二〇〇万ドルを出資した。これによりソフトバンクはヤフーの株式の五%を獲得した。さらに一九九六年四月、ソフトバンクはヤフーに一億六〇〇万ドル程度を出資し、投資総額は一億八〇〇万ドルとなった。これにより前回のシェアに加えてヤフー株三七・〇二%を取得した。このようにしてソフトバンクがヤフーの筆頭株主になったのである。

一三ドルで公開されたヤフーの株式は、ひたすら上昇の道を歩む。ヤフーの株価収益率も、一九九九年に一九〇〇倍という異常な水準にまで上昇した。ふつうなら株価収益率PERが二〇倍でも十分高い。一九〇〇倍という数字になったのは、株価が高かったというよりも、収益がごくわずかであったことに起因しているといえる。二〇〇〇年七月の時点では、ヤフーの売上げが七億ドル程度、粗利益が一億二〇〇〇万ドルにまで上昇したせいもあり、株価収益率は四〇〇倍程度に低下していた。それでも、すごい数字であったことに変わりはない。

株価が高くなったおかげで、ヤフーは自社株との株式交換で、一九九九年ジオシティーズ社を三九億ドル、ブロードキャスト・コム社を五七億ドル相当で買収できた。一九九八年七月にもソフトバンクはヤフーの第三者割当増資の全額を引き受けた。これによって、ヤフーは、ジオシティーズ社の買収とストックオプションを行使して二九%に低下していた株式のシェアを、三一%にまで回復させている。株価と発行株式数を掛けたものを時価総額もしくは市場価値というが、ヤフーの時価総額は七〇〇億ドル、当時の日本円に直すと七兆円から八兆円という途方もない金額になり、バブルの神話となった。

二〇〇〇年一月、ヤフーの株価は四七五ドルに達する。以後、バブル崩壊に向かう。

5　マイクロソフトのヤフー買収提案

二〇〇二年、ヤフーは他の検索エンジンの買収を開始した。ヤフーはポータルサイトから検索エンジンの会社に変身しようとしていた。二〇〇二年一二月にインクトミを、二〇〇三年一月にはオーバーチュアとその子会社のアルタビスタ、アルテウェブを買収している。

二〇〇四年二月一八日に、ヤフーはグーグルの検索エンジンの利用をやめ、自社のエンジンの利用を開始した。二〇〇四年四月に始まったグーグルのGメールに対抗して、ヤフーはメールサービスの増強を図った。以後、ヤフーはグーグルと激しく対決するようになる。

二〇〇五年からヤフーにマイクロソフトから買収の打診が毎年行なわれるようになる。二〇〇七年六月、テリー・セメルの最高経営責任者CEO辞任に伴い、ジェリー・ヤンはヤフーの暫定最高経営責任者に任命される。

二〇〇八年二月一日、マイクロソフトは四四六億ドルでヤフーの買収を提案した。一月三一日の株価に六二%のプレミアムを加えた、一株三一ドルでの買収提案である。実現すれば独占禁止法に抵触するかもしれない提案である。二月一一日、ヤフーはマイクロソフトの提案を拒絶した。安すぎるというのである。四月五日、マイクロソフトはヤフーが買収案に応じなければ敵対的買収に訴えると通告した。四月七日、ヤフーは買収に反対でないが、買収価格が低すぎると反撃した。

五月三日、マイクロソフトのスティーブ・バルマーは買収提案を引っ込めた。一株三七ドルまでつりあげたが、ヤフーは合意しなかった。五月一八日、マイクロソフトはヤフーの部分的買収を提案した。六月一二日、ヤフーはマイクロソフトとの話し合いは終わったと発表した。七月七日、マイクロソフトは再びヤフーの買収を持ち出し、株主総会でのヤフーの全役員の更迭を要求した。よくも飽きずにこういうことをくり返すと思われる。

ここに、カール・アイカーンが参戦してくる。混乱の中、ヤフーの株価はしだいに下降していく。一一月一七日、ジェリー・ヤンはヤフーの最高経営責任者を辞任し、チーフヤフーに戻った。こんなよい買収話を断わるジェリー・ヤンは許せないという株主たちからの圧力だったといわれる。一一月三〇日、マイクロソフトはヤフーの検索ビジネスを二〇〇億ドルで買収すると提案した。グーグルはヤフーとの提携を模索していたが、独占禁止法に抵触する危険性があり断念した。

二〇〇九年一月一三日、ヤフーは最高経営責任者にカルロ・バーツを決定した。七月二九日、マイクロソフトはヤフーとオンライン事業での戦略提携に入ったことが発表された。マイクロソフトはヤフーの検索技術ライセンスを取得し、ヤフーに検索サービスを提供することになった。こんどは金銭的な関係はいっさいなしであった。ヤフーの時代、マイクロソフトの時代は過ぎて、グーグルの時代になりつつあるということを痛感させる。最近はフェイスブックである。進歩の度合が著しく加速しつつある。

第3章　シアトルへ一路爆走する男と女

1　インターネットラッシュとデビッド・ショウの調査命令

一九九四年、インターネットの急激な躍進ぶりを目のあたりにしたD・E・ショウ社のデビッド・ショウは、インターネットでのビジネスの可能性について調査を命じた。ジェフ・ベゾスは、インターネットの普及が年に二三〇〇％という信じられないような勢いであることに驚嘆し、インターネットでどのような商品にビジネスチャンスがあるかについて調べはじめた。

ジェフ・ベゾスは、インターネットで扱えそうな商品を二〇ほどリストアップした。音楽CDやDVDやビデオは上位に上がったが、大手の寡占体制が厳しく利幅も少ないので、当面新規参入はむずかしいだろうと結論づけた。玩具は流通体制が十分には整備されていないということで外された。

検討を続けているうちに浮上してきたのが、意外なことにリストの後ろのほうにあった本であった。本の流通には、音楽CDの場合とちがって絶対権力をもつ大手が君臨していなかった。本の流通の最大手はバーンズ&ノーブル・コムやボーダーズグループであったが、バーンズ&ノーブル・コムでさえ一二%のシェアを持つだけである。参入は容易とはいえなくとも、困難ともいえなかった。

しだいにジェフ・ベゾスは、インターネットで本を売るというアイデアにとりつかれた。欣喜雀躍したジェフ・ベゾスはデビッド・ショウにこの結果を報告した。二人は大手取次店のイングラムズを通して発注可能な何百万のタイトルを網羅する電子カタログの存在を知ったとき、オンラインでの巨大なネット書店のアイデアを検討してみた。さほど大きな初期投資がなくとも、そのような事業の立ち上げは不可能ではないことがわかった。

しかし、可能性があるにしても、それを実行するかどうかは別の問題である。デビッド・ショウは客観的な立場をとった。

2　後悔を最小にするフレームワーク

だが、ジェフ・ベゾスは、インターネットで本のオンライン販売を始めたくなった。ここで、アマゾン・コム物語としては、もっとも有名なセントラルパークでの散歩の逸話がある。ユーチューブに採録されているジェフ・ベゾスの有名な映像から、私が逐語的に聞き取って鉛筆片手に四苦八苦してノートに書き出したものを紹介しよう。

「私（ジェフ・ベゾス）は、ボス（デビッド・ショウ）のところに行って言いました。

『私は、この狂気のようなこと、つまり本をオンラインで売る会社をスタートさせたいのです』

すでにこのことは、もう少し一般的な言い方で彼には話してありました。すると彼は言ったのです。

『散歩に行こうか』

そこでわれわれはニューヨークシティのセントラルパークで二時間散歩しました。

結論はこうでした。彼は言ったのです。

『これは実際とてもよいアイデアのように聞こえるけれど、現在、よい仕事にありついていない人にならば、もっとよいアイデアのように聞こえるよ』」

ここは少しわかりにくいから一言説明しよう。つまりデビッド・ショウは、『こんなによい仕事についているのに、なぜ好き好んでそんな仕事をやるのかい』と言ったのである。

「彼（デビッド・ショウ）は最終結論を出す前に、もう四八時間考えるように私を説得したのです。

そこで私は戻って、このような重大な決定をする正しいフレームワークを見つけようとしました。私は妻にはこのことを話していました。彼女はたいへん協力的でこう言いました。

『あなたが何をしたいといっても、私は一〇〇％賛成よ』

彼女は、かなり安定した境遇で、かなり安定した出世街道を歩んでいた男と結婚したのですが、その男がこんな狂気のようなことをしようというのです。でも彼女は一〇〇％協力的でした。

決定は私自身がしなければなりませんでした。私が見つけだし決定するのに使ったフレームワークは、信じられないほど簡単でした。ナード（通常、日本ではオタクと訳す）ならこう呼ぶでしょう。『後悔を最小にするフレームワーク』と。

私は自分が八〇歳になったつもりで、自分に問いかけてみました。『オーケー、さて自分の生涯をふり返ってみよう。私は後悔の数を最小限にしたかったのだ』私は八〇歳になったとき、こうしたことで後悔はしないと思っていました。私は自分が本当にビッグな状況になると考えていたインターネットに参加することを後悔しないと思っていました。仮に、もし失敗しても私は後悔しないと思いました。しかし、唯一つ後悔すると思ったことがあります。それは、まったく挑戦しなかったということです。それは毎日、私をさいなめ苦しめるでしょう。私はそういうふうに考えるのが信じられないほど簡単な決定法だと思いました。

それはたいへんすばらしいと思いました。もし八〇歳になったと想像して、次のように自身に問うてみてください。

『あのとき、自分はどう考えたか？』

そうすると、日常の些事のいくつかを忘れさせてくれるでしょう」

ここでジェフ・ベゾスは、ちらりと人間的な悩みを口にする。

「私は年の中ごろにウォールストリートを去ったのです。すると年度のボーナスはもらえません。短期的にはそうしたことは悩みの種ですが、もしも長期的に考えれば、あとで後悔することのない、実際、すばらしい人生の決定となるのです」

同じ話について『マーケットの魔術師』には、デビッド・ショウの立場から見た状況が次のように記されている。

「そんなある日、ジェフが私と話がしたいと言って来ました。いっしょにセントラルパークを歩きながら、彼は私に『起業家の虫が騒ぎ出した』と言い、独立して自分のアイデアを追求したいと決めたらどう思うか、と私に聞いてきました」

デビッド・ショウの返事がおもしろいのは、いかにも用心深いことだ。これを分析的に書き出してみよう。

・ジェフ・ベゾスを高く評価しているので、ジェフ・ベゾスを失うのはたいへん残念だ
・D・E・ショウにいれば、ジェフ・ベゾスの将来は約束されているのに
・しかし自分も独立した経験があるので、無理には引き止めない
・ジェフ・ベゾスが独立して自分のアイデアを追求するのには反対しない
・将来、ジェフ・ベゾスのライバルになるかもしれないが、それは承知しておいてほしい

一見、紳士的だが、最後の項目が何ともすごい。こういうのを「ウォール街的友情」というのだろう。マイケル・ダグラスの主演映画「ウォール街」のようだ。

こうしてベゾスは自分のアイデアに賭けた。決定したのは「後悔を最小にするフレームワーク」(Regret Minimization) という意志決定法だ。もし、ここで独立して新事業に賭けなかったら、あとで後悔するかもしれない。八〇歳になったとき、あの時ああすべきだったなどと後悔することのないように行動しよう。失うもののない若い人の哲学である。

ジェフ・ベゾスは、何億円とも噂されるD・E・ショウ社の報酬を見切って冒険的事業に乗り出した。目指すは西海岸である。

3　出発、西へ

一九九四年夏、ジェフ・ベゾスと妻のマッケンジーは、ただちにニューヨークのアッパーウエストサイドのアパートを発ち、荷物をモイシェイズ運送保管会社のトラックに積み込んで、ともかく西をめざした。はっきりした目的地があったわけでない。内面に潜む衝動のようなものに動かされたといわれている。

妻のマッケンジーが車のハンドルを握り、西海岸をめざして驀進した。ジェフ・ベゾスは妻のかたわらでラップトップコンピュータを叩いて新会社の目論見書をつくり、携帯電話でベンチャーキャピタルに電話をかけ、資金の調達を図ったという。途中で彼らは目的地をシアトルに決めた。先発した運送保管会社のトラックに目的地をシアトルと伝えた。

以上、アマゾン・コム創立のこの話には多分に漏れず粉飾があるといわれている。実際には、自動車をもっていなかった彼らは、まず航空便でテキサスに飛び、祖父のローレンス・プレストン・ガイスに中古のシボレーブレイザーをもらった。それからシアトルに向かったのである。だから、一直線に車でシアトルに向かったわけではない。また、目的地についてはいくつか候補があったらしく、最後まで迷っていたようだ。ニューヨークから迷わずシアトルへ爆走したわけでもない。さらに、イメージ的には風を切って颯爽と爆走するオープンカーのスポーツカーを想像しがちだが、中古のシボレーブレイザーで爆走しても、どうも美しい絵にはならない。

この話は、スターバックスのハワード・シュルツの話に多少重なるような気がする。スターバックスで働こうと決意したハワード・シュルツは一九八二年七月、妻のシェリーと結婚してハンプトンの小さな別荘でハネムーンを過ごしたあと、ニューヨークをめざす。

「アウディの後部座席に愛犬のゴールデン・レトリーバーを乗せて、北米大陸を三〇〇〇マイル横断する計画を立てた。八月中旬にニューヨークを出発して、労働記念日の週末にシアトルに到着する。」(『スターバックス成功物語』、ハワード・シュルツ、ドリー・ジョーンズ・ヤング著、小幡照雄・大川修二訳、日経BP社、一九九八年)。

こういう話は、かつてゴールドラッシュの時代、幌馬車でアメリカ大陸を横断して西部をめざした米国人の本能をくすぐり、共感を得やすいのである。

ジェフ・ベゾスがシアトルを選んだ理由はいくつかあった。通常言われているのは、次の三つである。

- マイクロソフトがあるおかげでハイテク技術者が多く人材に恵まれていたこと
- 大手の配本業者イングラムのウェアハウスがオレゴン州のローゼンベルグにあること
- 州税のしくみが有利であったこと

しかし、本当のことはわからない。本人の直接の証言がないからだ。それに、仮に本人の証言があったとしても、本当かどうかわからない。私が考えるのに、書店最大手のバーンズ・ノーブルの本拠地であるニューヨークで開店して脅威にさらされるよりも、バーンズ・ノーブルの力がそれほど及ばない西海岸のほうが楽だったからではないだろうか。ハリウッド映画産業が西海岸で発達したのも、東海岸にいて映画の特許権をもっていたエジソンの力が西海岸には及びにくかったからだ、と読んだことがある。

4　ガレージからの出発

一九九四年夏、ジェフ・ベゾス夫妻はシアトルに到着した。

荷物は友人のニコラス・J・ハナウアー（以下、ニック・ハナウアー）の家に一週間ほど前に到着していたことになっている。ニック・ハナウアーは、ロバート・スペクターの『アマゾン・ドット・コム』（既出）には何度も登場して、アマゾン・コム設立当初の話には活躍したことになっている。しかし、それほど重要人物ならアマゾン・コムの目論見書か年次報告書に言及されていてもよさそうだが、何も述べられていない。株式の保有についても何も記録がない。経歴からもジェフ・ベゾスとの接点がどこにあったのかわかりにくい。

誰かがジェフ・ベゾスの世話をしたことはまちがいないが、インターネットでもニック・ハナウアーとジェフ・ベゾスとの関係ははっきりしない。たとえば、ウィキペディアでニック・ハナウアーを調べると、名前は出てくるが、アマゾン・コムとの関係は記述されていない。ロバート・スペクターやニック・ハナウアー自身が言う、ニック・ハナウアーがアマゾン・コムの社外取締役であったという主張もわかりにくい。アマゾン・コムには、正式には社外取締役などという制度はないからだ。

ともかく到着後、一週間でジェフ・ベゾスはシアトル近郊のベルビュー市28番地の家を借りた。ジェフ・ベゾスがこだわったのは、ガレージがあることだった。これからジェフ・ベゾスが起こそうとするビジネスにとって、ガレージから出発したということは非常に重要なことであった。ヒューレットパッカードもアップルコンピュータもガレージから出発したからだ。ジェフ・ベゾスが借りた家のガレージは、ガレージとしては使われておらず、娯楽室として使われていた。インターネットのいくつかの動画像で見ると、ガレージの入口は壁になっていて、窓がついている。これではガレージとしては使えない。しかし、かつてガレージとして使われていたということで、ガレージから出発したと主張するのには十分であった。要するに、神話をつくりたかったのだ。

一九九四年九月二二日、ジェフ・ベゾスは、オレゴン州ポートランドで開かれた全米書籍販売業者協会ＡＢＡが主催した書籍販売についての四日間の入門講座を受講した。当時ジェフ・ベゾスは、まだ書籍販売についてはよくわかっていなかったといわれる。しばらくジェフ・ベゾスは、じっくりとアマゾン・コムについての構想を練るのである。

5　社員第一号、シェルダン・カファン

ジェフ・ベゾスはシアトルに向かう途中、サンフランシスコで、Ｄ・Ｅ・ショウ社の同僚に紹介されたプログラマーと面接している。その中から、アマゾン・コム一人目のプログラマーとして採用されたのがシェルダン・Ｊ・カファンである。彼はシェル・カファンともよばれていた。データベースに強いといわれていた。

シェル・カファンは、サンタクルース生まれで、カリフォルニア大学サンタクルース校で数学の学位をとった。卒業後、フロックス社、ＩＢＭのＯＳ／2との関係で有名なカレイダ社で働いた。カレイダ社はずいぶん喧伝された会社だったが、結局これといった製品は出せなかった。私もＯＳ／2の本の執筆にかかわっていたころ気になって調べたことがあるが、開発計画がずさんだったらしい。それに西海岸文化は、何といってもマリファナ文化的な神秘的なものであった。

シェル・カファンはしばらくアマゾン・コムで活躍した。ロバート・スペクターの『アマゾン・ドット・コム』(既出)の第5章で現場でのようすがわかる。

「返品があるたびに、シェルに頼んでデータベースの情報を更新してもらっていました。」

「顧客からの返品をどう扱うのか、取次ぎ業者にどうやって返品するのか、本が痛んでいたり盗まれたりしたらどうするのか、本が行方不明になったらどうするのか、また行方不明だった本が見つかったらどうするのか、といった倉庫を運営していくための物理的要求と経理業務を適応させるために、どんなソフトを開発したらいいのかを決めるにあたり、シェルの力を借りました。」

一九九七年一月一四日付けのインセンティブ・ストックオプションで七〇万九五六八株を〇・〇〇一四七一ドルで購入する権利を与えられた。一九九八年にアマゾン・コムで副社長をしていたことは年次報告書で確認できる。『フォーブス』誌の長者番付では総資産は二億三六九〇万ドルで四三位である。一九九九年には年次報告書から姿を消している。『フォーブス』誌の長者番付を見ると、総資産は八億八九〇万ドルで三八位である。このあたりで後進に道を譲り、退職したらしい。その後の消息はわからない。

6　社員第二号、さすらいのポール・デイビス

アマゾン・コム二人目の社員は、プログラマーのポール・バートン・デイビスである。現在は最初の奥さんのエリザベス・バートンと離婚してポール・デイビスを名乗っている。男性が離婚して名前を変えるというのは多少奇妙な気がする。現在の奥さんはジュリー・ディアリーである。今ではアマゾン・コムの最初の二人のプログラマーの一人であったというよりは、ＬＩＮＵＸ（リナックス）のオーディオソフトのほうで有名である。

ポール・デイビスは、英国のミッドランドとロンドンで育った。一九八三年七月、ポーツマス・ポリテクニックに入学し、一九八六年六月に生物分子科学科を卒業した。この人はさすらいのプログラマーである。その経歴はおそろしく目まぐるしい。

一九八六年六月から一〇月まで、イスラエルのワイズマン・インスティチュートで働いた。同じ年の一〇月から一九八七年一〇月まで、こんどはドイツのハイデルベルグの欧州分子生物学研究所で働いた。一九八七年一二月から一九八九年五月までは、英国ケンブリッジのシュルンベルジュ・ケンブリッジリサーチでシステムプログラマー兼ソフトウェア技術者として働いた。一九八九年八月から一〇月までは、ペンシルバニア州のラビットソフトウェアでＵＮＩＸソフトウェア技術者として働いた。一九八九年一一月から一九九一年一一月までは、ワシントン州のシーニックソフトで上級ソフトウェ

ア技術者兼テクニカルマネージャーとして働いた。一九九一年四月から一九九四年一一月までは、ワシントン州立大学のコンピュータ科学ラボにいた。

一九九一年三月から五月までは、シアトル・フィルムワークスでコンサルティング・ソフトウェアスペシャリストとして働いていた。ポール・デイビスの経歴でコンサルティングと付くのは、たぶん非常勤かアルバイトということだろう。一九九四年七月から一九九五年七月までは、ＵＳＰＡＮで技術コンサルタント兼プログラマーとしてアルバイトをしていた。

ポール・デイビスは、一九九四年一一月から一九九六年三月までアマゾン・コムに在職していた。ワシントン州立大学を根城にしてアルバイトをくり返し、やっとアマゾン・コムにたどりついたわけである。アマゾン・コムでは、オープンソースソフトウェアを使って開発をしていた。お金のないアマゾン・コムにとって、無料ということが最大のメリットだったのだろう。ＯＳは基本的にＵＮＩＸで、言語はＧＮＵのＣ／Ｃ＋＋コンパイラーを使い、ツールとしてはPerlを使った。

インターネット利用のオンライン販売では、データベースとウェブが重要になる。カリフォルニア州立大学バークレー校のＤＢＭ（データベース・マニピュレーション）ライブラリーを使って、ＵＮＩＸのmmapを動かせるようにした。また、カスタマーの好きな作家や関心のあるテーマの新刊書を告知する「アイズ」というシステムや、社内の編集者がカスタマーに合った書物を推薦する「エディターズ」というシステムをつくった。当初は無料のデータベースソフトを使っていたが、お金が入ってくるに従って、オラクルのリレーショナルデータベースシステムを使用するようになり、プログラム開発はオラクルのリレーショナルデータベースシステムのＣ／Ｃ＋＋プログラミングインターフェイス開発に移っていった。

ポール・デイビスは、アマゾン・コムが上場したときには、すでにアマゾン・コムを去っていた。したがって、シェル・カファンとちがって重役になることもなく、何百億円の資産を築くこともなかった。人間の運命はちょっとしたことで変わってしまうようだ。

一九九五年七月から一九九七年一〇月まで、ペンシルバニア州ピッツバーグのアトラス・ソフトウェアテクノロジーズでコンサルティング・ソフトウェアサイエンティスト兼技術者として働いた。さらに一九九八年から、ペンシルバニア州のフィラデルフィアにＬＩＮＵＸオーディオシステムを設立して現在に至っている。

この人は、あとの章で出てくるアマゾン・コムのワンクリック特許の独占に反対している。

7　開発のはじまり

一九九四年一一月、ジェフ・ベゾス、シェルダン・Ｊ・カファン、ポール・バートン・デイビス、マッケンジー・ベゾスの四人は、ガレージでアマゾン・コムをつくりだす作業を開始した。二人のプログラマーは伝説的ではあるが、どの程度の実力であったかはアマゾン・コムの目論見書の記述から想像できる。

「アマゾン・コムは、トランザクション処理システムを更新し、拡張し、その会計、コントロール、レポーティングの方法を開発し、増加するトランザクション量をサポートするために、モジユールを新しく開発したり、買い入れたモジュールと既存のシステムを統合しようとしている。ソフトウェアやハードウェアを追加できないことや、既存の技術やトランザクション処理システムやネットワークインフラを、ウェブサイト上での増加するトランザクションやトランザクション処理システムを通して増加する販売量に適合させることができないといったアマゾン・コムの無力さは、予想もしないシステムの破壊や、遅い応答時間、カスタマーサービスのレベルの低下や、注文管理の質とスピードの低下や、正確な財務情報のレポーティングの遅れをもたらすかもしれない。

さらにアマゾン・コムは自社データへの不正アクセスを防止しようとしているが、完全にリスクを除去することはできない。アマゾン・コムがタイムリーにトランザクション処理システムを更新したり、拡張したり、既存システムに新しく開発したあるいは購入したモジュールをスムーズに統合できるという保証はない。このような無能力さは、アマゾン・コムのビジネス、発展、財政的条件、運用結果にはなはだしく有害である」

自社の開発能力にまったくといってよいほど信頼を置いていないのが特徴的である。せいぜいUNIXシステムにオラクルを載せて、モジュールを追加したり、周辺機器を追加したりするぐらいのことだったろうが、それにもアマゾン・コムの技術者が苦戦しているようすが見える。それにまた二人の技術者とも、どうもオラクルのような本格的なリレーショナルデータベースには強くなかったようだ。アマゾン・コムは売上げが伸びて、資金的に楽になりしだい、どんどん新しい優秀な技術者を採用し、また外部への発注によって技術力を向上させていったのだろう。

8　アマゾン・コムのビジネス哲学

アマゾン・コムは、ジェフ・ベゾスによって、インターネット上で本のオンライン小売をめざして設立された。前にも述べたように、ジェフ・ベゾスは多くの理由で、本の業界こそオンラインでの小売にとくに向いていると考えていた。

クリス・アンダーソンが『ロングテール』（篠森ゆりこ訳、早川書房、二〇〇六年）で述べているように、オンラインの本屋は仮想的に無限に大きい在庫用の棚空間（いわゆるロングテール＝長い尻尾）をもっている。ふつう、よく売れる本の棚在庫は大きく、あまり売れない本の棚在庫は小さくする。図を描くと、高い山からしだいに長く続く低いスロープとなっていく。このあまり売れない部分を尻尾（テール）という。尻尾をできるかぎり短くして商品の回転率を上げ、不良在庫を少なくするのが上手な経営であるとされてきた。

これは本屋にとっては効率的だが、お客にとっては選択の幅が限られて不満である。もし無限に大きい棚空間があれば、長い尻尾の方式をとることができ、売れない本も置いておける。こうした幅広い選択のできる方式をロングテールという。

多様な種類の本がたくさん存在すると、物理的にかなり大きな書店でも、経済的理由からごく少数の本の在庫しか置けない。しかし、オンラインの本屋は物理的な棚の制約は受けず、その棚の容量はほぼ無限大であるとも考えられる。この理論は、コンピュータの構成論で、仮想記憶が無限大の記憶空間を保証できるという理論に似ている。実際には、仮想記憶はハードディスクの容量によって制限される。

アマゾンが無限に多くの本をそろえたという主張は、本当でもあれば、また嘘でもある。実際には本はそろえておらず、本のカタログをコンピュータのハードディスクにコピーしただけだ。無限に多くの本があっても、効率よく探し出せなければ意味がない。アマゾン・コムは、効率的な検索システムとデータ抽出用のインターフェイスを提供して、効率的で広範な選択が可能になるよう努力した。

アマゾン・コムは、流通と運用を集中化させることによって、グローバルなマーケットにサービスできるので、伝統的なレンガとモルタルの書店と比較して、いちじるしい価格優位性を実現できる。平たくいえば、まとめて大量の商品を扱えるので安くできるのである。

また、手を通してみなければ買うことができない女性の洋服などとちがって、本のお客は実際に手にとらなくとも、オンライン情報だけで購入決定を行なえる。お客に商品をさわらせなくても販売できるのである。とはいっても、実際には届いた本の大きさが想像していたのと一まわり以上小さくてびっくりしたり、紙の質が予想したのとまったくちがって粗悪でがっかりしたりすることもある。

また、アマゾン・コムでは、本の梗概や抜粋や批評を利用できるので、原理的には、お客はまちがいを犯さずに本を購入できる可能性が開けた。アマゾン・コム側も効率のよい仕入れができる。

よく本を買う人と、よくインターネットを使う人のジャンルとは、重なる部分が多いといわれる。また、オンラインでの本の販売は、出版社にも多大の利益を約束している。なぜなら、オンラインならば消費者の好みに関する情報が効率的に集められ利用できるので、返本を劇的に減少させられるからである。

❶ オンラインストアの経済的有利性を活用する

オンラインの本屋として、アマゾン・コムは伝統的な小売店に比べて構造的に経済上の利点をもっている。オンラインビジネスを行なうというモデルと、流通を集中させることにより、アマゾン・コムは在庫の回転を飛躍的に向上させた。また、無店舗販売であるから、店舗用不動産への多額な投資が不要になり、人件費も劇的に節減できた。ただし、小売店は持たなかったが、しばらくして広大な配送センター（のちのフルフィルメントセンターやウェアハウス）を必要とするようになる。

アマゾン・コムは、在庫をゼロにするという考え方で出発した。トヨタ方式のジャストインタイム（かんばん方式）である。実際には在庫ゼロは無理なので、しだいに在庫を持つようになる。トヨタの幹部関係者に聞いたことがあるが、かんばん方式で成功する秘訣は、いかにして在庫が上層部に見つからないように隠すかであって、実際に在庫ゼロでは運用は無理なのだそうだ。

アマゾン・コムでは最初、ベストセラーの上位一〇位までが在庫として蓄えられた。それが、二五位、二五〇位としだいに拡大された。結局、クリス・アンダーソンの「ロングテール」哲学に近いものとして出発しながら、何とも皮肉なことに在来型の売れ筋中心に回帰していくのである。

それでも、アマゾン・コムは運用の集中化によって、幅広い地理的範囲のマーケットにサービスでき、ウェブサイトやコンテンツやマーケティングや技術に多大の投資が可能となった。

❷ お客の便宜をはかる

アマゾン・コムは、レンガとモルタルでできた物理的な本屋に比べて、二四時間開いていて、実際に本屋に行く必要がない。本は直接、お客の自宅やオフィスに届けられる。お客がショッピングする時間をより多くもてるし、買いたいという衝動に襲われるとすぐにマウスをクリックして買うことができる。アマゾン・コムでは、お客がより多くの本を買うと考えられる。

また、アマゾン・コムはネット上にあることから、グローバル（地球的規模）に存在する。つまり地球上のどこにでも小売店を持っているのと同じなのである。インターネットさえ利用できれば、物理的な本屋がカバーしきれない僻地や、遠く離れた海外や、南極や北極などの極地や、イラクやアフガニスタンなどの戦場をも含む幅広い地理的範囲からも注文を受けることができる。

❸ 興味深いコンテンツを豊富にそろえる

当初、アマゾン・コムは呼び水を提供するための優秀な編集スタッフの力に大きく依存していた。本の内容紹介や興味を引く部分の抜粋や批評など、興味を引き、情報量が多く、一癖も二癖もあるおもしろいコンテンツを提供した。さらにお客や批評家による批評が多様で、刺激的な意見を提供する。出版社や著者も情報を提供できる。これによって、お客はショッピングだけでなく、おもしろい情報を得たり楽しんだりできる。親しみやすいオンラインコミュニティが形成されることにもなった。最初、こうした呼び水を入れてやると、しだいに読者がつくる巨大なコミュニティが育ってくるのである。

9　アマゾン・コムの経営戦略

以下は、アマゾン・コム創立当時のジェフ・ベゾスの経営戦略を基にして多少書き直してアレンジしたものである。生硬な表現や専門用語が多かったのが当時のジェフ・ベゾスの書き物の特徴である。

❶　お客に賞賛されるような価値を創造してお客の忠誠心を獲得する

アマゾン・コムの目標は、オンラインの強みを生かし、お客の関心を継続的につなぎとめて、本や情報ベースの製品に対する信頼できる情報源となることである。アマゾン・コムは、技術の革新的な使用、広範な選択、高品質なコンテンツ、ハイレベルな顧客サービス、競争力のある価格、個人向けサービスなどを提供することによって、お客に絶賛されるような価値を提供することを目標とした。さらに、アマゾン・コムは、情報が満載された楽しいコンテンツ、シンプルで効率的なナビゲーション、検索能力などによって、クォリティの高いショッピング経験を提供することに努めた。

❷　ブランドの認知度を深化させる

アマゾン・コムは当初から、オンラインeコマースにおいて他社に優越するブランドであることをめざした。いったん有名になると、先行者の利点とその勢いを守り抜くことによって恩恵を得た。アマゾン・コムの戦略は、すぐれたサービス、先導的なウェブサイトや他のメディア上の宣伝、ＰＲキャンペーンの実行、ビジネスのアライアンスやパートナーシップなど多様なマーケティングと販促技術によって、ブランドの浸透度を高め、認知度を深化させることである。

❸ すぐれたビジネスモデルをつくる

アマゾン・コムは、物理的な店舗ネットワークや、これに関連する従業員といったコストや、レガシー（旧来）ビジネスの重荷を担わないので、伝統的な小売業者に比べて固有の経済的利点をもっている。レガシーという言葉はオールドという言葉の代わりにマイクロソフトが使い始めたもので、古いとか旧来ということを示す。アマゾン・コムの目標は、劇的な売上げの成長を達成してスケールメリット（大規模である利点）を活かし、そのビジネスに技術的な進歩を組み込んでいくことである。

❹ 先進的な技術を導入しつづけ改良を怠らない

アマゾン・コムが、すぐれたサービスを提供し、オンライン小売のユニークな特性をより一層強化し、すぐれたビジネスモデルを可能にするにはどうしたらよいだろうか。それには、進んだ対話型のオンラインeコマース（電子取引）のしくみが必要である。アマゾン・コムは、ウェブサイトとトランザクション（電子的注文）処理システムに先進的な技術改良を加え、具体的な実現をめざした。具体的な技術的目標としては、個人向けサービスプログラムの充実と強化、ユーザーインターフェイスをわかりやすく直感的なものとすること、注文された本の迅速な配本の達成、効率の向上などがある。

❺ 優秀な従業員を惹きつけ離さない

アマゾン・コムは、きわめて質の高い優秀な従業員を獲得すること、そうした人材を手離さないことが重要であると考えていた。アマゾン・コムの人材選抜はとても厳しい水準のものであった。競争が激しく、急速に成長しているマーケットで顕著な進歩を達成するには、多様で豊富な経験を積んだ従業員、管理者、ディレクターが必要である。最初からそうできたわけではないだろうが、アマゾン・コムは、巨大で急速に成長する組織の中で、従業員のデータベースを構築し、従業員の追跡記録を完備させ、信賞必罰を明確にして、優秀な従業員の確保に努力しつづけた。生き残りは大変なことであった。

❻ つねに収入の増加を追い求める

アマゾン・コムは、その存在感を増し、収入増加の機会を開拓するために、そのブランド、オンラインeコマースの経験、組織の運用基盤などに梃子《てこ》入れし、ますます拡大強化しようとした。たとえば、一九九七年七月から始まったアマゾン・コムのアソシエイトプログラムは、他のウェブサイトの所有者とのコラボレーション（協業）を可能とした。アマゾン・コムは、他のウェブサイト、オンラインサービス提供者との提携協業によって、その勢力範囲をさらに広げようとした。

アマゾン・コムは、提携サイトや関連したサイトの拡大、関連製品分野の拡大、また地理的な拡大、補足的なビジネスへの進出などを通じて、収入の増加を追及した。アマゾン・コムのお客が増加し、アマゾンへの注文の通信量が増加すると、広告セールスにとってさらにビジネスチャンスを創造していくと考えた。

10　アマゾン・コムの本屋の特徴

いささか、くり返しになるかもしれないが、アマゾン・コムの本屋の特徴についてまとめておこう。アマゾン・コムのお客は、アマゾン・コムのウェブサイトを通してアマゾン・コムの本屋に入る。本を注文するだけでなく、目的を定めた検索を行なうこともできるし、重点的に取り上げられたお奨め品、ベストセラー、他の機能などの中でブラウジングもできるし、感想や批評を読んだり投稿もできる。また、個人向けサービスに登録もできるし、販売促進活動に参加もできるし、注文状況をチェックすることもできる。

❶　ブラウジング

アマゾン・コムのサイトは、多様にハイライトされた主題や、本の検索、選択、発見を強化するように考えられた。簡単でやさしい使い方で、アレンジされた特別な機能を利用できる。さらに、アマゾン・コムのホームページは、多彩な商品や現在の話題となっている情報などを提示した。ショッピングの経験を強化し、売上げを増やすために、アマゾン・コムはサイトの店舗の中に多様な本を効率よく展示している。

❷ 検索

アマゾン・コムの主要な武器は、何百万ものタイトルを対話的に検索できるカタログである。アマゾン・コムでは、物理的な書店では不可能なほどの広範な選択が可能である。また、メールオーダーのカタログでは収容不可能なほどの選択が可能である。

アマゾン・コムは、書名、主題、著者、キーワード、発行日時、ＩＳＢＮなどに基いた本の検索ツールを提供する。お客は、もっと複雑で精密な検索ツールも使用することができる。アマゾン・コムはサードパーティからカタログや他の情報などをライセンスしている。

❸ コンテンツとレビュー

アマゾン・コムは、多くの形態のコンテンツを提供して読者を喜ばせ、お客のショッピング経験を豊かにし、本の購入の動機づけを行なう。プロの批評家や読者からの批評と並んで、著者のインタビューが示される。特定の書名について、表紙の写真、梗概、注釈、著者とのインタビュー、読者によるレビューなど、さまざまなコンテンツが利用できる。お客は自分の感想を書いて投稿することが奨励されている。

出版社や著者にとって、お客の感想や批評は匿名なので不評である。一刀両断に「この本は買ってはいけない」などと書かれたらひどい損害だ。何カ月も何年もかけて書いた本が売れなくなってしまう。難解な専門書だと、とくにその傾向が強い。「むずかしくてわからない」と書かれると、まずその本は売れなくなってしまう。こうして、一部によい本が排除されていく傾向がある。著作権協会にアマゾンを告訴する動きがないのは不思議議である。楽天的なことで有名なジェフ・ベゾスも、多少の警戒はしているようだ。アマゾン・コムも巨大化すればするほど訴訟には弱い。

しかし、お客の立場からみると、感想や批評も有用なことがある。私もアインシュタインの厚い伝記を洋書で何冊か読んで、アインシュタインの全集をそろえてみたいと思ったことがある。英語版にしようか、ドイツ語の原版にしようか、迷った末に英語版にして、バーンズ＆ノーブルに発注した。アマゾン・コムの写真説明はわかりにくくて閉口したのと、お客の感想や批評がひどく手厳しかったからだ。

アマゾン・コムとちがって、バーンズ＆ノーブルから本が届くのは遅い。数カ月かかって、やっと届いた。しかも巨大なボール箱がめちゃくちゃに破損していた。よくこれで日本まで着いたと呆れたほどであった。ともかくページをくって読んでみて驚いた。「これは買うべきでない」というアマゾン・コムのお客の感想や批評の意味がよくわかった。編集がずさんなのである。損をしたと思った。それからは、発注の際には必ずアマゾン・コムの感想や批評を読むようにしている。結局、アマゾン・コムでドイツ語版のアインシュタイン全集をそろえることになった。

❹ オンラインコミュニティ

オンラインコミュニティをつくることで、アマゾン・コムは、お客に魅惑的で親しげな経験を提供し、お客がしばしばアマゾン・コムのサイトに戻ってきて他のユーザーと交流し、お客の忠誠度を促進し、購買をくり返すようにした。アマゾン・コムは、読者や著者や出版社を誘って感想や批評を投稿させ、スポンサーが競争をレビューし、著者のインタビューに対するフォーラムを提供する。批評家や著者は他の読者との相互交流を可能にできるよう、電子メールアドレスの提供を推奨する。何か買うつもりでなくとも、ふらっと気楽にふれ合いを求めて立ち寄りたくなる雰囲気をつくり出したことが、アマゾン・コムの成功の要因の一つである。

第4章　アマゾン・コム、いよいよ営業開始

一九九四年七月五日、ジェフ・ベゾスは新会社の社名を「カダブラ・コム」として、ワシントン州の法人として登記した。アブラカダブラから思いついたのは明らかである。しかし、わかりにくい社名だとか、カダブラが解剖用の死体を意味するカダバーに似ているとシアトルの弁護士に言われて、三カ月後に「アマゾン・コム」に変更した。

一九九六年、デラウェア州でアマゾン・コムとして改めて再登記した。そのため、目論見書S–1を読むと、最初、登記上はデラウェア州の法人としてのアマゾン・コムとワシントン州の法人としての二つのアマゾン・コムがあった。どちらも主たる事業所をワシントン州シアトルに置いていた。おもしろいことに株式も別々に持っていた。一九九六年五月二八日、両社は合併し、最終的にはデラウェア州の法人となった。

アマゾン・コムと名づけた理由は、アマゾン川が地球上最大の川だからである。地球上第二の川はミシシッピ川であるが、アマゾン川はミシシッピ川よりも水量で一〇倍も大きい。ジェフ・ベゾスはアマゾン川にあやかって地球上最大の本屋をつくりたかったと説明している。

アマゾン・コムの開店は一九九五年七月一六日であり、この日ジェフ・ベゾス率いるアマゾン・コムは最初の一冊を売った。その一冊とは、ダグラス・R・ホフスタッターの『流体の概念と創造的類推：思考の基本的な力学のコンピュータモデル』（〝Fluid Concepts and Creative Analogies : Computer Models of the Fundamental Mechanisms of Thought〟）である。高名なダグラス・R・ホフスタッターの認知科学の本なので、私もアマゾン・コムで購入してみた。最初のカスタマーがどうしてこの本をアマゾン・コムで購入する気になったのか、じつに不思議だ。アマゾン・コムも首をひねったらしい。

当時のアマゾン・コムのホームページはとてもシンプルなもので、文字が中心で、画像といえばアマゾン・コムのロゴだけであった。ロゴは、アマゾン・コムのAの中に流れるアマゾン川を象徴していた。アマゾン・コムは「地球最大の本屋」が売りであった。取り扱い商品が本だけでなくなった今、アマゾン・コムは別の表現「地球最大の選択を提供する会社」や「地球最大のカスタマー中心の会社」を使っている。

当時、本社はワシントン州シアトルの2番街1516番地の建物の四階にあった。一九九四年アマゾン・コムは従業員四人でスタートしたが、一九九七年には一二五人になり、二〇〇九年一二月三一日には二万四三〇〇人になる。二〇一〇年一二月三一日には三万三七〇〇人になる。

1　足りない資金

アマゾン・コムの出発は順調であり、売上げも飛躍的に伸びていったが、会社の運転資金はいくらジェフ・ベゾスがつぎ込んでも足りなかった。一九九四年七月、ジェフ・ベゾスはアマゾン・コムの通常株一〇二〇万株を一万ドルで購入した。同月、ジェフ・ベゾスは一万五〇〇〇ドルを無利子でアマゾン・コムに融資している。一一月には二万九〇〇〇ドルを同じく無利子でアマゾン・コムに融資した。一九九五年一一月にはさらに四万ドルを無利子でアマゾン・コムに融資した。こうして、ジェフ・ベゾスの蓄えはしだいに全部アマゾン・コムにつぎ込まれる形になった。

さらに一九九五年四月、ジェフ・ベゾスはアマゾン・コムの社用クレジットカードに個人保証を与えている。七月になると、ウェルズ・ファーゴ銀行に対してアマゾン・コムの社用銀行カード用口座の個人保証を与えている。一種のサラ金的な資金運用である。

続いてジェフ・ベゾスは家族までも巻き込むことになる。援助を求めたジェフ・ベゾスに、義父ミゲル・ベゾスは「インターネットって何だい？」と聞いたそうだ。ミゲル・ベゾスはアマゾン・コムやそのコンセプトに投資するのではなく、息子のジェフ・ベゾスに投資したのである。これは母のジャッキー・ベゾスも同じことであった。ジェフ・ベゾスは両親にアマゾン・コムの成功の確率は三〇%と説明した。しかし、本当のところ、ジェフ・ベゾスはアマゾン・コムの成功の確率は一〇%と思っていたのだそうだ。

一九九五年二月、父ミゲル・ベゾスに五八万二五二八株を一〇万二〇ドルで売却する。一九九五年七月、母ジャッキー・ベゾスが管理するガイス家信託に八四万四七一六株を一四万五五五三ドルで売却する。一株〇・一七ドルであった。一九九六年五月、ジェフ・ベゾスの兄弟マーク・S・ベゾスと妹クリスチーナ・ベゾス・プーアに三万株を一万ドルで売却する。

資料からはもっとジェフ・ベゾスの苦境がわかるが、このぐらいにしておこう。利用できるものはすべて使っている。涙ぐましいほどだ。「最後の一兵まで戦え」式の戦いである。アマゾン・コムの資金繰りは、最初の数年間はかなり苦しかったようだ。

2 地元の個人投資家からの資金調達

アマゾン・コムが事業継続に必要な資金を調達する、もう少しまともな方法としては、シアトルの個人投資家（エンジェルとよばれることがある）から資金を調達するやり方と、ベンチャーキャピタルから資金を調達するやり方の二とおりがあった。個人投資家との接触は、友人や縁故をたぐっていくものだ。

最初にジェフ・ベゾスが頼りにしたのはニック・ハナウアーだったという説がある。ニック・ハナウアーの推薦でジェフ・ベゾスは、株式ブローカーのエリック・ディロンと接触した。ジェフ・ベゾスがいたD・E・ショウ社で働いたことのあるエリック・ディロンは、ジェフ・ベゾスのアマゾン・コムの冒険的事業に感動した。ただし、すぐにはお金は出さなかった。

また、ある弁護士の紹介で、ジェフ・ベゾスは弁護士で投資家のトーマス・アルバーグに接触した。トーマス・アルバーグはハーバード大学を卒業し、コロンビア大学のロースクールを修了した。トーマス・アルバーグは一九九〇年までパーキンス・コアエ法律事務所のパートナーであり、執行委員会の議長でもあった。一九九一年四月から一九九五年の一〇月まではＬＩＮブロードキャスティングコーポレーションの社長兼取締役、一九九〇年七月から一九九五年一〇月まではマッコー・セルラーコミュニケーションの執行副社長であった。両社ともセルラー電話サービスのプロバイダーであり、ＡＴ＆Ｔに買収された。

トーマス・アルバーグは、一九九六年一月からマドロナ投資グループのトップとなった。アクティブボイスコーポレーション、エメリタスコープ、モザイックス、テレデシックコーポレーション、ビジオコープの取締役でもあった。トーマス・アルバーグもジェフ・ベゾスのアマゾン・コムの冒険的事業に感動したが、すぐには投資の確約はしなかった。

ジェフ・ベゾスはずいぶん多くの人に投資を要請したようだが、いずれも色よい返事をもらえなかった。たまりかねたジェフ・ベゾスはニック・ハナウアーに投資を要請し、ハナウアーは株式オプションの提供を見返りに小切手を切ったことになっている。ジェフ・ベゾスは六〇人ほどの個人投資家と話をしたが、実際に投資してくれたのは二三人ほどだったという。それらの個人投資家たちの名前はぜひ知りたいところだが、手に入る書類では記録が見えない。

ただし、目論見書の六三ページに、一九九五年一二月六日から一九九八年五月一六日のあいだに二三人の個人投資家に一株〇・三三三三ドルで売却したとの記述がある。これによってアマゾン・コムには一〇〇万七〇〇〇ドルが入った。一人の平均投資額は五万ドル弱である。三年間で一億円程度で、これではとてもアマゾン・コムの事業継続には足らなかった。

ジェフ・ベゾスは地元の個人投資家との接触があまり上手ではなかったようだ。ジェフ・ベゾスのプレゼンテーションはむずかしすぎて、地元の個人資本家に対しては説得力がなかった。個人投資家たちは、小金を儲けた地元の商店主や中小企業の社長や医師や弁護士であることが多く、興味の中心は利回りや配当や株の値上がりで、簡単にいえばどのくらい儲かるかということが興味の中心である。ウォールストリート向けのようなむずかしい言葉や概念をちりばめた言説には、わからないことはないがまったく興味がない。この点、人づきあいのうまいスターバックスコーヒーのハワード・シュルツはきわめて巧みにシアトルの個人投資家たちに出資させている（『スターバックス成功物語』より）。

アマゾン・コムの目論見書によれば、一九九五年一二月にアマゾン・コムはトーマス・アルバーグに一五万株を一株〇・三三三三ドルで売却し、五万ドルを調達している。トーマス・アルバーグは一九九六年六月からアマゾン・コムの取締役になった。取締役には直接の金銭的報酬はなかったが、一九九五年一二月に通常株六万株を一株〇・三三三三ドルで、またノンクオリファイド株六万株を一株〇・六六六六ドルで購入できるストックオプションを与えられた。さらに一九九七年一月には、通常株六万株を一株〇・六六六六ドルで購入できるストックオプションを与えられた。

トーマス・アルバーグは一九九六年から現在に至るまでアマゾン・コムの取締役を努めている。地元の個人投資家を大事にするというジェフ・ベゾスの姿勢なのだろうが、地元の個人投資家の投資額はそう多くはなかった。ジェフ・ベゾスの壮大な夢の実現には、やはりベンチャーキャピタルの投資や株式上場に頼る必要があった。

3　アン・ウィンブラッド

アン・ウィンブラッドとはどういう人か、といわれても説明がむずかしい。いちばんわかりやすいのは、パソコンの世界の帝王、マイクロソフトのビル・ゲイツのかつての恋人という説明である。アン・ウィンブラッドが人々の興味を引いた理由は、ビル・ゲイツほどの人物がどんな女性を好きになるのかという興味であったと思う。しかし、ビル・ゲイツがミリンダ・フレンチと結婚してしまった今、かつての恋人であるアン・ウィンブラッドの影は薄れてしまいそうなものだが、一定の影響力を持ち続けている。

アン・ウィンブラッドは一九五〇年一一月一日、ミネソタ州レッドウィングに生まれた。セントキャサリーヌ大学で数学とビジネスアドミニストレーションの学士号をとり、セントトーマス大学で教育学の修士号をとった。アン・ウィンブラッドは一九七六年、借りた五〇〇ドルでオープンシステムズを立ち上げ、一九八三年に一五〇〇万ドルで売却した。つまり、一ドル一〇〇円換算でいえば、借りた五万円で始めたビジネスを七年後に一五億円で売却したのである。

その後、アン・ウィンブラッドは、IBM、マイクロソフト、プライスウォーターハウスなどのコンサルタントを努めた。オブジェクト指向の教科書を書いたこともあるし、経済誌の『レッドヘリング』(RedHerring)や『フォーブス』にも記事を書いた。彼女はつねに話題を呼ぶが、いつもほどほどで決定的な結果を上げることのない人である。

レッドへリングというのは米国の証券業界の業界用語であり、SEC(証券取引委員会)の正式な承認前ではあるが、SECの要求する情報を盛り込んだ予備的な目論見書をいう。この目論見書の表紙の色が通例、燻製ニシンの赤い色に近かったために、私的な目論見書をレッドへリングという。一攫千金のお金儲けには欠かせない情報が満載された書類である。ここからレッドへリングという名前の経済情報専門の雑誌社ができた。

一九八九年、アン・ウィンブラッドは、ハンマー・ウィンブラッドベンチャーパートナーズを設立した。その名からすぐわかるように、ベンチャーキャピタルである。ベゾスに最初に接近したベンチャーキャピタルはアン・ウィンブラッドのハンマー・ウィンブラッドベンチャーパートナーズである。ジェフ・ベゾスはアン・ウィンブラッドに語ったという。『ナード2・0・1』という本に収録されている。

「私は書店業界については何も知りません。何もです。正直に言いたいと思います。でも私はあなたにこれだけは言っておきたいと思います。私はここで本を手に入れることができ、私はそれをカスタマーに届けることができ、レンガとモルタルでできた旧来の本屋のことなんか忘れることができるのです。私がなすべきことはインターネットのサイトを構築することだけです。アマゾン・コムの利益のマージンは高いでしょう。アマゾン・コムは書店の業界の経済学を総体として変革してみせます。アマゾン・コムの規模の経済は非常に効果的なので、アマゾン・コムは価格戦争にだって耐えられます」

ジェフ・ベゾスはアン・ウィンブラッドをあまり真面目に相手にしていない。これに対してアン・

ウィンブラッドが語った言葉が残されている。わかったようでわからないセリフである。

「書店の業界というのはヘッドライトに浮かんだ鹿のようだわ」

アン・ウィンブラッドの感想が何であれ、彼女はアマゾン・コムの立上げには縁がなかった。ただし、一九九九年三月二九日、アマゾン・コムが動物のペット会社のペッツ・コムの株式五〇％近くを購入したときには、アン・ウィンブラッドのハンマー・ウィンブラッドベンチャーパートナーズが助力した。アマゾン・コムのプレスリリースが残っている。

もっとも、この会社はネットバブルの崩壊で二〇〇〇年一一月に破産してしまった。アマゾンは持株を売却したが、相当の損失を出したことは確実である。やはり、アン・ウィンブラッドはアマゾン・コムには縁がないのかもしれない。

4　ジョン・ドーア

ジョン・ドーアは、シリコンバレーでもっとも有名なベンチャー資本、ＫＰＣＢのスタープレーヤーである。彼はＫＰＣＢをインターネット革命の担い手にした。ネットバブルの仕掛人と見ることもできる。

ジョン・ドーアは一九五一年、ミズーリ州セントルイスに五人兄弟の一人として生まれた。ライス大学電気工学科を卒業後、ハーバード大学のビジネススクールでＭＢＡ（経営管理学修士号）を取得。理系の学部を卒業しＭＢＡをとる、という理想的な学歴パターンである。一九七四年、ジョン・ドーアはインテルに入社した。同社では、エンジニアリング、マーケティング、マネジメントなどいろいろな職種を経験し、一九八〇年にベンチャー資本のKPCBに入社した。

KPCBは正式名称をパートナーの名前をあわせてクライナー・パーキンス・コーフィールド＆バイヤーズという。これではあまりに長い名前なので、頭文字を集めてKPCBとよばれている。KPCBは一九七二年に設立されたが、その当時はKPCBではなくクライナー＆パーキンスという社名だった。

創業者の一人、ジーン・クライナーは、トランジスタの発明者の一人、ウィリアム・ショックレーのいう「裏切り者の八人」に入っていた半導体専攻の秀才である。裏切り者の八人とは、ウィリアム・ショックレーのショックレー研究所を辞め、フェアチャイルドセミコンダクターという会社を設立した八人のことである。ジーン・クライナーはフェアチャイルドに六年間いたあと、エデックスを経て独立した。

もう一人の創業者、トム・パーキンスはMIT（マサチューセッツ工科大学）を卒業後、ハーバード大学でMBAをとっている。一九五七年、パーキンスはHP（ヒューレットパッカード）に入社しすぐに退社してしまうが、六年ほどして再びHPに戻り、レーザー関係のベンチャー事業に成功して、再び退社している。

一九七二年、クライナーとパーキンスは意気投合し、ベンチャー資本のクライナー＆パーキンスを旗揚げする。同社は初期にタンデム社とバイオ関係のジェネンテック社へ投資して成功した。一九七八年には新たに二人のパートナーを加え、社名をKPCBと改名した。これに一九八〇年、ジョン・

ドーアが加わったが、会社の名前はＫＰＣＢＤにはならず、そのままＫＰＣＢにとどまった。表面的には文句はいわなかったが、ジョン・ドーアは不満だったらしい。

一九八二年二月に設立されたサンマイクロシステムズ（以下、サン）は、ワークステーションの大量生産に乗り出すための資金を必要としていた。必要となる四五〇万ドルは、ＫＰＣＢとＴＶＩ（テクノロジーベンチャーインベスターズ）が出した。この際、ＫＰＣＢでサンに投資すべきと主張したのがジョン・ドーアであった。ジョン・ドーアはサンの将来性を見抜く目を持っていた。資金を出したＫＰＣＢは経営に口を出し、ジョン・ドーア自身も役員として乗り込んだ。サンの初代会長兼ＣＥＯはビノッド・コースラであったが、一九八四年秋には辞職し、現在、ＫＰＣＢのパートナーとなっている。いろいろな意味でサンとＫＰＣＢの仲は深い。

サンにひき続いて、ジョン・ドーアは一九八〇年代に、コンパック、シマンテック、クァンタム、サイプレス、ロータスなど現在のコンピュータ業界では名だたる企業に出資して次々に成功する。やがてジョン・ドーアの名前は伝説的になり、一九九〇年代にはＫＰＣＢのジョン・ドーアから、ジョン・ドーアのＫＰＣＢとさえいわれるようになった。

一九九四年六月、ジョン・ドーアのＫＰＣＢは、ジム・クラーク率いるネットスケープに五〇〇万ドルを投資した。ネットスケープの株の一五％を購入したことになるが、この投資は華々しい成功を収めた。まだ事業の目論見書も売上げも利益もないネットスケープ社の株式上場に成功し、これによってネットバブルが始まることになる。

さらに一九九六年六月、ジム・クラークは、これからはインターネットを利用した医療情報システムの時代だと主張し、医療情報システムを扱うヘルセオン社を設立し、自身が同社の会長に納まった。もちろん、ＫＰＣＢはヘルセオンにも投資した。一九九九年二月にヘルセオンの株式は公開された。ヘルセオンの株は人気を呼び、株価はたちまち八ドルから三三ドルまで値を上げた。ジム・クラークはヘルセオンの株式を一億一一七〇万株、シェアにして一六・五％を保有していたので、理論的には四億ドル相当の株式を手にした。ヘルセオンの株式公開は大成功であったが、同社に出資していたジョン・ドーアのＫＰＣＢもむろん大成功を収めた。

ジョン・ドーアのＫＰＣＢは、ＡＯＬ（アメリカオンライン）にも出資していた。ＡＯＬは一九九八年一一月、ネットスケープを四二億ドルで買収した。このときの契約にＫＰＣＢの系列であるサンが入ってきた。外から見れば、ＡＯＬ、サン、ネットスケープなどによるＫＰＣＢのマイクロソフト包囲網が形成された。ネットスケープの株式はＡＯＬの株式に交換されることになり、ネットスケープのジム・クラークは六億ドルを、ＡＯＬのジム・バークスデールは一億九〇〇〇万ドルを手中にした。ただし、このマイクロソフト包囲網が成功したとは必ずしもいえない。むしろ、このときのネットスケープ買収はネットスケープというスタープレーヤーを退場させたことになり、業界としてはあまり意味がなかったように思う。

資金が必要になったジェフ・ベゾスは、ＫＰＣＢのジョン・ドーアに接触した。ＫＰＣＢグループは一九九六年六月、アマゾン・コムの株式の五六万九三九六株を一株一四・〇五ドル、総額八〇〇万ドルで引き受けた。その後もいろいろあって、結局、アマゾン・コム上場時点では、ＫＰＣＢグループは三四一万六三七六株を保有していた。アマゾン・コムの株式上場は成功で、ジョン・ドーアのＫ

ＰＣＢは膨大な利益を上げたといわれている。

二〇一〇年三月一六日、証券取引委員会ＳＥＣへのフォーム８Ｋという書類で、アマゾン・コムはきわめて簡単にジョン・ドーアの退任を報じている。

「二〇一〇年三月一二日、ジョン・ドーアはアマゾン・コムに、二〇一〇年の株主総会で取締役に再選されるのを辞退すると報告した」

まったくこれだけである。アマゾン・コムは、これ以外にジョン・ドーアの退任の理由など何も報じていない。退任の理由はいろいろ報じられているが、明確なところは開示されていない。

5　スコット・クックも役員に

アマゾン・コムは、インチュイット創業者のスコット・クックも役員に加えた。インチュイットはマイクロソフトを唯一しりぞけた会社として有名である。スコット・クックは一九八四年四月から一九九四年四月まで、インチュイット社長兼ＣＥＯ（最高経営責任者）であり、一九九三年二月から一九九八年七月までインチュイット取締役会会長であった。

スコット・クックは、南カリフォルニア大学ＵＳＣで経済学と数学の学位を取得した。さらに東海岸に行って、ハーバード大学の経営学修士号ＭＢＡを取得した。その後の経歴には不明な点が多いが、Ｐ＆Ｇ（プロクター＆ギャンブル）でクリスコという食料油製品のプロダクトマネージャーをした。この経験がスコット・クックにとっては貴重な経験となった。

一九八三年、スコット・クックはＰ＆Ｇを辞めて独立し、個人向け財務ソフト市場への参入をめざした。個人向けの経理ソフトの市場である。スコット・クック自身はプログラム開発ができないので、スタンフォード大学にプログラマー募集の広告を出し、応じてきた学生のトム・プロウルを雇った。トム・プロウルが開発したのが一九八四年一二月発売のクイッケン（Quicken）である。クイッケンは一九八四年三月、スコット・クックとトム・プロウルが設立したインチュイットの最初の製品になった。クイッケンは直感的にいえば小切手帳であり、直感的（Intuitive）という言葉からインチュイット（Intuit）という社名ができた。

6　卓越したマーケティング戦略

スコット・クックの最初の計画は、クイッケンを小売のチャンネルに流すのではなく、銀行のロビーを通じて売らせようという独創的なものだった。このマーケティング戦術はあまりうまくいかず、つらい時期が続いた。ＭＳ-ＤＯＳ用に続くアップルⅡ用のクイッケンがわずかにインチュイットの破産状況を救った。

一九八六年、ボーランドの安売り戦術にヒントを得て、インチュイットもクイッケンの価格を半額の五〇ドルに設定した。こうした低価格化戦術はかなり成功した。しかし、最も成功した戦術は、毎年のバージョンの改訂であった。一九八九年以後、インチュイットは毎年クイッケンのバージョンの改訂を行なった。これによって改訂料金が毎年確実に入ってきて、インチュイットの収入は安定した。

スコット・クックは、P&Gのマーケティング技術のノウハウを徹底的に利用した。雑誌媒体での広告の打ち方一つをとっても工夫がしてあった。年金生活者向けの雑誌がクイッケンの広告を最も読むということがわかり、焦点を絞った広告の打ち方を工夫した。テレビコマーシャルの打ち方も工夫した。

販売店政策も徹底的に研究され、インチュイットのマーケティング担当には流通業の経験者が採用され、販売店でのクイッケンの棚の配置や置き方まで細かくアドバイスすることになった。また、インチュイットはスーパーマーケットなどの大規模販売店へのアプローチも果敢に試みた。インチュイットは販売店優遇の方針を大事にした。クイッケンのアップグレードに関しても、販売店優遇の政策はつらぬかれた。

7　巨人マイクロソフトの接近

インチュイットにとって幸いなことに、一九八〇年代にインチュイットはマイクロソフトと衝突することがなかった。とくに一九八〇年代を通じてインチュイットは個人向け財務ソフト分野に限定してマーケットシェアを守り抜いていたので、マイクロソフトとの衝突はなかった。しかし、インチュイットの市場占有率が高まり、マイクロソフトが個人向け財務ソフト分野への指向を強めてくると、両者の接近と衝突は必然になってきた。

マイクロソフトとインチュイットの最初の接近は、一九九一年のウィンドウズ3・1とマイクロソフトマネーの出現のころからである。マイクロソフトはクイッケンの買収をほのめかしたが、インチュイットに断られ、マイクロソフトマネーを開発して世に出した。初回の対決はマイクロソフトの完全な敗北だった。

一九九三年、マイクロソフトのマネーグループはエレクトロニックバンキング機能に焦点を絞り、インチュイットのクイッケン打倒を画策しはじめた。複雑な合従連衡策が練られた。一九九四年五月から九月までのあいだ、マイクロソフトは本格的にインチュイット買収を狙って行動を起こした。同時に、マイクロソフトはノベルとのあいだで、インチュイット買収が成功した場合、マイクロソフトマネーをノベルに売却する交渉を開始した。

一九九五年三月、ノベルはマイクロソフトとインチュイットの合併阻止に向けて司法省に働きかけを始めたといわれる。マイクロソフトによるインチュイットの買収は、一九九五年四月にはほぼまとまりそうな形勢になっていた。

8　司法省の独占禁止法訴訟

一九九五年四月二七日、米国司法省は、マイクロソフトによるインチュイットの買収は独占禁止法違反である、とカリフォルニア州北部地方裁判所に訴追した。訴状は比較的客観的なもので、当時の状況を次のように説明している。

まず、個人向け財務ソフト市場において、インチュイットのクイッケンのシェアは六九％で、ユーザー数は七〇〇万人である。一方、マイクロソフトのマイクロソフトマネーのシェアは二二％で、ユーザー数は一〇〇万人である。マイクロソフトがインチュイットを買収すれば、一挙に九一％のシェアを獲得することになる。これは明確に独占禁止法違反である。そこでマイクロソフトは、ノベルにマイクロソフトマネーを売り渡すという解決策を用意しているが、こうした解決策はマイクロソフトによる独占効果を減殺するものではない、としている。

米国司法省は、マイクロソフトとインチュイットの動静をすべて掌握していた。たとえば、訴状には一九九四年九月付けのスコット・クックのメモの内容がとりあげられている。

「われわれの将来のビジョンは、ゴジラ（インチュイットによるマイクロソフトを指す暗号名）の力を受けやすく、またゴジラの力から益するものである…。われわれが合併すれば一つの明白な選択だけとなり、血みどろのシェア争いを避けることができ、クイッケンの採用を加速化できる」

さらに、スコット・クックのメモは次のようにも述べている。

「われわれが過剰なまでに影響を受けなければ、われわれは成功するだろう。競争の排除は成功を拡大する。それも非常に顕著にだ」

これは一般的にマイクロソフトの被害者と考えられているインチュイットにも、したたかな計算があったことを物語っている。また、米国司法省の訴状には一九九四年四月のマイクロソフトのビジネス開発・投資部門マネージャーの発言が載っている。

「スレイド（マイクロソフトによるインチュイットを指す暗号名）は、個人向け財務ソフトで明白かつ支配的なリーダーであり、現在のインストールベースのユーザーは電子商取引をするときでもクイッケンにとどまりたがるだろう。マイクロソフトは、ウィンドウズとマーベル（当時秘密だったMSNの暗号名）を持っており、将来何百万のユーザーに個人向け財務・サービスをオプションとしてアクセスするのにずっと有利な立場にある。しかし、どちらの会社もこれらの両方の力を持っていないので、銀行やクレジットカード会社や他の会社は両者の一方と競った場合、優勢な立場にある。しかし、われわれが合併すれば、われわれは支配者になるだろう」

これは、マイクロソフトのインチュイット買収の目的が、市場の独占的支配にあることを意味している。さらに、マイクロソフトは市場価値で八億ドルの価値しかないインチュイットを、二〇億ドル相当のマイクロソフトの株式で買おうとしている。これは、なりふりかまわぬ独占達成のための方策にほかならない。したがって、米国司法省はマイクロソフトによるインチュイットの買収はクレイトン法に抵触し、独占禁止法違反であるとして訴追した。

カリフォルニア州北部地方裁判所は、マイクロソフトによるインチュイットの買収は独占禁止法違法であり、認めないとの判断を下した。インチュイットはマイクロソフトに勝利した数少ない企業である。

このように、スコット・クックは当時かなり偉大な男であり、ジェフ・ベゾスはアマゾン・コムの取締役会に彼を迎えたのである。アマゾン・コムが上場した当時、スコット・クックは七万五〇〇〇株を保有していた。スコット・クックは二〇〇一年までアマゾン・コムの取締役を努めた。ただし、アマゾン・コムの取締役になってからのスコット・クックの存在感は薄かった。マイクロソフトとの戦いで消耗し尽してしまったのかもしれない。

現在、インチュイットは皮肉にもマイクロソフトに近い位置にいる。

9　株式上場による資金調達へ

一九九六年五月一六日号の『ウォールストリートジャーナル』に「ウォール街の天才はいかにしてインターネット上で本を販売するというニッチ市場を見つけたか」という記事が載った。これはアマゾン・コムにとって非常に強い後押しになった。ジェフ・ベゾスは、個人投資家やベンチャー投資家相手の話は下手だったようだが、マスコミ相手の話はたいへんうまかったようだ。

マスコミはつねに目新しい主張をする人を求めている。儲かろうと儲からなかろうと、マスコミには直接には関係がない。マスコミの求めるものは新時代を予言し、創造していくカリスマである。ジェフ・ベゾスこそ、まさにマスコミの望みにかなう人だったのだ。おおぼらともいえるほどはったりの利いた話、神秘的な経歴、会社中に響く大声での高笑い、こうしたすべてがマスコミ受けした。

10　アマゾンの上場

一九九七年五月一五日、アマゾン・コムはナスダック（ＮＡＳＤＡＱ）に上場した。『新賢明なる投資家』（ベンジャミン・グレアム、ジェイソン・ツバイク著、増沢和美・新美美葉・塩野未佳訳、パンローリング、二〇〇五年）には次のように書いてある。

「投機は二つの面で有益である。第一は投機資金がなければ、創業まもない企業（アマゾン・コムや初期のエジソン電灯会社など）は成長に必要な資金を調達することができないということ（以下略）」

株式上場によって、アマゾン・コムは大望の資金を獲得できることになった。アマゾン・コムの符丁（ティッカーシンボル）は「ＡＭＺＮ」である。覚えておけば、外国でアマゾン・コムの株価を見るときに役立つだろう。蛇足だが、マイクロソフトのそれは「ＭＳＦＴ」である。符丁の付け方には、ヘブライ語のようにいくつかの母音を省略して短くする傾向がある。

アマゾン・コムの株式上場の引き受け会社は、ドイッチェ・モルゲン・グレンフェル、アレックス・ブラウン＆サンズ、ハンブレヒト＆クイストの三社であった。株式上場に伴って売り出された株は二五〇万株、全株式の一一・五％である。ほかにオーバーアロットメント用に三七万五〇〇〇株が用意されていた。売り出されなかった株は一九三一万六六一三株、全株式の八八・五％である。

おもな株主は次のようである。

ジェフ・ベゾス　九八八万五〇〇〇株（四三・一％）
ジョン・ドーア　三四一万六三七六株（一四・九％）
トーマス・Ａ・アルバーグ　一九万五〇〇〇株
スコット・クック　七万五〇〇〇株
パトリシア・Ｑ・ストーンシーファー　七万五〇〇〇株

アマゾン・コムの全株数は二二九五万四五三四株であった。ジェフ・ベゾスを含む役員一三人で一五五六万二二六株、六五・六％を確保した。

アマゾン・コムの株式は一株一八ドルで公開され、これによって九八八万株を有するジェフ・ベゾスは名目上、一億七七八〇万ドルを手中にした。ジェフ・ベゾスは持株の一〇％だけを売りに出したが、それでもなおジェフ・ベゾスは四三・一％の株式を手中にし、ジェフ・ベゾスの家族の信託基金の保有分一〇％を加えると、会社の安定的な支配に必要な五〇％を越えて、五三％の株を保有していたのである。

ジェフ・ベゾスはアマゾン・コムの完全な支配権を持っていた。このとき、ジェフ・ベゾスは三三歳。ジェフ・ベゾスの給料は六万四三三三ドルであったという。一九九六年一二月三一日現在、フルタイムの従業員は一五一人であった。ジェフ・ベゾスは「しばらくのあいだ、いかなる現金配当も出さない」と宣言していたというから、すごい。

お金が入ってきても、ジェフ・ベゾスは奥さんのマッケンジーとホンダ・アコードを共用していた。自動車は一台しか持っていなかった。また、シアトルのダウンタウンにあるオフィスから一〇ブロックほど離れたベルタウンにあるアパートを月極めで借りていた。億万長者にして気取らない人、という言い方ができるのかもしれない。

第5章　アマゾン・コムの源流

ジェフ・ベゾスは実務的な経営者として超一流であるが、アマゾン・コムのビジネスのビジョンについても非常にすぐれたものを持っていた。アマゾン・コムは一九九七年の株式上場の際、目論見書という五四九ページにもなる書類を出している。これはアマゾン・コムの株主になってもらいたい人たちに、アマゾン・コムのビジョンを説明したものである。それはきわめてユニークで、現在でも風化していない。ジェフ・ベゾスはこの目論見書の中で、冷静に現実を見つめ展望を語っている。とりわけアマゾン・コムは、自らアマゾン・コムには多くのリスクファクター（危険要因）があるとしている。それは自虐的にすら映るほどの冷静なものである。それらを見てみよう。

1　運用経験が浅い

まず第一に、「運用経験が浅いこと」があげられている。

「アマゾン・コムは一九九四年七月に設立され、ウェブサイトで書籍を売り始めたのは一九九五年七月である。したがって、そのビジネスと展望の評価の基礎となる運用実績は限られている。アマゾン・コムの展望は、展開の初期段階にある会社、とりわけオンラインｅコマースのように新規で急速に発展する市場にある会社が遭遇するリスクや費用、困難の下で考えられなければならない。アマゾン・コムのリスクには、とくにそれだけに限るわけではないが、そのビジネスモデルが発展中で予測不可能なことや、成長をいかに管理するかの問題がある。

これらのリスクへの取組みとして、アマゾン・コムは、とりわけ次のことに留意しなければならないだろう。

①カスタマーベースを維持し大きくする
②ビジネス戦略と販売戦略を提供し、それを成功させなければならない
③技術とトランザクション処理システムを開発し、向上させ続けなければならない
④ウェブサイトを改良し、すぐれたカスタマーサービスと注文を達成しなければならない
⑤競争的発展に対応し、有能な人々に魅力を与え、確保し、動機を与える

アマゾン・コムがそのようなリスクに取り組んで成功するかどうかの保証はない。また、そうした結果が失敗であった場合には、アマゾン・コムのビジネス、発展、財政的条件、運用結果にははなはだしく有害である。」

ここで強調されているのは急速な極大化への指向であり、「急速に大きくなろう」（Get Big Fast）というアマゾン・コムのスローガンによく表現されている。

2　累積赤字の問題

次に、累積赤字の問題があるが、これもまたジェフ・ベゾスは信じられないような主張をしていた。「アマゾン・コムは創業以来、多大な損失を蒙っている。しかし、アマゾン・コムはその成功が次の能力にかかっていると信じている。

①ブランドのステータスを高める能力

②カスタマーに傑出した価値を与え、すばらしいショッピング経験を与える能力

③規模の経済を実現する十分な販売量を達成する能力

それゆえアマゾン・コムは、マーケティングとプロモーション、ウェブサイト開発と技術と運用インフラ開発などに大きく投資する予定である。

アマゾン・コムはカスタマーに対し魅力的な価格のプログラムを提供する予定であるが、それは粗利益を減らすだろう。アマゾン・コムは比較的低い粗利益で満足しているので、与えられた投資レベルで利益を達成できるかどうかは、アマゾン・コムが実質的な歳入レベルを増加させ維持できるかどうかにかかっている。

アマゾン・コムは当面、実質的な運用損失を蒙り続けるであろうし、損失率は現在の損失率に比べて大きく増大するだろう。

アマゾン・コムは最近、顕著な売上げを伸ばしているが、そのような成長率は維持できるわけ

もないし、逆に将来、減少するであろう。

アマゾン・コムの事業の急速な成長と、限られた運用歴からみて、アマゾン・コムの期間ごとの運用結果を比較することは必ずしも意味があるとはいえず、将来のパフォーマンスの指標とみなすべきではないだろう。

アマゾン・コムは、運用損失の資金補填に、今回の株式上場による資金の一部を使用する。もし今回の株式上場による資金と、運用から得られたキャッシュとを合わせても将来の運用損失を補填するのに十分でなければ、さらに資金を募集する。」

アマゾン・コムの有名な赤字についてジェフ・ベゾスは、アマゾン・コムは短期的な収益性や伝統的な収益予測を重視せず、長期的なビジネス戦略の立場に立つと説明していた。しかし、赤字の原因については、極大化をめざすあまり、杜撰《ずさん》ということもあったのではないかと思う。たとえば、ロバート・スペクターの『アマゾン・ドット・コム』（既出）には、いくつかその例証になる事実が記されている。

・初期のアマゾン・コムでは、必要な備品は自分で購入し、月末にまとめて請求すると、給料といっしょに支払われるというシステムであった。
・一九九六年一二月にジョイ・コービーが最高金融担当責任者CFO兼金融・業務管理担当副社長として入社してきた。彼女は支出を厳しく監視する体制をただちにつくりあげた。
・その体勢を強化するために、のちには百万ドルのオラクルの会計システムを導入した。
・コービーの入社により、初めて節度ある財務運営が行なわれるようになった。管理職は初めて予算内での業務実行を求められるようになった。
・それ以前は、とにかく前に進んで仕事を片付けていくという感じだった。
・たとえば返品処理の部門がなかった。そのため、ほとんど償却として処理していた。膨大な無駄が出ていた。最近は米国では返品を倉庫で直売しているようである。
以上の事実からわかるように、倹約家といわれながらジェフ・ベゾスの経営体質には多少杜撰なところがある。これは、のちの買収戦略でも見られる。

3　将来の歳入が予測できない

「アマゾン・コムの運用歴が短いこと、アマゾン・コムの競争しているマーケットが台頭しつつあるという性格ゆえに、その売上げを正確に予測することはむずかしい。

アマゾン・コムの現在および将来の支出のレベルは、投資計画と将来の収入の評価に大きく依存しており、かなりの範囲で固定されている。販売と運用の結果は、一般的に受けた注文をこなすタイミングと能力に依存するが、それは予測がむずかしい。

アマゾン・コムは予測されなかった売上げ不足をタイムリーに補うことがむずかしい。したがってアマゾン・コムの収入がいくらかでも不足すると、アマゾン・コムのビジネスや見通しや財政条件や運用結果にマイナスの影響を及ぼしかねない。

競争的な環境の変化に対する戦略的対応として、アマゾン・コムはときおり価格やサービスやマーケティング上の決定をすることになろうが、それはアマゾン・コムのビジネスや見通しや財政条件や運用結果にマイナスの影響を及ぼすだろう。

さらにアマゾン・コムは将来、多様な要因に基づいて四半期ごとの運用結果に顕著な変動を経験するだろうが、アマゾン・コムの力の及ばないこともある。それらの要因には次のようなものがある。

①着実に現在のカスタマーを維持し、新しいカスタマーを獲得し、カスタマーの満足度を維持するためのアマゾン・コムの能力
②在庫管理と運用を実行し、粗利益を維持するアマゾン・コムの能力
③新しいウェブサイトやサービスや製品のアナウンスと紹介をする能力
④業界における価格競争と卸売価格の高騰
⑤インターネットやオンラインサービスの使用レベルと、消費者製品の購入にそれらを使用することへのカスタマーの認知度
⑥システムやインフラを更新し開発して、新しい個人をタイムリーで効果的なやり方で引きつけるアマゾン・コムの能力
⑦アマゾン・コムのウェブサイトの通信トラフィックレベル
⑧技術的問題、システムのダウンタイムやインターネットの一時的故障
⑨アマゾン・コムのビジネスや運用やインフラの拡張に関係する運用コストと資本支出の量とタイミング

⑩その期間に導入された人気のある本の数

さらに、マーチャンダイスリターン、政府の規制、一般的経済条件とインターネットやオンラインeコマースや書店業界に特有の経済的条件などがある。」

箇条書きで並べるとき、ジェフ・ベゾスも息切れするらしく、前のほうの項目には説得力があるが、後ろのほうになると尻切れトンボ的になって説得力が低下するようだ。

4　四半期ごとの運用実績の潜在的な変動と季節性

「アマゾン・コムは、インターネットの使用の季節的変動と伝統的な小売の季節的変動を合わせたビジネスの季節性を経験するだろうと考えている。インターネットの使用とインターネットの成長は夏には減少すると考えられている。さらに伝統的な小売書店業界の売上げは、先行する三つの四半期よりも第４四半期のほうがずっと高い。

こうしたファクターによって、アマゾン・コムの運用結果のいくつかの四半期においては証券アナリストや投資家の期待以下に落ちることもある。そういうときには、アマゾン・コムの株価もマイナスの影響を受けるだろう。」

つまり、季節的変動とは、夏はバカンスに出かけてしまい、カスタマーがインターネットを使わないので本の売上げが減少する。クリスマスシーズンには贈り物があるので、本の売上げは断然増加したりする。そのため、売上げが季節によって変動するというのである。

5　通信トラフィック容量の制限

「アマゾン・コムの戦略のキーとなる要素は、ウェブサイト上で大量の通信トラフィックを生成し、利用することである（帯域幅を広くとる、あるいはブロードバンドを利用するといってよい）。したがって、アマゾン・コムのウェブサイトの高いパフォーマンスや信頼性や可用性、トランザクションシステム、ネットワークインフラは、アマゾン・コムの評判とカスタマーを引きつけて維持し、適切なカスタマーサービスレベルを維持するために重要である。可用性というのはアベイラビリティ（availability）であって、利用可能かどうかという業界用語である。

アマゾン・コムの売上げは、ウェブサイトで買い物をする訪問者の数と、注文管理のボリュームに依存する。どんなシステム故障でもアマゾン・コムのウェブサイトを使えなくし、注文管理のパフォーマンスを低下させる。そのことは、販売数量のボリュームを低下させ、アマゾン・コムの製品とサービスの魅力を低下させる。アマゾン・コムは周期的にシステム故障を経験しており、これは今後もときおり生じると考えられる。アマゾン・コムの将来のウェブサイトの通信トラフィック量とカスタマーの注文数が増加すると、アマゾン・コムはその技術やトランザクション処理システムやネットワークインフラを拡張し更新しなければならないだろう。

そのような増加に適応するように、そのウェブサイトの仕様やシステムやインフラをタイムリーに拡張したり更新したりするタイミングやレートを正確に予測できるという確実な保障はない。」

当時の米国のネットワーク事情は９６００ボーか１４４００ボーの低速通信が主流であり、アマゾン・コムは意図的にホームページでのグラフィクスの使用を控えた。簡潔といわれる文字ベースのホームページとし、応答性を高めた。

6　社内で開発したシステムに依存していること、システム開発のリスク

「アマゾン・コムは社内で開発したシステムを、ウェブサイト、検索エンジン、それからすべてのトランザクション処理に使用している。トランザクション処理には、キャッシュ処理、クレジットカード処理、購買、在庫管理、出荷管理など実質上すべてが含まれる。システムは、アマゾン・コムの残りの会計や財務システムとは統合されていない。」

創立まもない一九九四年の中ごろ、アマゾン・コムはサンマイクロシステムズのサーバーを購入して使っていた。その後、５００ＭＢのＲＡＭをもつ二台のＤＥＣのアルファサーバー２０００モデル５／３００を購入した。ＤＥＣのアルファサーバー２０００モデル５／３００は対称型マルチプロセッサー方式で、アルファ２１０６４（275 MHz）を搭載していた。ＣＰＵを並列に二つ載せていたということである。最大内部メモリーは１ＧＢである。５００ＭＢのＲＡＭなどと胸を張るが、今ならウィンドウズを動かすだけでも苦しい。本書執筆時点の水準でいえば、せいぜい数万円のパソコン程度のものである。

これらは数台ある能力の低いパソコンとはネットワークで接続されておらず、データの受け渡しは人間がやっていた。スニーカーネットという。これで、地上最大の書店などとはよく言えたものだと思う。まさに究極のはったりであった。

同じ目論見書のデータを見ると、一九九五年のコンピュータ機器への支出は七万三〇〇〇ドル、ソフトウェアへの支出は八〇〇〇ドルであり、一九九六年のコンピュータ機器への支出は一〇三万一〇〇〇ドル、ソフトウェアへの支出は一三万四〇〇〇ドルである。この金額では、サーバーとＯＳを買うだけで精一杯で、ソフトなどとても買えなかったと思う。そこで、無料のオープンソースを使った自社開発となったわけである。

「アマゾン・コムのトランザクション処理システムに対する開発努力は、おもに注文量の急速な増大とカスタマーサービスのサポートに向けられており、伝統的な会計、コントロール、システム開発のレポーティングにはあまり注力されていなかった。結局、アマゾン・コムの経営情報システムは、伝統的な会計中心のレポーティングには非効率的であり、財務や会計のレポーティングの情報を準備するには多量の人力を必要とした。これは経営上、正確な財務上のステートメントやレポーティングをタイムリーに入手するのを困難にしていた。」

一九九四年から一年半ほど、アマゾン・コムの経理は、ジェフ・ベゾスの奥さんのマッケンジー・ベゾスが、パソコン用のピーチツリーＰＣという市販経理ソフトを使って手作業でやっていた。一九九六年一二月にジョイ・コービーが最高金融担当責任者として入社してきて、彼女は支出を厳しく監視する体制をただちにつくりあげ、その体勢を強化するために百万ドルのオラクルの会計システムを導入した。

7　システムの故障のリスク、単一のサイトと注文のインターフェイス

「アマゾン・コムの成功、とりわけ注文を受け取って管理し、高品質のカスタマーサービスを提供することは、コンピュータと通信ハードウェアシステムの効率のよい、停まることのない運用に依存している。

実質的に、この会社のコンピュータと通信ハードウェアは、ワシントン州シアトルの一つの賃貸施設に集中している。この会社のシステムと運用は、火事、洪水、停電、通信障害、侵入、地震などの事象による損害や中断に対して脆弱である。この会社は現在、冗長システムを保有しておらず、また業務の中断があった際の正式な災害回復計画をもっていない。もし事故が起きた場合の損失を補償する十分な保険をもっていない。

ネットワークセキュリティのインプリメンテーションはアマゾン・コムの基準に即しているが、アマゾン・コムのサーバーはコンピュータウイルスや物理的・電気的中断や同様の途絶に対して脆弱であり、中断、遅れ、データの消失、カスタマーの注文の受け取りや管理が不可能になったりする。このようなリスクは、アマゾン・コムのビジネス、発展、財政的条件、運用結果にははなはだしく有害である。」

要するに、アマゾン・コムにあるコンピュータは旧式のサーバーだけで、バックアップもなければ、

回復プログラムもない。障害が起きたり、システムが壊れたりしたらどうなるか、それについては何も考えられていないのである。保険もない。クラッシュがあれば一貫の終わりである。語られるわけもないが、そういうことはコンピュータの常で、アマゾン・コムでは何回もあったはずである。何とも勇ましい。ジェフ・ベゾスはさぞ恐ろしい時間を過ごしていたことだろう。

セキュリティについても、アマゾン・コムは比較的ゆるい考え方をしていた。最新式の暗号化システムを採用したのは、ごく最近のことである。

8　潜在的な成長可能性、新しい管理チーム、経験豊富な上級管理者が限られている

「アマゾン・コムは急速にその規模を拡大してきた。たとえば、一九九六年の一月一日には一一人だった社員が、一二月三一日には一五一人になった。そのため、アマゾン・コムの管理、運用、財務の人的資源の充実が問題になった。アマゾン・コムの上級管理職の多くは最近採用され、なかには上場会社での管理職の経験をもたない者もいた。管理職の多くは、会社にしっくり溶け込んでいなかった。

アマゾン・コムには、自社の情報部門の運用、開発、強化を管理する、しっかりしたＣＩＯ（最高情報責任者）がいない。予想される運用と人員の増加を管理するために、アマゾン・コムは既存のシステムを改良し、新しいトランザクション処理システム、運用・財務システム、新しい手続きやコントロールをインプリメントし、増大する従業員データベースを拡張し、訓練し、

管理しなければならない。

アマゾン・コムはまた、財務、管理、運用スタッフを強化することを求められている。さらに、アマゾン・コムの経営陣は、アマゾン・コムのビジネスにとって必要な多様な流通業者、出版社、輸送業者、ウェブサイトや他のウェブサービスプロバイダー、インターネットや他のオンラインサービスプロバイダーや他の第三パーティとの関係を維持し拡張しなければならない。

アマゾン・コムの現在の、また予定している人材やシステムや手続きやコントロールがアマゾン・コムの将来の運用をサポートするのに適切であるかどうかの保証はない。

それゆえ、経営陣は必要な人材を採用し、訓練し、維持し、動機づけさせ、管理できなければならない。また、アマゾン・コムは現在および将来のマーケットの機会を正しく見分け、管理し、利用できなければならない。もし、アマゾン・コムがその成長を効果的に管理できなければ、アマゾン・コムのビジネス、発展、財政的条件、運用結果にははなはだしく有害である。」

ジェフ・ベゾスのアマゾン・コムはお金に糸目をつけず、最高の人材の獲得をめざすことになる。アマゾン・コムは超エリート集団をめざした。アマゾン・コムで上を狙うなら、東海岸の超一流大学の出身で学業成績がよく、名門会社でよい業績を収めた絶対のエリートであることが出世の条件だといわれるまでになる。普通の一流会社でもそうだろうが、アマゾン・コムには少しその傾向が強い。

白人であることが絶対ではないが、非白人には少しつらいところもあるようだ。そういう記事も読んだことがある。従業員全体での非白人比率が法律で定まっているから、配送センターなどには非白人の従業員が多くなり、事務管理部門には白人の社員が多くなる。ただし、これはアマゾン・コムに限ったことではない。マイクロソフトなどでも同じである。

9　ジェフ・ベゾス個人への過剰な依存性

「アマゾン・コムのパフォーマンスは、実質的にアマゾン・コムの上級管理者と他のキーパーソン、とりわけ社長で最高経営責任者で会長のジェフ・ベゾスの持続的なサービスとパフォーマンスに依存している。アマゾン・コムのパフォーマンスは、他の役員とキーとなる従業員の腰を落ち着かせ、動機づける能力に依存している。執行役員やキーとなる従業員のサービスを失った場合には、アマゾン・コムのビジネス、発展、財政的条件、運用結果にははなはだしく有害である。（この項、以下略）」

これについては、フレッド・ボーゲルシュタインが『フォーブス』二〇〇三年五月号でおもしろいことを報告している。

「誰もが（アマゾン・コムの上級役員）、それ（アマゾン・コム）はジェフの会社だということを知っていた。もしそこで働いているというなら、それは単に手伝いとして雇われたというだけだ。給料は高いし、専門家として処遇されるだろうが、どんなに長く（アマゾン・コムに）とどまっていても（ジェフ・ベゾスに代わって）最高経営責任者にはなれないんだ。」

10 オンラインマーケットでの競争

「オンラインマーケット、とりわけインターネットマーケットは新しく、急速に発展し、競争の激しい分野である。アマゾン・コムは、その競争はますます激しくなると考えている。参入障壁は最小限であるので、現在および将来の競争者は比較的ローコストで新しいウェブサイトを立ち上げることができる。

加えて、小売書店業界の競争は激しい。アマゾン・コムは現在も潜在的にも多くの他の会社と競争している。これらの競争者には次のものがある。

①多様なオンラインの本屋や、CDやビデオテープなどの情報ベースの製品のベンダー。これにはCUCインターナショナルの子会社、ブックスタックス・アンリミテッドなどが含まれる。

②オンラインeコマースに特化した多数の間接的な競争者や、オンラインeコマースか売上げの実質的な部分を得ている競争者。これにはAOLやマイクロソフトなどが含まれる。

③本や音楽やビデオテープの小売業者。これにはバーンズ&ノーブルやボーダーズグループのような大型書店も含まれる。

バーンズ&ノーブルもボーダーズグループのいずれも、近い将来に実質的な資源をオンラインeコマースに投入する意向を表明している。とくに、バーンズ&ノーブルはAOLとの提携関係に入り、一九九七年三月から低価格で広範な書籍を提供を始めた。」

これらの競争者の排除にアマゾン・コムは専心し、のちにはほぼすべての競争者を排除することに成功する。

11　特定の卸業者への依存性

「アマゾン・コムは実質的に、ほとんどの書籍をイングラム・ブックグループ（以下、イングラム）とベイカー&テイラーの二社から仕入れている。この二社は一九九六年、アマゾン・コムの在庫購買の五九%を占める最大の供給業者であった。

アマゾン・コムは最小限の在庫を持ち、かなりの部分をこれら二社と他のベンダーに頼って、迅速に補充するようにしていた。アマゾン・コムはこれらのベンダーと、いかなる長期的契約や協定も結んでいなかった。」

この目論見書を読んでのことかどうかはわからないが、一九九八年一一月にバーンズ&ノーブル・コムは、イングラムに六億ドルを出資する予定であると発表した。つまり、アマゾン・コムの糧道を絶つ作戦に出たわけである。これはたいへん有効な作戦であったかと思われるが、独占禁止法に抵触しそうなので、一九九九年九月に中止になった。

第6章　バーンズ&ノーブル・コムの栄光と悲惨

アマゾン・コムの主敵バーンズ&ノーブル・コム書店は、バーンズ家とノーブル家の二つの家族事業に起源をもつ。本章では、それらについて見ていくことにしたい。

1　バーンズ家と書店業

一八三〇年、ロムルス・バーンズという組合教会派の牧師がイリノイ州にやってきた。その妻オリビア・ダンハム・バーンズとのあいだに一八三三年に生まれたのが、チャールズ・モントゴメリー・バーンズである。チャールズ・バーンズは父の跡を継いで牧師となった。

一八六一年に南北戦争が勃発し、チャールズは従軍牧師として従軍した。戦後、チャールズはイリノイ州ヒンズデルに土地を買い、家と教会を建てた。一八七〇年代、チャールズはミズーリ州にキリスト教の伝道に出かけたが、そこで大病にかかってしまった。二年間、病に悩まされたのち、チャールズはイリノイ州に帰った。七人の子供を養わなければならなかったチャールズ・バーンズは、やむなく古書店を開いた。最初は自分の蔵書を中心に売ったという。

意外にも、古書店は成功し、チャールズ・バーンズはシカゴに進出しようと大望を抱く。一八九四年、C・M・バーンズカンパニーを設立し、シカゴに書店を開いた。まったく人生はわからないもので、大病に打ちのめされてやったことが大成功へとつながった。一九〇二年、チャールズ・バーンズは引退し、息子のウィリアム・ロビンス・バーンズと息子の義父のジョン・ウィルコックスに会社の経営を譲った。そこで会社の名前はC・M・バーンズ-ウィルコックスカンパニーに変わった。

2　ノーブル家と書店業

一八六四年、マサチューセッツ州ウェストフィールドに農場をもつジェームズ・アンデルシア・ノーブルの子供として、ギルバート・クリフォード・ノーブルが生まれた。クリフォード・ノーブルは子供のころからお金儲けがうまかったという。クリフォード・ノーブルについては、ベティ・ノーブル・ターナーの『ノーブルレガシー』という本がある。おもしろい本である。一族だから当然ともいえるけれど、よく調べて書いてある。収録された挿話もおもしろい。

クリフォード・ノーブルは、一八八六年にハーバード大学を卒業後、職がなくニューヨークに出て行きあたりばったりの飛込みでマンハッタンの書店に職を得た。書店のオーナーはアーサー・ハインズであった。給料があまりに安かったので、アーサー・ハインズに頼んで書店に住み込ませてもらった。いろいろ文句は出たようだが、刻苦精励の甲斐があり、一八九四年にはアーサー・ハインズがクリフォード・ノーブルを共同経営者とした。ここに、アーサー・ハインズ&カンパニーは、ハインズ&ノーブルと名前を変えた。

子供の教育のためにクリフォードは、ニューヨーク郊外ウェストチェスター郡のヨンカーズに居を構えた。ハインズ&ノーブルは、仕事を拡大したため、出版業のエルドリッジブラザースと提携した。この結果、書店業と出版業の二つになったため、一九〇四年、書店業のハインズ&ノーブルと、出版業のハインズ・ノーブル&エルドリッジという二つの会社になった。

クリフォード・ノーブルの長男ロイド・アダムス・ノーブルは、ハーバード大学卒業後、一九一二年に父親とロイド・アダムズ・ノーブル出版を興した。一九一六年、会社の支配権をめぐってハインズ&ノーブルとエルドリッジのあいだで裁判となり、敗訴したハインズ&ノーブルのクリフォード・ノーブルは、ハインズ・ノーブル&エルドリッジから持ち分を処分してもらった。そして、一九一七年、クリフォード・ノーブルはハインズの持株を買い取った。結局、クリフォード・ノーブルはハインズ&ノーブルの唯一の所有者となった。

一九一四年、第一次世界大戦が起きた。一九一七年の米国の第一次世界大戦参戦で、クリフォード・ノーブルにとって不幸なことに、長男のロイド・ノーブルが一九一九年陸軍に志願し、三男のジェームズ・ケンドリック・ノーブルが海軍航空隊に志願し出征してしまった。

ハインズ&ノーブルとロイド・アダムズ・ノーブル出版という二つの会社の経営をすることになったクリフォード・ノーブルは、誰か共同経営者となる人間を求めていた。そこで思い出したのが、旧友のチャールズ・バーンズである。しかし、チャールズ・バーンズは引退していたので、代わりに息子のウィリアム・バーンズと提携の話となった。クリフォード・ノーブルはウィリアム・バーンズにハインズ&ノーブルの共同経営者のポストを与えた。ウィリアム・バーンズはイリノイ州の会社を整理し、ニューヨークに進出することになった。

一九一七年、ハインズ&ノーブルは正式にバーンズ&ノーブルになった。

3　バーンズ&ノーブルの成功

ウィリアム・バーンズの斬新なアイデアと、クリフォード・ノーブルのニューヨークでの商売の地盤との結合によって、バーンズ&ノーブルは成功した。とくに、教科書事業では大成功を収めた。そこへ、海兵隊航空隊からケンドリック・ノーブルが除隊してきた。ジェームズ・ケンドリック・ノーブルについては、カイラ・モーガンの『バーンズ&ノーブル』に「海軍航空隊に入隊して、海兵隊を除隊した」という一見矛盾した記述がある。海軍と海兵隊は別の軍隊である。

そこで、インターネットで調べてみると、合衆国海兵隊に関する『海兵隊航空史：初期一九一二―一九四〇年』にジェームズ・ケンドリック・ノーブルの名が載っている。合衆国海兵隊第三三番目のパイロットである。任命は一九一八年四月一日付けである。インターネットでもなければ、このような文書は見つけられない。海兵隊航空隊の航空機の写真群も、これほど系統的なものは見たことがない。

ところが一方で、ベティ・ノーブル・ターナーの『ノーブルレガシー』を読むと「海軍航空隊は後日、海兵隊航空隊に移管された」とあり、結局、海軍航空隊に入隊し、海兵隊航空隊を除隊したという記述はまちがっていないらしい。インターネットは強力だが、除隊後のロイド・ノーブルの消息はインターネットでもなかなかわからない。たぶん、意図的に消されている部分があるのだと思う。

ケンドリック・ノーブルは、当初、自動車会社のGMで働いたが、一九二一年に家に戻ってきて出版に従事することになった。そこでロイド・アダムズ・ノーブル出版はノーブル＆ノーブル出版と名前を変えた。教育関係の図書を得意としていた。

ノーブル家の家業はうまくいき、一九二九年の大恐慌も何とか凌げそうであったが、クリフォード・ノーブルは将来のトラブルを心配して、バーンズ＆ノーブルの持ち分をバーンズ家に売却した。これによってバーンズ＆ノーブルは、ウィリアム・ノーブルとその息子のジョン・ウィルコックス・バーンズが運営することになった。一九三二年、バーンズ＆ノーブルはニューヨーク5番街に大きな本店を開いた。

一九三六年、クリフォード・ノーブルは突然、心臓麻痺で亡くなった。それでも、ノーブル＆ノーブル出版は順調に推移し、第二次世界大戦も乗り切ったが、一九六五年、デル出版に売却された。ノーブル＆ノーブル出版からノーブル家は去ったのである。

ウィリアム・バーンズは一九四五年に亡くなったが、バーンズ＆ノーブルはその悲しみを乗り切った。ところが、一九六九年にジョン・ウィルコックス・バーンズが突然亡くなってしまった。これによって、バーンズ帝国は一挙に崩壊してしまった。株式会社でなく家族経営の会社というものは、まことに脆弱なものである。主なきバーンズ帝国のバーンズ＆ノーブルは、アムテルに売却された。アムテルによる経営は二年間で失敗し、一九七一年にレオナルド・リッジオに売却されてしまう。

　これらを考えてみると、一人のカリスマに率いられた家族経営というのは、きわめて効率的な部分もあるが、きわめて不安定でもある。とくに後継者や共同経営者の問題がつねに問題になっている。アマゾン・コムも一応、株式会社の形態をとってはいるが、実質的にはジェフ・ベゾスという一人のカリスマに率いられた個人企業であって、将来的にはこうした問題を考えなければならないときがくるだろう。

4　レオナルド・リッジオ

レオナルド・リッジオは、ニューヨークのブロンクスの中流家庭に生まれた。父親はセミプロのボクサーで、タクシーの運転手だったという。レオナルド・リッジオはブルックリン技術高校を卒業後、一九六〇年代初期、ニューヨーク大学在学中から本の販売に携わっていた。自分自身は大学を卒業しなかったが、大学の書店の事務員として働いているうちに自分ならもっとうまく本を売ることができると確信した。そこで、彼は自分自身の店を開くことにした。

　一九六五年、蓄えた五〇〇〇ドルで、マンハッタンのグリニッジビレッジに学生向けの書店を開いた。ニューヨーク大学に近いことと、その知識豊富なスタッフ、広範な品ぞろえ、すばらしいサービスで、レオナルド・リッジオの店はニューヨークきっての書店になった。一九七〇年には、さらに六軒の大学書店をもった。一九七一年、三〇歳のレオナルド・リッジオは、由緒ある5番街の書店と、バーンズ&ノーブルの商号を一二〇万ドルで手に入れた。だから、意外なことにバーンズ家ともノーブル家とも何の血族的なつながりはないのである。

数年間で、レオナルド・リッジオは5番街の店を世界でいちばん大きな店と称するまでになった。レオナルド・リッジオの学生とのかかわりは、現在もバーンズ&ノーブル・カレッジブックストアとして続いている。全米五〇州の大学に六〇〇の店舗をもつに至っている。

一九七四年、バーンズ&ノーブルはテレビ広告をした全米最初の書店となった。「バーンズ&ノーブル、オブコース! オブコース!」というCMは、広告賞を受賞したばかりでなく、今も人々の脳裏に焼き付いているという。

一九七五年には、バーンズ&ノーブルはニューヨークタイムスのベストセラーを四〇%引きで販売するという大胆な戦術をとった。バーンズ&ノーブルは、本店の前に巨大なセールスアネックスをつくったばかりでなく、ニューヨークとボストン地区にディスカウント小売店を展開した。さらにバーンズ&ノーブルは、ブックマスターズとマールボロブックスという書店のチェーンショップを買収した。これらの店は当初大成功し、五〇地区にも展開した。

マールボロブックスの買収によって、バーンズ&ノーブルはメールオーダービジネスへの橋頭堡を築いた。このメールオーダービジネスの成功によって築いた地盤の上に、バーンズ&ノーブルは自社出版も始めた。それらの本はおもに絶版本で、高品質かつ低価格で再発行された。

5　ショッピングモールへの展開

一九八〇年代に入って、バーンズ＆ノーブルは新しい展開を始めた。こんどは、郊外のショッピングモールに大型店を展開しはじめたのである。一九八七年、バーンズ＆ノーブルはデイトン・ハドソンからＢ・ドルトンブックセラーを買収した。買収資金の一億三〇〇〇万ドルは、ジャンクボンドで起債して集めた。この買収によって、バーンズ＆ノーブルは一夜にして全米に小売店舗を持ち、全米第二位の書店になった。バーンズ＆ノーブルは、バーテルズマンカンパニーからダブルデイブックショップを買収し、マクミラン社からスクリブナー書店の商号を買収した。

一九八九年には、テキサスのブックストップという本の安売りスーパーストアを買収した。この買収によって、バーンズ＆ノーブルはスーパーストアの戦術を学ぶことになる。一九九〇年代初期にバーンズ＆ノーブルはスーパーストアのコンセプトをさらに洗練したものに変えた。バーンズ＆ノーブルは、米国のインフォーメーションピアッザとなった。従来の本に加えて、音楽やＤＶＤも取り扱いはじめた。

レオナルド・リッジオは、バーンズ＆ノーブルの店内にソファーを置き、マルセル・プルーストやバージニア・ウルフの肖像画を飾り、洗練された雰囲気を演出し、さらにスターバックスコーヒーの出店を設けた。大成功であった。ジェフ・ベゾスでさえ、スターバックスのコーヒーを飲みながら、アマゾン・コムの構想を練り、アマゾン・コムの社員の面接をし、会議を開いたぐらいなのだから。

一九九三年、バーンズ&ノーブル・コムは上場した。バーンズ&ノーブル・コムは一九七〇年代にメールオーダーのカタログ販売ビジネスに乗り出していたが、一九八〇年代後半からシアーズやIBMと共同でトリンテックスというオンライン販売の実験に取り組んだ。

6　スティーブ・リッジオが脚光を浴びる

一九九五年六月、アマゾン・コムがインターネットで営業を開始すると、バーンズ&ノーブル・コムを率いていたレオナルド・リッジオも無関心ではいられなくなった。しかし、インターネットはレオナルド・リッジオの得意とするところではなかったので、コンピュータに少しだけ詳しい三歳年下の弟スティーブ・リッジオが前面に出てくることになった。

スティーブ・リッジオは一九五四年に生まれ、兄とともにニューヨークのブルックリンで育った。一九七四年にブルックリンカレッジを卒業したのち、兄のバーンズ&ノーブル・コムに入社した。しだいに昇進して、一九九三年から九五年にはバーンズ&ノーブル・コムの社長を勤めていた。

一九九六年にスティーブ・リッジオは、レオナルド・リッジオを説いてインターネットのオンライン小売に参入することになった。バーンズ&ノーブル・コムの子会社として、barnesandnoble.com（以下、バーンズアンドノーブル・コムと略す）が設立された。最高経営責任者CEOにはスティーブ・リッジオが就任した。

しかし、バーンズ&ノーブル・コムが無店舗販売のオンライン小売に参入したことで、「レンガとモルタルの」物理的な小売店を多数もっているバーンズ&ノーブル・コムの戦略に矛盾ができてしまった。その矛盾に解決を与えないまま、バーンズ&ノーブル・コムはインターネットでの小売に突入していく。バーンズ&ノーブル・コムは、レンガとモルタルの小売店を守ったまま、オンライン小売に進出した。初めからどちらも駄目になる可能性があった。

無店舗販売のアマゾン・コムと、店舗販売中心のバーンズ&ノーブル・コムとでは、値引きができる幅に大きくちがいが出る。家賃と従業員経費のかかるバーンズ&ノーブル・コムでは、アマゾン・コムのように四〇%引きなどできるわけがなかった。また、無店舗販売のアマゾン・コムは州税の支払いから逃れられたが、バーンズ&ノーブル・コムには逃れるすべがなかった。当然、その分は販売価格に上乗せされた。

また、死に物狂いのジェフ・ベゾスとちがって、スティーブ・リッジオにはインターネットの戦いに一途に賭ける姿勢が希薄であった。取込みにむらがあった。やったりやらなかったりした。一九九七年三月一八日、準備が必ずしも万全でないままにバーンズアンドノーブル・コムのウェブサイトが立ち上がった。このセンスのない長い名前からもわかるように、この戦いは初めから勝ち目がなかった。

そこで、スティーブ・リッジオは、訴訟戦術という奇策に打って出た。アマゾン・コムの「地球最大の書店」というスローガンが誇大宣伝だというのである。アマゾン・コムは、すぐ反訴に打って出て報復した。このつまらない訴訟はすぐに和解となり、何の効果ももたらさなかった。また、一九九七年七月から、バーンズアンドノーブル・コムは、アメリカオンライン（ＡＯＬ）での本の独占販売権を得た。しかし、売上げはまったく伸びなかった。

スティーブ・リッジオの手に余る事態が生じており、誰か補佐をする人材が必要であると考えられた。そこで、パシフィックベル・インタラクティブメディアの元社長ジェフ・キリーンを最高運用責任者（COO）に登用することになった。しかし、一九九八年五月に始まるジェフ・キリーン指揮下の反撃は成功しなかった。

一九九八年末、焦るリッジオ兄弟は一億ドルを投入して、バーンズ&ノーブル・コムのてこ入れを図った。しかし、これも効果がなかった。資金も無制限には続かない。それでは、アマゾン・コムのようにバーンズアンドノーブル・コムを新規上場して、大量の資本を獲得するしかないと考えられた。ここで、ベルテルスマンAGのトーマス・ミドルホフが登場してくる。

7　ベルテルスマンAGのトーマス・ミドルホフ

ベルテルスマンAGについては、あまり聞いたことがないかもしれない。ベルテルスマンAGは一八三五年に設立され、ドイツのギュータースローに本拠を置く巨大メディア会社である。ベルテルスマンAGは五つの部門からできている。

・RTLグループ　欧州最大級の放送会社（一九九五年設立）
・グルーナー+ヤール　欧州最大級の雑誌社
・ランダムハウス　世界最大級の一般向け図書出版社（一九九八年買収）

・ダイレクトグループ　　世界最大の本と音楽クラブグループ
・アルバトAG　　国際的なメディアと通信サービスプロバイダー

ベルテルスマンAGは、出版社によくある非公開企業で、創業家のモーン家がベルテルスマンAG株式の二二・六%、ベルテルスマン財団が七七・四%を保有している。

ベルテルスマンAGの前身はC・ベルテルスマンフェアラークで、一八三五年にカール・ベルテルスマンによって設立された。当初は賛美歌と協会向けの出版物に特化した出版社であった。一八五一年、息子のハインリッヒ・ベルテルスマンは小説の出版を手がけるようになった。多角経営の始まりである。ベルテルスマンはしだいに大きくなった。途中、第二次世界大戦中はナチスに積極的に協力し、戦後は批判を浴び、一九四七年にラインハルド・モーンによって再出発させられたが、その後は出版業にとどまらず、ブッククラブ、LPレコードなどの音楽マーケット、映画産業などに進出し、買収・売却をくり返して巨大になっていった。

一九八〇年代になると米国に進出し、一九八〇年にバンタムブック、一九八六年にはRCAビクター、ダブルデイなどの有名出版社や音楽会社を買収した。一九八九年からはウィンダムヒルレコードに触手を伸ばし、一九九六年には傘下に収めた。一九九三年にラインハルド・モーンは、自分の持分のベルテルスマンAGの株式の六八・八%をベルテルスマン財団に移した。一九九八年、トーマス・ミドルホフが抜擢されて、ベルテルスマンAGの最高経営責任者となった。

トーマス・ミドルホフは一九五三年、ドイツのデュッセルドルフに生まれ、ミュンスター大学でビジネスを学び、マーケティングで博士号をとった。在学中から家業の織物業を手伝っていたが、卒業後は高いポストに就いた。一九八六年にベルテルスマンＡＧに転じ、一九九〇年には役員になった。一九九五年から二〇〇〇年にかけて、トーマス・ミドルホフはインターネット進出を図り、ＡＯＬと提携した。はじめはＡＯＬヨーロッパの五％程度の株式を取得しただけだったが、二〇〇〇年にはほぼ五〇％まで取得した。

トーマス・ミドルホフは、インターネットのバックボーンネットワークを構築しはじめた。さらにアマゾン・コムと同じようなベルテルスマンオンライン（ＢＯＬ）を設立した。一九九八年六月、トーマス・ミドルホフは、この事業にアマゾン・コムのジェフ・ベゾスの参加を求めた。なんどか話し合いはあったようだが、まとまらなかった。ジェフ・ベゾスは、アマゾン・コムだけでできると考えていたようだ。一方、トーマス・ミドルホフは交渉の過程のあいだにもどんどん成長していくアマゾン・コムに、いささか不安を感じていたようだ。

トーマス・ミドルホフは、レオナルド・リッジオとニューヨークで会った。そこで、対等なパートナーシップが提案され、ジョイントベンチャーが立ち上げられることになった。トーマス・ミドルホフのベルテルスマンＡＧは二億ドルを拠出し、レオナルド・リッジオが一億ドルを拠出したバーンズアンドノーブル・コムの株式の半分を獲得する。一〇月に両社はさらに一億ドルずつを拠出することで合意した。

8　バーンズアンドノーブル・コムの衰退

一九九八年末、スティーブ・リッジオは、バーンズアンドノーブル・コムの最高経営責任者（CEO）を降ろされて、AOL-UKの元社長ジョナサン・バルキーリーに交替する。AOL-UKはBOLとAOLとのジョイントベンチャーであった。

ジョナサン・バルキーリーは、一九八二年にイェール大学を卒業した。専攻はアフリカ学であったという。のちに世界各国を行脚することになるが、本当にアフリカが好きらしい。スワヒリ語も話せるらしい。ジョナサン・バルキーリーは、イェール大学卒業後、ワシントンDCでアフリカンビジネスマガジン社に勤めた。さらに、タイム、ディスカバー、マネーなどの雑誌社に勤めた。八年間タイムワーナーにも勤めた。

そして、米国のAOLに転進した。AOLでは、すべてのAOLのメディアパートナーの開発と製品を担当するメディアジェネラルマネージャーであった。その後、ビジネス開発担当の副社長にまで昇進した。おもな仕事は広告とオンラインeコマーストランザクションであった。

スティーブ・リッジオは親会社に戻り、バーンズ&ノーブル・コムの副会長になる。不幸なことにジョナサン・バルキーリーは、リッジオ兄弟とはそりが合わなかったようである。ジョナサン・バルキーリーは、野心的な戦略に転換する。本でなくデータを売ろうとしたのである。ロケットイーブック（Rocket eBook）に賭けた。狙い目は悪くなかったが、少し時代に先行しすぎた。

バーンズアンドノーブル・コムにとっていちばんの打撃は、一九九九年一二月一日の連邦地裁のエクスプレスレーンの使用禁止命令であった。アマゾン・コムのワンクリック特許に抵触するとされたのである（これについては次章以降で詳しく述べる）。こうした混乱の中で、バーンズ&ノーブル・コムとバーンズアンドノーブル・コムはしだいに力を失っていく。いわば自滅である。

二〇〇二年、レオナルド・リッジオはバーンズ&ノーブル・コムの最高経営責任者（CEO）を退き、会長だけの職になった。スティーブ・リッジオが最高経営責任者になった。二〇〇三年、リッジオ兄弟は、ベルテルスマンAGの株式の持ち分を買い取り、バーンズアンドノーブル・コムの上場を廃止する。戦線をバーンズ&ノーブル・コムのみに縮小した。つまり、アマゾン・コムに完全に負けたのである。

リッジオ兄弟は、インターネットという勝ち目のない戦場から撤収し、慣れたレンガとモルタルの孤立した砦に立てこもり、アマゾン・コムと持久戦を戦う道を選んだのである。また、二〇〇三年九月九日、バーンズアンドノーブル・コムはイーブックの販売を中止した。

一方、ベルテルスマンAGも自滅への道を歩む。二〇〇〇年にネットバブルの崩壊があり、トーマス・ミドルホフ率いるベルテルスマンAGは、AOLヨーロッパの株式持ち分五〇%を売却し、ドイツのインターネットバックボーンネットワークをスペインの電話会社テレフォニカに売却し、九〇億ドルを得た。

ベルテルスマンAGの初期投資と損失は二〇億ドルであったから、差し引き七〇億ドルの儲けである。賢明といえば賢明で、悪くないといえば悪くはない話だが、それでベルテルスマンAGのインターネット事業はほぼ終わった。退職金をもらったようなものである。あとはヨーロッパの地盤をアマゾン・コムに食い荒らされていくだけである。実際にそうなった。二〇〇二年七月、トーマス・ミドルホフはベルテルスマンAGの最高経営責任者を辞職し、同社を去った。すべては終ったのである。

私の最初の想像では、トーマス・ミドルホフは、いかにもドイツ人らしい体格のよく太った人で、したたかな表情のお爺さんであったが、写真を見ると、とても若くて眉間に皺を寄せ、痩せて神経質そうな人で驚いた。

9　バーンズ&ノーブル・コムの敗北

本書ではとりあげなかったが、ボーダーズ・コムもアマゾン・コムに屈服した。アマゾン・コムは完全に勝利したのである。

本書を執筆する前、私はバーンズ&ノーブル・コムの敗北は、次章に述べるワンクリック訴訟によるものだと思っていた。たしかに、バーンズ&ノーブル・コムの敗北の決定的契機はワンクリック訴訟によるものであった。しかし、その前に、バーンズ&ノーブル・コムは戦略的な判断ミスから、オンライン小売戦線において自滅していたのである。アマゾン・コムの勝利は、敵失という僥倖によるところも大きいことを理解すべきである。しかし、運も実力のうちである。

最後に補足しておきたい。バーンズ&ノーブル・コムの敗北といっても、売りには出ているもののバーンズ&ノーブル・コムがすぐにこの世界からなくなってしまうということではない。すでにオンライン小売戦線から事実上撤退し、実店舗での小売で体勢を立て直したバーンズ&ノーブル・コムの力はあなどりがたい。しかし、バーンズ&ノーブル・コムがアマゾン・コムに代わって本のオンライン小売業界の覇者になることは、もうありえないということである。

第７章　ワンクリック特許

奇妙なビジネスモデル特許

アマゾン・コムのジェフ・ベゾスは、一九九七年の五月以前に、コンピュータのマウスボタンのワンクリック（１クリック）でカスタマーが商品を買えるようなシステムのアイデアをもっていたといわれる。このアイデアは、一九九七年九月からアマゾン・コムで実際に使われはじめるようになった。アマゾン・コムはワンクリックに対して一九九九年九月二八日、米国特許５９６０４１１（４１１特許と略す）を取得した。特許の申請は一九九九年九月二一日である。わずか一週間で特許が下りてしまった。異常なくらいに早くて、簡単な特許審査である。

人々はもう忘れてしまったかもしれないが、この特許ほど当時、業界に衝撃をもたらした特許はないだろう。アマゾン・コムという会社が後世の歴史に名を残すとすれば、このビジネスモデル特許事件だと思う。壇一雄ではないが、「なんのその百年後は塵芥《ちりあくた》」であって、すべて忘却の淵に消えていくのである。

1　インターネットで注文するシステム

さて、この特許の何がそれほど衝撃だったのだろうか。それを解明するために、特許の原文を読んでみよう。

先頭にこう書いてある。

「通信ネットワーク経由で買い物注文を出す方法とシステム」

ずいぶん一般的な表現だなと思う。こんな広い範囲をカバーする特許が成立するだろうか、とふつうなら思う。それが当然である。続いて、アブストラクト（梗概）がある。これもまた、特許という法律文書の常で、曖昧模糊として何だかわからない文書である。以下、「サーバーシステム」とはアマゾン・コムのコンピュータシステムのことで、「クライアントシステム」とはカスタマー（顧客）となる人のコンピュータシステムのことである。

「インターネット経由で商品の買い物注文を出す、ある方法とシステム。

注文はクライアントシステムの購入者によって出され、サーバーシステムによって受信される。サーバーシステムは、クライアントシステムから、購入者識別情報（購入者ＩＤ）、支払い情報、発送情報を含む購入情報を受信する。

次に、サーバーシステムは、クライアントシステムにクライアント識別情報（クライアントＩＤ）を割り当て、割り当てられたクライアント識別情報に、受信した購入情報を関連づけさせる。

サーバーシステムは、割り当てられたクライアント識別情報と商品を識別し、注文ボタンを含むＨＴＭＬ文書をクライアントシステムに送信する。クライアントシステムは、割り当てられたクライアント識別情報を受信して保存し、ＨＴＭＬ文書を表示する。

注文ボタンが選択されると、クライアントシステムは、サーバーシステムに〈識別された商品を購入する〉というリクエスト（要求）を送信して対応する。サーバーシステムはリクエストを受信し、クライアントシステムのクライアント識別情報と関連づけられた購入情報とを合体させ、課金情報と発送情報に関連して商品を購入するという注文を生成させる。これによって、購入者は注文ボタンを選択するだけで、製品の注文を実行できたことになる。」

仮に、プロがこの特許情報を読んだとしても、何だこんな幼稚でくだらないものと思って、紙に印刷してあるものなら丸めて捨ててしまうだろう。ところが、これにはさらに深いところに恐るべき毒針が仕掛けてあるのである。

2　二六個のクレーム

特許を出願する場合には、明細書と図面がついていなければならない。明細書は特許法第１１２条で規定されている。明細書とは何だろうと特許法の原文を読むと、スペシフィケーション（Specification）である。ふつうの工学の日本語では仕様と訳す。スペックと短く略して言う人もいる。これでは原語がわからなくなってしまう。

特許法第112条の原文はくどいので、わかりやすく分解しておこう。

「明細書は、発明の説明と、発明を製造・使用する手法とプロセスの説明を含まなければならない。また、発明者が考える発明実施のベストモードを記載していなければならない。」

また、クレームについて書いてある。

「明細書は、出願人が自己の発明とみなす主題を特定し、明白に要求する一つ以上のクレームで終わらなければならない。」

要するに、クレームとは出願人が権利を取得したい個別の技術主題の集まりである。クレームをきちんと書いておかないと、特許権の明白な主張ができない。

アマゾン・コムの特許には、二六個のクレームが含まれている。この二六個のクレームは、大別すると、1～5、6～10、11～20の三グループに分類できる。

最初に、第一グループの1を読んでみよう。

「1　商品の注文を出す方法は次のものから成り立っている。

クライアントシステムの制御の下で、商品の識別情報が表示される。実行されたシングルアクション（注＝通常これをアマゾン・コムはワンクリックという）に応じて、注文と商品の購入者識別情報がサーバーシステムに送信される。

サーバーシステムのシングルアクション注文処理部分の制御の下で、リクエストは受信され、受信されたリクエストの購入者識別情報によって識別された購買者用に、以前から保存されていた補足的情報が抽《ひ》き出される。そして、受信したリクエストの識別情報によって、識別された購買者用に、抽き出された補足的情報を使用して、リクエストされた商品を購買するという注文が生成される。

そして、商品の完全な購入のために生成された注文を完全なものにする。このようにして、ショッピングカート注文モデルを使用せずに商品は発注された。」

アマゾン・コムのワンクリックシステムをよく知っていて、係争の経緯をあらかた知っている人なら、注意深く読めば何を言っているかわかるだろう。ただし、ふつうの人には何を言っているかわからないと思う。大事な主張はきちんと述べながら、ふつうの人にはわからせないように書いてあるのが味噌なのである。たぶん専門家でもわからない。裁判になって相手が真っ青になるというところが、この仕掛けのすごいところなのだ。

次に、第二グループの6を読もう。

「6　商品の注文を出すクライアントシステムは次のものから成り立つ。

・カスタマーを識別する情報

・商品を識別する情報を表示する表示要素

・シングルアクション要素。これはシングルアクションだけで、識別された商品をサーバーシステムに注文するリクエストを送信する。リクエストは識別情報を含んでおり、サーバーシステムは注文を完全にするために必要な補足的情報のありかを特定でき、商品の購買を完全にするために、生成された注文を完全なものできる。

・ショッピングカート注文要素。これはショッピングカートに追加するという動作に対応して、ショッピングカートに商品を追加するというリクエストをサーバーシステムに送る。」

続いて、第三グループの11を読もう。

「11　クライアントシステムを使って商品を注文するシステム。この方法は以下からなる。

　商品を識別する情報を表示し、識別された商品を注文するために行なわれたシングルアクションを表示する。行なわれたシングルアクションにだけ応じて、識別された商品を発注するリクエストをサーバーシステムに送信する。ここで、商品はショッピングカートモデルにかかわりなく注文され、注文は商品の購買を完全にするように完璧にされる。」

つまり、シングルアクション（ワンクリック）によれば、すべての情報を書き込まなくても、あらかじめサーバーシステムに保存されている購買者情報と突き合わせて、注文を完全なものにしてくれるというわけである。常識的な専門家は次のように言うだろう。

「それはわかった。しかし、それは誰でも考えつく、きわめてあたり前のことで、当然のことじゃないか？　誰かすでにやっているだろう。第一、そんなことが発明や特許になるのかい。技術的な新しさなんか何もないじゃないか」

だが、それをアマゾン・コムは特許として申請し、唖然とすることに米国特許商標庁（ＵＳＰＴＯ）が特許を認めてしまったことで問題が大きくなった。

3　そもそも特許とは何だろう

「特許とは何か?」この問題は、気の利いた小学生なら十分に答えられるにちがいない。でも、本当はどうなっているのだろうか。

米国の場合は、合衆国法典(U.S.C. = United States Code)の中の特許法に書いてある。合衆国法典は大雑把にいって米国のすべての法律をまとめてある。特許法のほかに、合衆国特許規則というものが存在する。しかし通常、米国の法律書や法律文書で引用されるのは合衆国法典の特許法である。

理系の私は、三〇歳を過ぎて留学した南カリフォルニア大学で初めて合衆国法典の存在を知った。生協に並んでいた分厚く立派な独占禁止法や放送法の解説書がとてもおもしろそうなので買ってきて読んだのである。これは、アメリカ電話電信会社(AT&T)やIBMの研究にとても役立った。NTTの分割民営化の研究にもとても役に立った。

しばらくして不思議に思ったのは、解説書の英文中にU.S.C.という単語が頻出することである。私の留学していた南カリフォルニア大学も略称はUSCである。同じようにみえる。いったい何だろうと首をひねったが、U.S.C.が合衆国法典とわかった。ちがいはピリオドが付くことだけである。注意されるとよい。

合衆国法典はかなり大部な書物なので、書斎やオフィスの飾りにはよいが、保存や参照には大変な書物である。そこで、最近はインターネット経由で参照できる。私が愛用しているのはコーネル大学のロースクールのものである。URLは将来変更があるかもしれないが現在は次のようである。

http://www.law.cornell.edu/uscode/

法律を参照するには、〝xx USC yyyy〟を使う。〝xx〟にあたる部分がTitle（タイトル）で、〝yyyy〟にあたる部分がSection（セクション＝条）である。Titleの次に〝xx〟を入力し、Sectionの後ろに〝yyyy〟を入力するだけでよい。たとえば、特許法（Patents）は〝35.USC.1〟からある。タイトルに35、セクションに1を入力する。すると、〝TITLE 35＞PART I＞CHAPTER 1＞§1〟が表示される。

全体の構成を知りたければ、〝TITLE 35〟をクリックする。

第Ⅰ部　合衆国特許商標庁

第Ⅱ部　発明の特許可能性と特許の付与

第Ⅲ部　特許、および特許権の保護

第Ⅳ部　特許協力条約

われわれに興味があるのは第Ⅱ部なので、そこへ進む。すると、またいろいろな章が出てくる。通常の日本語では〝CHAPTER〟を章と訳すと思うので、そうする。

第10章　発明の特許可能性

第11章　特許の出願

第12章　出願の審査

：

以下、第18章まで続く。ここでわれわれに興味があるのは第10章である。そこで、そこへ進む。

第100条　定義
第101条　発明は特許を受けることができる
第102条　特許可能性の要件：新規性および特許を受ける権利の喪失
第103条　特許可能性の要件：自明でない主題
：

じつは、いちど原稿を書いてから気がついたのであるが、合衆国特許法、合衆国特許規則には完全な翻訳が存在する。経済産業省の特許庁のホームページに外国産業財産権制度情報があって、掲載法令のアメリカ合衆国の欄に合衆国の特許法と特許規則の翻訳がある。他にも参考になる法律が翻訳されている。こういうものが翻訳されていることはたいへん意義深く、よいことだ。

とりあえず、第101条の「発明は特許を受けることができる」を読んでみよう。これはなかなかの名訳で、表題を「発明は特許を受けることができる」と訳してあるのにはびっくりした。原文は〝Inventions patentable〟である。私は「発明の特許可能性」と訳したが、なるほどと大いに感心して「発明は特許を受けることができる」をお借りした。以下、翻訳は特許庁の翻訳を参考にしているが、かなり手を加えており同じものではない。

さて、第101条は次のような内容である。

「いかなる新規で有用なプロセス、機械、製造物もしくは組成物、またはそれらについてのいかなる新規かつ有用な改良を発明または発見した者は誰でも、この法律の定める条件と要件に従って、それについての特許を取得できる」

特許庁の訳では、プロセスを方法と訳している。方法というとメソッドを連想してしまう。そこでプロセスを方法とは訳さなかった。プロセスは一九五二年から条文に加わった。たいへん解釈のむずかしい用語である。本当は簡単なのだが、うまく言おうとするとかなりむずかしくなる。恋とはどのようなものかを説明しようとすると、かなりむずかしいのと同じようなことだ。

プロセスとは、商品の上で行なわれて別の状態や物に変えるような行為または一連の行為である。なんと衒学的で、もってまわった説明と思われるかもしれない。しかし、もともと法律の核心はきわめて限りなく哲学に近くなるのである。ヘーゲルの精神現象学を読まされているようなもので、おもしろいがひどく疲れる。

さて、第101条はきわめてまともな規定である。そうだそうだと思うだろう。しかし、言われなければ気がつかないことであるが、奇妙なこともある。この規定では、物に即していることが特許可能性に強く寄与しているのである。プロセスの特許可能性も物の呪縛からなかなか離れられない。続く第102条と第103条はきわめて煩雑な規定だが、簡単に理解しようとしたら、特許の可能性の要件として、第102条は新規性を要求し、第103条は自明でないことをあげていると理解すればよい。

あとでしだいに明確になるが、第102条と第103条の関連でいえば、機械の上でプロセスが実行された場合、それが新規で有用ならば特許になる。そうでなく機械から離れた抽象的な実体には特許は認められていない。つまり、もともとの精神では、コンピュータのソフトやOSは単独では特許ならない。単独では特許はとれなかったのである。

の対象にならない。そういうものをカバーしたければ、機械つまりハードウェアと関連づけなくては

4　特許の底流となる基本的な考え方

裁判官は判断を下す過程で、先行する判例を参考にする。代表的な判例をあげてみよう。

・「科学的真理やそれの数学的表現（数式）は特許可能な発明にはならない。ただし、科学的真理の知識の助けを借りて創造された、新規で有用な構造は特許可能である。アイデアはそれだけでは特許にならない」（MacKay Co. v. Radio Corps. 訴訟）

・「抽象的原理は特許可能にならない」（Rubber-Tip Pencil Co. v. Kalo Co. 訴訟）

・「未知の自然現象を発見した者には、それを独占する権利はない。そのような発見から発明となるためには、自然法則の応用が新規で有用なものでなければならない」（funk Bros. Seed Co. v. Kalo Co. 訴訟）

・「大地で発見された新しい鉱物や、荒地で発見された新しい植物は、特許可能な法定主題とはならない。また、アインシュタインは彼の有名な法則 $E=mc^2$ の特許はとれなかった。ニュートンも重力の法則の特許はとれなかった。そのような発見は自然の manifestation であり、すべての人に解放されており、誰も排他的に保有できるものではない」（Diamond v. Chakrabarty 訴訟）

また、いくつかおもしろい判例もあげられている。

有名な有線電信符号のサミュエル・モールスの場合、電磁気学を応用して電信のためにモールス符号を発明したことは特許として認められたが、モールス符号の発明のために開発された電磁気学の知識は特許にならないと斥けられた。

電話の発明で有名なグラハム・ベルの場合、電流を使って音声を送信することに対して特許は認められたが、回路の連続電流を音声の送信に適合したある特定の条件に置くことなどは特許にならないと斥けられた。

5　数学や物理の公式は特許にならない：GV訴訟

特許可能性に関して有名な訴訟に、Gottschalk v. Venson 訴訟（GV訴訟と略す）がある。GV訴訟は「汎用デジタルコンピュータにおけるプログラムによるデータの処理、とりわけ数値情報のプログラム化された変換」という発明に関した訴訟である。

より具体的には、2進化10進数（これをBCDという）を純粋な2進数に変換するものである。BCDは、コンピュータの2進数による計算結果を、人間にわかりやすい10進数に変換するために考えられた。コンピュータや電子計測器などにはたいへん便利なものである。私も電子計測の講義で学生に教えたことがある。

BCDは工学部の電子工学科の学生なら二年生程度で楽々理解できる。ただ、それは十分な準備があってのことで、以下を読んでわからなくても何も心配はいらない。そんなに簡単に理解できるのなら工学部など不要だし、高給をとる電子技術者など何の価値もなくなってしまう。

2進数の11０1０1は10進数では53だが、ＢＣＤでは０1０1００11と表現する。申請された特許はこの逆で、ＢＣＤの０1０1００11という数が、2進数の11０1０1という数に簡単に変換できる一般的手順があるというものである。2進数からＢＣＤへの変換は実用的である。だが、ＢＣＤから2進数への変換は可能なものの、あまり実用的な価値があるとは思えない。学生への演習問題には適当かもしれない。

さて、出願人たちは彼らの発明が、特定の技術に限られることなく、また特定の装置や機械に限られることもなく、さらに特定の用途にも限られることがないと主張した。また、出願人たちは自分たちの発明が、あらゆる種類の汎用デジタルコンピュータでの使用をカバーするものと主張した。これに対して、特許庁は特許を拒否した。そのため、訴訟になったのである。

争点は、この主張が特許法第1０1条にあるプロセスの範囲に収まるか、ということであった。当時は、最高裁の裁判官にとって、汎用デジタルコンピュータとは何かを理解することがとてもむずかしかったらしく、「プログラムは、デジタルコンピュータ用の符号化された命令の列である」などと延々と書いてある。裁判官は書いている。

「与えられた数学の問題を解く手順（プロシージャ）はアルゴリズムとして知られている。今回の特許申請で提案された手順は、その種類のアルゴリズムである。つまり、ある数値の表現を別の表現に変換するという数学の問題を解くためのプログラムを一般化して定式化したものである。」

コンピュータのプログラム、つまりプロセスは、確定的に別の状態や別の物に変換するわけではない。だから、コンピュータのあらゆるプログラムは、特許の対象にならないということになった。さらに、単なるアイデアは特許にならない。とくに、本件のＢＣＤを純粋な2進数に変換するプログラムは実用的な応用を示せないということから、特許の対象にならないということになった。プロセスが特許になるためには、実用的な応用を示さないといけないということになった。

プロセスについては、染色のプロセスや小麦粉の増量のプロセスについて特許の事例などがあり、プロセス特許が下りるためには、特定の機械や特定の装置に関係しなければならず、プロセスによってある商品が別の状態や別の物に変換されることが重要だと言っている。

6　数式だけでは特許にならない：ＰＶ訴訟

この後の一九七八年に、Parker v. Flook 訴訟（ＰＶ訴訟と略す）がある。訴訟天国の米国でも、最高裁まで争うものはそう多くない。このＰＶ訴訟は、ＧＶ訴訟と同様、最高裁まで行った。

ＰＶ訴訟で争われた特許申請では、触媒変換プロセスにおいてアラーム（警報）の限度を更新する方法が提案された。最高裁は、新規性として認められる点は数式だけなので特許にならないとした。これが数式は特許にならない、法的主題（statutory subject matter）にならないという考え方を強化させたようだ。

7　コンピュータに関連していても特許になる：DD訴訟

さて、一九七五年八月六日に特許申請された発明がある。これをめぐって、Diamond v. Diehr 訴訟（DD訴訟と略す）が起きた。

ゴムに硫黄を作用させると、ゴムは硬くなる。これを加硫という。自動車のタイヤが一定の硬さを持つのは、この加硫作用によるものである。グニャグニャのゴムではタイヤにならない。よいタイヤをつくるには、どの程度の温度で、どのくらいの時間、加硫のプロセスを続けたらよいものだろうか。これは工業技術にとって重要な問題である。

原材料の硫化されていない合成ゴムを、硫化された正確な製品へと鋳込むプロセスの発明を特許として申請が出た。硫化時間を計算するには、スウェーデンのスヴァンテ・アレニウスという物理学者・化学者の式が使える。とても簡単な式だ。蛇足だが、アレニウスは現在、地球温暖化を予測した人として有名である。

結果を鵜呑みにしてしまえば、式そのものはきわめて簡単だ。

$$\ln v = CZ + x$$

vが必要な硫化時間、Cが活性化エネルギー常数、Zが現在の鋳型の温度、xが鋳型の幾何学的形状に依存する定数である。Cはゴムの粘性度を測定すればわかる。xも別の方法でわかるから、Zという鋳型の温度さえわかれば、vという硫化時間は簡単にわかる。

特許の文書を読むと、実際の計算には、べき級数展開を使っている。収束の度合いなど数学的にうるさいことをいわなければ、工学の用途にはまあまあ使えるだろう。ただ困ったことに、鋳型の温度zは、はっきりと正確にはわからないのである。たとえば、タイヤをつくるのに新しいゴムを注入するため鋳型が開けられるたびに、また鋳型からできたタイヤが取り出されるたびに、鋳型は空気にふれて鋳型の温度は変動するからである。

回避する方法はないわけではない。硬化に必要な最小時間を計算して、鋳型を開ければよいのである。これが産業界でずっと行なわれてきた方法だった。当然のことながら、品質は一様でなく、ばらつきがある。もっとも、完全に冷めるまで待つことによって曖昧さはかなり回避できるが、生産効率は悪くなる。

そこで、発明者たちは温度センサーを鋳型に設置し、それをコンピュータにつないでデータ処理し、いつ鋳型を開ければよいかを指示できるようにした。実際の装置では、温度測定は一〇秒ごとに行なわれていたようだ。何とも牧歌的な感じである。

さて、特許審査官はどのように判断しただろうか。審査官は、本件は特許法第１０１条によって特許に値しないとした。審査官はＧＶ訴訟の結果を受けて、ストアドプログラムの制御下でのコンピュータによって実行されるステップは法的主題とならないとした。しかし最高裁は、コンピュータによって実行されるステップであっても、有用であれば法的主題となりうるとした。また、プロセスのいくつかのステップにおいて、数学の方程式が使われていようとプログラムされたデジタルコンピュータが使われていようと、結論は変わらないとした。また、第101条には限度があり、またすべての発見が法的主題に含まれるとは言っていない。特許の保護から排除されるのは、自然法則、自然現象、抽象的なアイデアであると言っている。

8　投資信託に関する特許：ステートストリート訴訟

さて、一九七五年八月六日に特許申請された発明がある。これをめぐってステートストリート訴訟が起きた。これはビジネス特許に関した画期的なものである。原告はステートストリートバンク・アンド・トラストカンパニー（以下、ステートストリートと略す）で、被告はシグネチャーファイナンシャルグループ（以下、シグネチャーと略す）であった。

原告の訴えでは、シグネチャーのミューチュアルファンド仕組投資（ストラクチャードファイナンス）のコンピュータ化された会計システムに関する特許は無効だというものだった。ミューチュアルファンドというのは、日本でいう投資信託のことである。とくにオープンエンド型の投資信託である。オープンエンド型というのは、投資した人が気に染まないときは解約の請求ができ、払い戻しができるというものである。

ステートストリートもシグネチャーも、投資信託会社である。シグネチャーは一九九三年三月に米国特許5193056（通常、056特許と略す）を取得した。この特許は「ハブとスポークファイナンシャルサービス構成用のデータ処理システム」とよばれている。データ処理システムとは、コンピュータの別名である。つまり、「ハブとスポークファイナンシャルサービス構成用のコンピュータシステム」が、ふつうのわれわれの理解する言葉である。

ハブとスポークとは何だろうか。自転車のタイヤを思い浮かべてほしい。自転車のタイヤは、スポークという中心から放射状に伸びた骨と、ハブという中心にある骨をまとめるしくみとからできている。つまり、外周から中心に集まるスポークがあって、これをまとめるものがハブである。コンピュータのローカルエリアネットワークでもハブという装置を使うが、集線装置という訳があるように同じイメージが適用できる。

シグネチャーのハブ・スポーク構成とは、外周にスポークにあたるいろいろな投資信託会社があり、中央にハブにあたる投資信託会社の相互連合体が共同運用しているポートフォリオ（ハブポートフォリオ）がある。ポートフォリオというのはもともと紙挟みの意味だが、いろいろな投資に関係した書類を集めて突っ込んで収納したものを想像すればよい。転じて、多様な投資の混合体や集合体を意味する。投資をしている人なら誰でも知っていることで、そんなにむずかしいことではない。

スポークにあたる周辺の投資会社は毎日活動しているので、ハブポートフォリオの構成は毎日変動する。したがって、わかりやすい言葉でいえば、分け前の比率が毎日変動する。これを毎日正しく迅速に算出する必要がある。シグネチャーの056特許は、ハブ・スポーク構成を円滑に運用できるコンピュータシステムである。パソコンで実現したシステムである。

私も056特許の原文をインターネットからダウンロードして読んでみた。脱線になるが、正確な原文の全体をきちんとダウンロードできるというのも、一つの技術である。ふつうは断片しかダウンロードできない。慣れないとなかなかむずかしい。さて、これが特許に値するかといわれると、私なら値しないと答えたい。理由は、この程度の平凡なものに特許を与えていると、際限がないからである。気の利いた学生なら誰でもできてしまう。結果、世の中、特許だらけになってしまう。問題は却下の仕方である。

9　連邦巡回控訴裁判所の判決

マサチューセッツ州地方裁判所は、ステートストリート側の言い分を認め、シグネチャーの056特許を無効と宣言した。根拠は特許法第101条であり、申請案件は法的主題にあたらないとした。この法的主題（statutory subject matter）はたいへん訳しにくい言葉で、いろいろ他の訳語も考えてみたが、原語がすぐわかる訳語とした。要するに、考えている事柄が、当該の法律の扱う問題であるかどうかということである。たとえば数式の問題なら、それだけで機械的に過去の判例から法的主題ではないとして却下できてしまう。

これに対し、一九九八年七月二三日、連邦巡回控訴裁判所は地裁の判決をひるがえし、差し戻しの判決を下した。このときの巡回控訴裁判所は、すべてはじめから（*de novo*）見直している。地裁が056特許を斥けたのは、056特許が数学的アルゴリズムに関するものであり、またビジネス方法に関するものであるから、これは法的主題に属さないと判断したからである。こうした判断の仕方は、それまでの判例に即した範囲では妥当なものであった。

ところが、巡回控訴裁判所は奇妙なことを言いだしたのである。もういちど、特許法第101条をじっくり眺めてみよう。

「いかなる新規で有用なプロセス、機械、製造物もしくは組成物、またはそれらについてのいかなる新規かつ有用な改良を発明または発見した者は誰でも、この法律の定める条件と要件に従って、それについての特許を取得できる」

ここで、第101条には、「いかなる」という言葉が使われている。これは特許をとりうる対象に対して何の制限も付けていないということであり、最高裁も次のように判断しているとした。「議会は人間によってつくられた太陽の下のあらゆるものを法定主題に包含させようとした」(Diamond v. Chakrabarty 訴訟)。

したがって、法的主題にあたらないということで、特許可能性を排除することは違法であるというのである。クレームが法的主題となるかどうかは、クレームの主題が、プロセス、機械、製造物もしくは組成物の四つのカテゴリーのどれに向けられているかに焦点を合わせるべきではなく、主題の基本的な特性、とりわけその実用性に焦点を合わせるべきであることになった。つまり、ある発明が特許を認められるためには、有用で、具体的で、有形な結果(useful, concrete, and tangible result)を生じることが重要であるということになった。

これは、ある意味で大河の堰を切ってしまった。数学的アルゴリズムに関するものでも、またビジネス方法に関するものでも、特許を取得する可能性がないわけではないということになった。この一九九八年七月二三日の判決によって、ビジネス方法特許が洪水のように溢れ出した。アマゾン・コムが一九九九年九月二八日に取得した米国特許５９６０４１１は、このような背景をもっていたのである。

第8章　か細きダビデ、ゴリアテに変身

1　アマゾン・コム、バーンズアンドノーブル・コムを告訴

先にも述べたように、一九九七年九月、アマゾン・コムはワンクリック方式を実際に使用しはじめた。これによって、ユーザーは簡単に注文ができるようになり、アマゾン・コムは売上げを伸ばしていた。

バーンズアンドノーブル・コムは、二つの購入方法を用意していた。一つはショッピングカートとよばれる普通の方式で、毎回すべてのデータを入力する。もう一つがエクスプレスレーンで、一九九八年五月に登場したワンクリック方式である。判決の29節にあるが、バーンズアンドノーブル・コムも迂闊《うかつ》で、

「さあ、ワンクリックするだけで買おう！」

と画面に出したのである。これは許されない種類の軽率な失敗だっただろう。

これに対してアマゾン・コムは、一九九九年一〇月二一日、バーンズアンドノーブル・コムが米国

特許5960411（411特許と略す）を侵害しているとして、ワシントン州西部地方シアトル合衆国地方裁判所に提訴した。特許の認可が一九九九年九月二八日であるから、間髪を入れず提訴したのである。狙いすました感がある。

裁判では、バーンズアンドノーブル・コムは必死の防戦をした。まず、第一の防戦法として、ワンクリック方式のようなものはすでにいくつか先行技術が存在するとして、次のような例をあげた。

・ウェブバスケット
・ネットスケープのマーチャントシステム
・オリバーズマーケット
・780特許
・コンピュサーブ・トレンドシステム

しかし、裁判官はいっさいこれらを先行技術と認めなかった。むしろ、12節に、バーンズアンドノーブル・コム側の証人となったロックウウッド博士が反対尋問されたときの発言が記録されている。

「ウェブバスケットから購入しようとする人は、コンピュータのマウスのワンクリックだけを使って購入したほうがずっと簡単だっただろう。しかし、私にはワンクリック注文方式をユーザーへのオプションにすることは思いつきもしなかった」

バーンズアンドノーブル・コムの第二の防戦法は、ワンクリック注文方式は誰もが思いつく自明な方式で、無効な特許であると主張した。これに対して裁判官は、アマゾン・コムの特許は自明でないとした。自明であるかないかの議論は水掛け論になりやすい。

シアトル地裁は、バーンズアンドノーブル・コムがワンクリック方式を使っているエクスプレスレーンを差し止める仮処分を、一九九九年一二月四日に出した。アマゾン・コムの提訴から、わずか四〇日という速さであった。この結果、一二月のホリデイシーズン（年末のクリスマス商戦時期）に、バーンズアンドノーブル・コムは決定的打撃を被った。

シアトル地裁が、アマゾン・コムの地元シアトルにあったということも微妙な影を落としている。バーンズアンドノーブル・コムは、東部のニューヨークに本拠を構える企業である。こういうことは、マイクロソフトの独占禁止法訴訟のときにもあった。裁判の公正の原則からそういうことは絶対にないはずだが、地元に多少の肩入れをしているのではないかと、一瞬感じられることもある。そういう理由は、判決文の中にある。42節では次のように述べている。

「アマゾン・コムが本件の訴訟継続中に、バーンズアンドノーブル・コムの特許侵害から受けた損害は取り返しがつかない。…」

と述べ、43節では次のように述べている。

「アマゾン・コムが競争者バーンズアンドノーブル・コムから自身を差別化するためにワンクリック使用の利点を否定された場合の損害は金銭では評価できない。」

さらに、48節ではきわめつけが出てくる。

「もしバーンズアンドノーブル・コムによる特許侵害の継続が許されるならば、一九九九年の年末のホリデイシーズンにアマゾン・コムが受ける損害はさらに増すことになる。ホリデイシーズンが歴史的にオンラインeコマースビジネスのカスタマー獲得にとってキーとなる期間であり、オンラインeコマースビジネスの長期的見通しに重大な影響があることには反論の余地がない。たとえば、一九九八年にはアマゾン・コムは年末のわずか六週間にカスタマーベースを二〇％伸ばし、この期間に一〇〇万人分の新しいカスタマーのアカウントを増やした。今年のホリデイシーズンはカスタマーの獲得にとって、より重要な季節である。」

だから、ホリデイシーズンに間に合うように差止めの仮処分を出したのか、と聞いてみたくなる。裁判の判決というものは、地元の企業の利益などにはふれず、もっと公正な雰囲気を感じさせるものであったほうがよいと思う。

ともあれ、ダビデたるアマゾン・コムは、巨人ゴリアテならぬバーンズアンドノーブル・コムに完勝し、一挙に業界の覇者たるべく躍り出た。震えあがったのは全世界の企業である。こんな自明なことを特許にされて足元をすくわれたのではおちおち商売もやってられない、とビジネス方法モデル特許の本やセミナーに飛びついた。今から考えると、一九九八年の連邦巡回控訴裁判所の判決が少し緩かったのと、一九九九年の特許商標庁の特許認定がいささか安直であったのが、問題であったように思う。

2　連邦巡回控訴裁判所の判決

シアトル地裁での裁判に負けたバーンズアンドノーブル・コムは、ただちに連邦巡回控訴裁判所に控訴した。二〇〇一年二月一四日、連邦巡回控訴裁判所は地裁の仮差止め命令を無効とし、審理を地裁に差し戻す判決を下した。連邦巡回控訴裁判所は、バーンズアンドノーブル・コムのエクスプレスレーンの使用に対する仮差止め命令が有効になるには、アマゾン・コムは次の要件を示さなければならないとした。

①特許が成功することの合理的な可能性
②仮差止め命令が認められなかったときの回復しがたい損害
③仮差止め命令が認められたときの両者の苦難のバランス
④仮差止め命令が認められたときの公益に対するインパクト

こういうことを言いだすというのは、仮差止め命令が不適切だということを匂わせる。連邦巡回控訴裁判所は、アマゾン・コムの411特許のどこにもシングルアクションについて説明がなく、それがワンクリックのことだと推定できるだけで曖昧であるとした。つまり、両者の技術は必ずしも完全に同じものとはいえないとした。さらに、バーンズアンドノーブル・コムが挙げた技術は、それも先行技術にあたらないとするシアトル地裁の判断はまちがいで、どれも先行技術の可能性があるとした。地裁の裁判で証人に立ったロックウッド博士が、いわばサッカーでのオウンゴールのような証言をしたことについては、次のように言っている。

「地裁は明らかに、アマゾン・コムの発明が自明でないという結論の根拠を、ロックウッド博士の『自分はウェブバスケット技術とシングルアクション技術を結びつけたり、改造したりすることなど絶対に思いつかなかった』」という証言に置いている。これは法的には誤りである。ロックウッド博士が個人的に、実際的な知識に基づいて、そのとき何を理解しようと理解しまいと、それは無関係である。411特許が申請されたときに仮想的な熟練技術者が、引用された参考資料から何を引き出せたかが問題だったのだ。」

これで、地裁の判断を誤りとしたわけだが、これもさっぱり意味がわからない。ロックウッド博士の証言内容が地裁の判決文とまったく同じでないから、別に存在するはずの証言記録を見ているらしい。その部分に微妙なニュアンスが潜んでいるらしいが、わからない。さらに、「個人的に」という部分に下線が引かれているので、特定の個人がどう思うかでなく、一般的な人がどう思うかが問題だと言っているらしい。これは牽強付会《けんきょうふかい》そのものである。

ここまで来ると、アマゾン・コムの411特許は無効と判断するのかなと思うと、今回の控訴では仮差止め命令の取消しが求められているので、特許の有効性を判断せよということではないとした。つまり、判断を回避し、シアトル地裁に差し戻したのである。

シアトル地裁に差し戻された訴訟がどうなったのかというと、二〇〇二年三月、シアトル地裁で両者の和解が成立した。和解の条件は開示されなかった。アマゾン・コムにとって、もう訴訟はどちらでもよかったのだろう。一九九九年と二〇〇〇年のクリスマスシーズンを一人勝ちできて、巨人バーンズアンドノーブル・コムを主役の座から突き落とせたことだけで十分だったはずである。一九九九年一二月、アマゾン・コムのジェフ・ベゾスは『タイム』誌のパーソン・オブザイヤーになった。

3 リチャード・ストールマン

アマゾン・コムの411特許は、バーンズアンドノーブル・コムを押しのけてアマゾン・コムが脚光を浴びるのに役立ったが、厄介な問題もひき起こした。リチャード・ストールマンが、アマゾン・コムのボイコット運動を呼びかけはじめたのである。

リチャード・ストールマンは一九五三年三月一六日、ニューヨークのマンハッタンに生まれた。一六歳のときにIBMニューヨーク科学センターで初めてコンピュータにさわった。リチャード・ストールマンは一九七〇年、マサチューセッツ州ケンブリッジに行き、ハーバード大学の物理学科に入学した。翌年からハーバード大学と同じボストンにあるMITのAIラボ（人工知能研究室）に遊びに行った。

そのうち、AIラボの管理者ラス・ノフツカーは、リチャード・ストールマンをシステムプログラマーとして雇った。アルバイトの技術職員であったわけである。学業成績は優秀で、一九七四年にハーバード大学物理学科を二番で卒業している。一九七一年から一九八三年に及ぶ一二年間のMITのAIラボの生活で、リチャード・ストールマンはLISP文化とハッカー文化に色濃く染まった。コンミューン文化と共有の思想などに基づくハッカー的な武勇伝についての伝説は多い。

MITのAIラボは国防総省から軍事研究の委託を受け、資金的に潤沢であり、皮肉にもその環境で反戦思想とコンミューン文化に影響されたハッカー文化が育った。ハッカー文化が最も嫌ったものは管理の思想と商業主義であった。ハッカー文化はセキュリティを嫌い、ソフトを書くことを金儲けの手段と考えることを最も軽蔑する純粋主義であった。コンピュータユーザーのあいだでのソフトの共有は、最も自然な共同作業の形態であると考えられた。しかし、ＭＩＴのＡＩラボにも管理思想と商業主義の波は押し寄せてきて、一九八三年、リチャード・ストールマンはＡＩラボを去り、自己の理想を追求することになった。

一九八五年三月、リチャード・ストールマンはＧＮＵプロジェクトの開始にあたり、参加と支持を求めてＧＮＵ宣言を発表する。ＧＮＵとは〝GNU's Not UNIX〟の略であり、ハッカー文化の伝統である再帰的（recursive）な名前の付け方に従っている。再帰は数学的にとてもむずかしい概念なので説明を省く。かなりインテリのインタビュアーでも再帰を知らず、リチャード・ストールマンがびっくりしていたのを読んだことがある。

ＧＮＵは完全にＵＮＩＸ互換なソフトウェアシステムの名前である。誰でもＧＮＵを変更し再配布することは許されるが、再配布を制限することは許されない。また、自分勝手な変更は許されない。必ずリチャード・ストールマンに報告しなければならない。ＧＮＵはソフトを共有するフリーソフトの源流になるが、無料とはどこでも言っていない。フリーとは無料ということでなく自由を意味する。自由とは秘密のないソフトということである。リチャード・ストールマンは、ソフトは所有権をもつべきではないとし、コピーレフトの思想を主張した。

ＧＮＵプロジェクトはＵＮＩＸをつくるための計画であったが、ＧＮＵ Emacs、ＧＮＵ Ｃコンパイラー（ＧＣＣ）、ＧＮＵシンボリックデバッガー（ＧＤＢ）が先行し、ＧＮＵそのものの開発は遅れた。実際には、ＬＩＮＵＸがＧＮＵの理想を実現してしまった。リチャード・ストールマンはＧＮＵプロジェクトの推進のために一九八五年、ＦＳＦ（フリーソフトファウンデーション）という財団を設立した。

4　教祖と聖イグナチウス

パソコンの世界にとって、リチャード・ストールマンは少し程遠い存在だった。ＬＩＳＰがパソコンの世界で主流派になることはなかったし、ＵＮＩＸもＬＩＮＵＸが出るまでは高嶺の花という感じであった。また、マイクロソフトと競合する勢力も健在であった。しかし、マイクロソフトの独占性が強まり、これとＵＮＩＸが対立するようになると、リチャード・ストールマンの存在は大きな意味をもつようになってくる。

一九八八年一一月、マイクロソフトの機密文書がエリック・レイモンドによって、ハローウィーン文書Ⅰ、Ⅱ、Ⅲとして公開された。この文書はマイクロソフトが対ＵＮＩＸ戦略を検討した機密文書であり、マイクロソフトも公式に本物と認めている。

この文書を書いたマイクロソフトの部隊は、エリック・レイモンドの「伽藍とバザール」、「ノウアスフィアの開墾」から思想的影響を受けている。そして、この文書自体がリチャード・ストールマンの哲学から大きく影響を受けている。そこで、マイクロソフトの部隊は間接的にリチャード・ストールマンの思想的影響を受けたことになる。導師としてのリチャード・ストールマンの存在は、にわかに大きくなったのである。

ここで導師と書いたが、少し前のリチャード・ストールマンの写真を見ると、あっけにとられる。聖人のコスプレである。本人もフリーソフトの聖人、Emacs協会の聖人として聖イグナチウス（IGNUcius）を自称している。ＧＮＵが埋め込まれているのがジョークだ。何でこんな格好をするのかと不思議に思ったが、こういう高級な冗談は一般の人には通じないだろう。長い茶色の髪、濃い髭、突き刺すような緑色の目、まるで旧約聖書の予言者のようである。ちらりと教祖になりたいのかなと感じさせる。この聖人は禁欲的ではなく、リブ、アヒル、鱒、ポップコーンシュリンプの食事をとるという。

5　リチャード・ストールマンの檄文

リチャード・ストールマンは一九九九年一二月一六日、アマゾン・コムを弾劾する最初の文章をメールで書いている。現在、ＧＮＵのホームページにある「アマゾン・コムをボイコットせよ！」という文章はこれに補足したものである。失うものとてないリチャード・ストールマンのことであるから、まったく率直で遠慮がない。過激な激文だが、正直な文章である。一部を紹介しよう。ＧＮＵの翻訳は参考にしたが、訳し直してある。

「アマゾン・コムは、オンラインｅコマース（オンライン電子商取引）の重要で自明なアイデアについて米国特許を取得した。このアイデアはワンクリック購入ともいわれるものである。ウェブブラウザである商品を購入するというコマンドが、諸君の識別情報についての情報をいっしょに運べるようにしたものである。（中略）」

「アマゾン・コムは、この単純なアイデアの使用を妨害しようとして訴訟を起こした。これは、アマゾン・コムがこのアイデアを完全に独占しようとしていることを示している。これはワールドワイドウェブとオンラインeコマース一般に対する攻撃である。

ここで特許の下りたアイデアは、諸君が支払いのため、諸君を企業が識別できるようにしたものを企業が与えたというだけだ。これは新しいものではない。詰まるところ、物理的なクレジットカードでも同じ働きができる。しかし、米国特許（商標）庁は誰にでも自明でわかりきったアイデアに、毎日のように特許を与えている。ときおり結果は大惨事となるのである。」

きわめて正しい分析である。

「現在、アマゾン・コムはある大きな会社を訴えている。もしこれが二つの会社間の争いにすぎなければ、公的に重要な問題とはいえないだろう。しかし、特許はアマゾン・コムに米国（そして同様な特許をアマゾン・コムに許可するすべての国）において、ウェブサイトを運用する誰にもまさる権力――この手法のあらゆる使用を支配する権力――を与えたのである。今日は一つの企業が訴えられただけだが、この問題はインターネット全体に影響を与えるだろう。

今起きていることはアマゾン・コムだけの責任ではない。米国特許（商標）庁はとても低い基準を設定したことに責任があり、米国の法廷はそれを支持したことに責任がある。そして、米国特許法は情報操作技術や通信方式についての特許を認可している――これは一般的に有害な方針である——ことに責任があるのだ。」

これもその通りである。では、リチャード・ストールマンはどうしろというのか。「愚昧な政府の方針がアマゾン・コムに好機を与えた——しかしそれは言い訳にはならない。アマゾン・コムはこの特許を取得し、そしてそれを法廷での攻撃に使用するという選択をした。アマゾン・コムの行為の倫理的責任は、かかってアマゾン・コムの重役たちにある。

法廷がこの特許を法的に無効と認めることも期待できよう。法廷が無効と認めるかどうかは、詳細な事実とわかりくい法廷技術によるだろう。この特許は、いくぶんでも関連がある詳細な事実の山を用いて、この発明を何か巧みな物のように見せるだろう。

けれども、法廷がオンラインeコマースの自由に判決を下すのを受身で待っている必要はない。今すぐわれわれにできることがある。われわれは、アマゾン・コムとのビジネスを拒否できるのである。この特許を使って、他のサイトを脅したり束縛したりするのを止めると約束するまでは、どうかアマゾン・コムから何も買わないでほしい。（以下略）」

だいたいここまでが最初の激文の内容である。続いて、アマゾン・コムの有名な対応——「特許制度はイノベーション（革新）を鼓舞することにあります。われわれはワンクリック購買機能を開発するために数千時間を費やしました」——が出てからの感想が書いてある。どうも、リチャード・ストールマンのカリスマ性をもってしても、アマゾン・コムのボイコットは実効をあげなかったようである。それでも、さらにリチャード・ストールマンは攻撃の手を緩めない。

「訴訟が終結したのに、なぜボイコットを継続するのか?

アマゾン・コムは二〇〇二年三月に、ワンクリックチェックアウトシステムに関するバーンズ&ノーブルに対する長く続いた特許侵害訴訟は終結したと報じている。和解条件が開示されないので、これがアマゾン・コムの敗北を示していて、ボイコット終結を正当化できるかどうかを知る方法がない。そこで、われわれは諸君に対してボイコットを継続するよう鼓舞するものである。」

ラマンチャ生まれのドン・キホーテの説を聞いているような気もしないではないが、アマゾン・コムはとんでもないパンドラの箱を開けてしまったようである。

6　ティム・オライリーの公開書簡

二〇〇〇年二月二八日、オライリー書店のティム・オライリーは、アマゾン・コムのジェフ・ベゾスに公開書簡を送った。

オライリー（O'Reilly）という人はアイルランド人である。"O'"という文字で始まる名前はだいたいアイルランド人である。『風とともに去りぬ』のスカーレット・オハラ（Scarlett O'Hara）はアイルランド系を示唆している。スカーレット・オハラの農場はジョージア州のタラというところにあるが、アイルランドに行くと、ちゃんとタラという地名がある。私も行ったことがある。起伏の多い土地だ。アイルランド移民が故郷を懐かしんで付けた地名だろう。

ティム・オライリーはジェフ・ベゾスに訴えている。

「われわれは、アマゾン・コムが『ワンクリックオーダー』として認められた特許（特許番号5960411）を押し付けようとする試みを中止することを要望する。この特許は、先行する技術を適切にレビューすることなく認められたものであり、さらに仮に最終的に有効と認められた場合であっても、このように広範な特許は今後の技術革新の妨げになるだけだ、というのがわれわれの信念である。

ワンクリックオーダーとは、巧みなマーケティングスローガンである。しかし、あなたの特許は、この分野の専門家には新規性と非自明性のもっとも初歩的なテストにさえ合格しないだろう。（中略）もし、ライバルが技術を使えないようにと、広く受け入れられ、また自明な技術の特許を取得するというような近視眼的な路線を企業が選んだならば、一般の人々にとても多くの価値を生み出したワールドワイドウェブとインターネットプラットフォームの急速な革新は息の根を止められてしまうだろう。

私的な利益のためにウェブ技術の使用を制限するような無分別な特許やその他の試みは、全ソフトウェア開発と標準的なプロセスを危険な状態に置くだろう。あなたが企業防衛の目的で、無法な占拠者たちがあなたがウェブ上でビジネスを続けさせないために、そのような特許を出願する必要を感じているかもしれないことは理解している。だが、あなたがバーンズアンドノーブル・コムのワンクリック注文の使用に対して行なったように、これらの特許を攻撃的に使うならば、あなたにとってかなり成功を収めているメディアの連続的な技術革新に対して打撃を与えることになるのだ。

あなたはまた、加入プログラムに関する特許、それにオンラインeコマースに関係するいくつかの重要な特許を獲得している（特許番号６０２９１４１）。われわれは、あなたがソフトウェアの特許に関するあなたの意図を明確にするとともに、あなたがすでに認められた特許に基づいてインターネットコマースのさらなる発展を阻害することがないように、緊急に要望する。」

特許番号６０２９１４１は一九九七年六月二七日に出願され、二〇〇〇年二月二二日に認可された「インターネットベースのカスタマー照会システム」に関する特許である。この公開書簡に対しては、たちまち一万通の絶大な支持が寄せられた。あまりに多かったので、一万通を越えたところで受付は打ち切られた。ジェフ・ベゾスは当惑を隠せなかったと思われる。

7　ジェフ・ベゾスの返事

二〇〇〇年三月九日、ジェフ・ベゾスは返事を書いた。

「われわれのワンクリック特許という主題に対して、数百通の電子メールメッセージを受け取りました。九九％は礼儀正しく参考になりました。残りの一％に対しては激情にかられ色をなされたことに対して感謝します。（中略）

多くの思慮深い人々からの特許を一方的に放棄しなさいという要求にもかかわらず、私はそうすることが正しいとは信じておりません。競争上の多くの利点は、特許から来るのではなく、サービス、価格、選択などのバーを上げることから、あるいはバーを上げつづけることから来るのだというのが私の信念です。われわれはまた、われわれの特許をどのように使うかということに慎重でありつづけなければなりません。」

「つねに守って商標を失わないようにと注意しなければならない商標法とちがって、特許法はケースバイケースで重要なビジネス上の理由があるときだけ特許を守ればよいのです。」

これは、何をいいたいのか、さっぱりわからない。

「私は、われわれがわれわれの特許を放棄することが本当に最終的により大きな問題を解決するための踏み石となるのかどうか強く疑っています。しかし、われわれはお手伝いはできると思っています。われわれはいくつか高く評価されている特許をもっているので、われわれは意味のある（たぶん革新的な）特許改革を要求できる立場にあります。片付けなければならない問題はたくさん（たくさん、たくさん、たくさん）あるのですが、以下に私が思っていることのアウトラインを述べます。」

これは、単なる問題のすり替えではないかと思う。

「一、特許法は、ビジネス方法特許とソフトウェア特許が他の特許と基本的にちがうことを認識すべきです。

二、ビジネス方法特許とソフトウェア特許は、現在の一七年よりもずっと短い寿命をもつべきです。私は三年から五年を提案します。医薬品会社は臨床試験のために長い特許期間を必要としますし、込み入った物理プロセスでは道具をそろえ工場を建設しなければならないので、長い特許期間を必要とします。（しかし）とくにインターネットの時代は、良質なソフトウェアの技術革新は三年か五年でたくさんの風を受けられるでしょう。
三、特許法が改正されるときには、現在の特許がパブリックドメインに入るのに一七年も待つことなく、遡って新しい特許期間が有効となるべきです。
四、ビジネス方法特許とソフトウェア特許は、特許番号が発行される前に、短い（たぶん一月ほどの）パブリックコメント期間を設けるべきです。（以下略）」
こうした提案を議会にはたらきかけていくというのがジェフ・ベゾスのアイデアだが、実効がまったく期待できない単なる弁解か逃げに近い提案なので、きわめて評判が悪かった。何より特許は放棄しないと明言しているので、評判はよくなるわけがなかった。

8　ミッチー・ケイパーとEFF

ミッチー・ケイパーは、ロータスの創設者でありながら、その地位を他人に譲り渡して放浪をくり返し、ときおり反体制運動に身を投じる人物である。パソコンの世界は非情である。多くの才能ある人々が、次々と彗星のように登場して一瞬明るく輝くが、いつの間にか消えて再び戻ることは少ない。この原則を初めて破ったのが、ミッチー・ケイパーである。いちど消えた彗星がしばらくして戻って来ては、なんどもまたわれわれの前に姿を現わしている。

ミッチー・ケイパーは一九五〇年、ニューヨークのブルックリンに生まれた。ロングアイランド、フリーポートの公立学校に通い、一九六七年に高校を卒業し、一九七一年、エール大学の学士号を修得する。大学では、心理学、言語学、コンピュータ科学を勉強していた。とくにコンピュータの専門教育を受けたわけではない。大学時代はエール大学のＷＹＢＣ‐ＦＭという放送局で、プログラムディレクターを務めた。政治的には急進的新左翼で、超越的瞑想に凝った。

一九七〇年代に青春時代を過ごした人は多かれ少なかれ皆同じようなものなのだが、ミッチー・ケイパーの大学卒業後の経歴はめちゃくちゃである。もっとも、スティーブ・ジョブスにしても似たようなものだ。一九七一年の卒業後はコネティカット州ハートフォードのロック音楽専門の放送局、ＷＨＣＮ‐ＦＭのディスクジョッキーになった。その後、マサチューセッツ州ケンブリッジとアイオワ州フェアフィールドで超越的瞑想の教師をした。それも失業すると、コンサルタント会社のプログラマーになった。なんという職業選択法だろう。場あたり的である。また当時は、とくに素質がなくともプログラマーになれたのだからおもしろい。そして、ミッチー・ケイパーは全米・全世界へと放浪し、超越的瞑想にふけっている。そんなふうだから家庭はもちろん破綻《はたん》し、離婚した。

一九七八年、ボストンのビーコンカレッジから心理学の修士号を得た。ミッチー・ケイパーは大学が好きらしい。間歇《かんけつ》的に大学に出たり入ったりしている。一九七八年、心理学の博士課程に進むのを待つあいだに、彼はアップルⅡを買って凝った。

一九七九年から一九八〇年には、ＭＩＴのスローンスクールに進んだ。こんどは経営学である。そこでミッチー・ケイパーは、友人の大学院生のためにタイニートロールというプログラムを書いた。統合型プログラムである。名前は華々しいが、ＢＡＳＩＣで書いた寄せ集めのユーティリティプログラムである。しかし、このプログラムはけっこう当たった。そこでミッチー・ケイパーは、これを基にビジプロットとビジトレンドというプログラムを書き、ビジコープに売った。二本のプログラムは何と一五〇〇万ドルで売れた。

一九八二年、ミッチー・ケイパーは、ロータスデベロップメント社を創設した。他人に儲けさせるのはばかばかしいと思ったのである。ロータスというのは仏教の悟りを体現する蓮《はす》のことで、ミッチー・ケイパーの凝っていた超越的瞑想の延長にあった。ロータスとは、もともと反戦とマリファナとロック文化の匂いのする反体制的な傾向をもった会社だった。

ミッチー・ケイパーはロータス1-2-3を計画する。プログラミングはジョナサン・サックスが担当した。一九八二年のコムデックスで発表されたロータス1-2-3は大成功を収めた。マイクロソフトのマルチプランはロータス1-2-3の前に完敗する。このときのロータスの開発方針はとても明確だった。ＩＢＭ ＰＣの標準的なメモリーを無視し、２５６ＫＢを必要とした。ＩＢＭのパソコンだけでしか動くことを考えず、アセンブリ言語で開発する。このように絞り込みを明確にし、割り切りを明確にすれば、絶対に高速なのである。

9　ジェリー・カプラン

ジェリー・カプランは、『シリコンバレー・アドベンチャー』という本の主人公である。この人はミッチー・ケイパーと関係があり、第一章で述べたデビッド・ショウとも関係があるので、多少脱線になるが述べておこう。

ジェリー・カプランは一九五二年生まれで、シカゴ大学の歴史哲学科を卒業したのち、方向転換をしてコンピュータ分野へ進み、一九七九年にペンシルバニア大学大学院でコンピュータおよび情報科学で博士号を取得した。人工知能ＡＩの専門家になったのである。

ジェリー・カプランは、一九七九年から一九八一年までスタンフォード大学の研究員を勤めるが、一九八一年にスタンフォード大学の教授グループがつくったテクナレッジという会社の共同創設者、事業開発担当副社長を勤めた。テクナレッジはエキスパートシステムを商品化して売る会社だった。

一九八四年、ジェリー・カプランはミッチー・ケイパーに出会う。二人はたちまち意気投合し、一九八五年から一九八七年にジェリー・カプランはロータスデベロップメントに主任技術者として勤めることになる。もともと二人は外見も兄弟ではないかとときどきまちがえられるほどよく似ている。ジェリー・カプランのロータスでの仕事はＰＩＭ（パーソナルインフォーメーションマネージャ）を開発することだった。ＰＩＭはロータスからの発売に際して、ロータスアジェンダになる。

一九八七年二月、ジェリー・カプランは完成間近のロータスアジェンダについて最終打ち合わせをするため、ミッチー・ケイパーに会った。ジェリー・カプランはミッチー・ケイパーとともにボストン郊外からサンフランシスコへ飛ぶミッチー・ケイパー専用のジェット機に乗った。このジェット機の中で、手書き入力のペンコンピュータの構想が話し合われた。

ベンチャーキャピタルとの出資交渉の末、ジェリー・カプランを中心として一九八七年八月にゴー（ＧＯ）という会社が設立される。小さな会社ではあるが、華々しい出発となった。設立前後にジェリー・カプランとアップルのジョン・スカリーとの接触があり、これによってアップルのナレッジナビゲータの開発が加速する。

一九八八年七月、ジェリー・カプランはマイクロソフトのビル・ゲイツにゴーのペンコンピュータの試作機を見せた。マイクロソフトは出資はしないが、アプリケーションについてコンタクトを希望することになった。これによって、マイクロソフトのペンウィンドウズ計画が発進することになる。

その後、紆余曲折を経て、一九九四年七月にペンコンピュータのすべては消えてなくなった。ずっと長い断絶ののち、ペンコンピュータではないが実用的に成功した機械がある。それがアップルのアイフォーン（iPhone）だ。キンドルやアイパッド（iPad）もこの流れに入れてよいのかもしれない。

10　電子フロンティア財団EFF

ミッチー・ケイパーは一九八二年から一九八六年、ロータスの社長（会長）で最高経営責任者を務めるが、すぐに仕事に飽きる。そして、ジム・マンジに職を譲り、パソコンの世界から姿を消す。

姿を消したミッチー・ケイパーは、一九八六年から一九八七年、ロータスアジェンダの開発に熱中し、ＭＩＴの認知科学センターの客員研究員、同じくＭＩＴの人工知能研究所の客員研究員となる。さらに一九八七年から一九九〇年、オンテクノロジーの会長兼最高経営責任者となり、ワークグループコンピューティングのソフトウェアアプリケーションの開発にかかわる。ゴーのペンコンピュータにも外面的援助をするが、必要以上には近寄らない。

一九九二年から一九九三年にかけて、ミッチー・ケイパーはＭＣＣＴの会長となり、ＮＩＩ（全米情報基盤）アドバイザリーカウンシルに名を連ねる。インターネット関係では、パフォーマンスシステムインターナショナルとＵＵネットテクノロジーに出資している。また、プログレッシブネットワークスの取締役会に参加した。お金がたくさんあるから何でもできる。でも、やっていることはちぐはぐで一貫性がない。

この時期、ミッチー・ケイパーがやったなかでいちばん成功したのは、一九九〇年の電子フロンティア財団ＥＦＦの設立だ。ミッチー・ケイパーは、ジョン・ペリー・バーロウ、ジョン・ギルモアらとともに、電子フロンティア財団を共同で設立した。ミッチー・ケイパーは一九九四年まで議長を務めた。

11　ブルーリボンはためく

一九九六年二月八日、クリントン大統領は「一九九六年の電気通信法」に署名し、この法律が発効することになった。これは、一九三四年の通信法を六二年ぶりに改正したものである。一九九六年の電気通信法は、あえて独占禁止法の精神を緩め、長距離電話事業、地域電話事業、ＣＡＴＶ事業、放送事業での規制を大幅に緩和し、競争を促進し、来たるべき情報スーパーハイウェイ時代への基盤を構築することに主眼があった。その意味では、かなり野心的な法案なのである。

ところが、この法案のなかには、インターネットでの情報発信に一部規制を加えるような箇所があった。ポルノ、堕胎、わいせつ、暴力などが規制対象のおもなものである。これに対して、一般の書店や図書館で合法的に入手できるようなコンテンツが非合法となることは許せない。インターネットの検閲には断固反対するとして各団体が立ち上がり、コンテンツ提供業者は二月八日木曜日を「暗黒の木曜日」とよんで、画面の背景を黒にして抵抗運動を展開した。

市民の権利を守るための抵抗の印として選ばれたのが、ブルーリボンだった。じつはこのブルーリボンを選んだのがミッチー・ケイパーである。ミッチー・ケイパー率いるEFFと米国市民自由連合や他の市民グループは、言論の自由という基本的人権の擁護のために、四八時間のあいだ、ブルーリボンを付けるか、画面に表示するように求めた。抗議のゼネストの呼びかけのようなものだ。この呼びかけに呼応する動きは燎原の火のように広がった。「フリースピーチ・オンライン・ブルーリボンキャンペーン」という表示とブルーリボンが黒い背景の中にはためいていたのを、何ごとかと思って見た人も多かったにちがいない。

二月一六日、フィラデルフィアの連邦地裁は、「通信の品位に関する法律」には言論の自由を侵害する恐れがあるとして、その適用を一部差し止める仮処分を決定した。抗議行動は緩和され、黒い画面は姿を消した。

二〇〇四年四月二一日、電子フロンティア財団EFFは、ソフトウェアやインターネットで基幹技術とされる種々の技術の権利を押さえている特許を無効にするための運動を展開しようと呼びかけた。対象となる特許には、アマゾン・コムのワンクリック特許などが含まれていた。ブルーリボン再びか、と思われたが、少し遅かった。何よりタイミングを失した。やはり、指導者にミッチー・ケイパーを欠いた運動はそれほど強くなかった。

12　アマゾン・コムの裁判はどこまでも続く

二〇〇五年一一月二一日、連邦巡回控訴裁判所で、ＩＰＸＬホールディングス有限責任会社（以下、ＩＰＸＬと略す）がアマゾン・コムとの訴訟に関するバージニア州東部地方裁判所の判決を不服として控訴していた裁判の判決があった。ＩＰＸＬは、アマゾン・コムのワンクリック特許がＩＰＸＬのもつ米国特許６１４９０５５（以下、０５５特許）「電子ファンド転送または取引システム」のクレームのいくつかに抵触するとして訴えていたのである。

二〇〇四年八月、バージニア州地裁はアマゾン・コムのシステムはＩＰＸＬの０５５特許には抵触しないとした。本件は「例外的な」であるとして、地裁は、特許法第２８５条に基づき、ＩＰＸＬがアマゾン・コムに対し弁護士費用を支払うように命じた。

ＩＰＸＬの０５５特許は、ＡＴＭ（現金自動支払機）やＰＯＳ端末のような電子ファンド転送システムのような電子金融取引を実行するシステムのためのものである。０５５特許のエッセンスは、システムが、ユーザーが以前に定義した情報を保存しておき、ユーザーが取引を選択すると単一の画面にユーザーへの情報が表示されるというものである。このようにして、システムは少ないステップで金融取引を実行できることにある。

地裁は、略式判決により、アマゾン・コムのワンクリックシステムは、０５５特許の電子金融取引、保存された取引情報、単一画面というクレームの限定を満たしていないとした。さらに、０５５特許には米国特許5389773という先行技術があり、新規性が認められず無効であるとした。

連邦巡回控訴裁判所は、055特許のクレームは先行技術が存在する以上、無効とした地裁の判決を一部破棄し、審理を地裁に差し戻した。この判決は、はっきりしない判決で、要するにアマゾン・コムの特許とIPXLの特許が無関係であるとしただけで、特許判断には踏み込んでいない。ただし、アマゾン・コムの特許にも冷淡な感じがある。

13　突如現われたピーター・カルバリーの一撃

一九九八年七月二三日の連邦巡回控訴裁判所の判決によって、ビジネス方法特許が洪水のように溢れ出したことは前にも述べた。行き過ぎが目立ち、いろいろな反省が出た。ここに不思議な人物が登場した。その名をピーター・カルバリーという。この人はニュージーランド出身の俳優で、映画「ロード・オブ・ザ・リング」のモーション俳優である。コンピュータグラフィクスをつくるためには、参考にする人間の動きが必要になるが、そのための動きをする俳優である。新しい職業といえるだろう。

ピーター・カルバリーは二〇〇六年二月一六日、アマゾン・コムが一九九八年に特許を取得したワンクリック特許（米国特許5960411）について見直しを行なうよう米国特許商標庁USPTOに申請した。ピーター・カルバリーは特許請求項の全26項のうち、11、14、15、16、17、21、22項の見直しを求めたが、米国特許商標庁は11～26項、さらに1～5項まで、つまり26項中21項を無効とみなした。

ピーター・カルバリーは自身のブログで呼びかけて集めた資金を、再審査請求費用二五二〇ドルに充てた。完全に草の根の運動なのである。ピーター・カルバリーがアマゾン・コムの特許に疑問を持ち、再審査を求めようと思ったきっかけは、アマゾン・コムに発注した本の到着が遅延したことだったという。事の顛末についてはピーター・カルバリー氏が自身のブログに記しているが、奇奇怪怪な幕引きといわざるをえない。

ただし、特許の登録状況を調べればわかることだが、アマゾン・コムはこれに懲りることなく、現在に至るまでせっせとさまざまな特許の申請を続けている。そして、年次報告書を読めばわかることだが、アマゾン・コムに対する訴訟は絶えることなく毎年増加している。法務費用はしだいに膨大なものになっていると推測される。

14　ＳＮＳの特許も獲得してしまったアマゾン・コム

ソーシャルネットワーキングシステム（ＳＮＳ）をご存知だろうか。これまでコンピュータとインターネットの業界は、マイクロソフトに次いでグーグルが牽引してきた。しかし、今は五億人のユーザーを抱えるＳＮＳのフェイスブックが先頭に立っている。

ＳＮＳは交流サイトと訳されることもあるが、ソーシャルダンスが社交ダンスと訳されたように、ソーシャルの意味は社交に近い。とくにフェイスブックは、ハーバード大学の学生が、デートの相手を見つけたり、好きな異性が選択している講義を調べて接近したりできるように、という動機でつくられている。

フェイスブックは、ハーバード大学というエリート集団で生まれている。普及が始まっても、超一流の大学をターゲットとしていたため、フェイスブックに参加できることはステータスであった。それがだんだんと輪を広げていった。世界中に広がった今でも、途上国ではフェイスブックに参加できることはエリートの証であり、ステータスである。フェイスブックに参加できないというのはエリートでない、という考え方すらあった。フェイスブックは社交ネットワーキングシステムとして生まれたが、それが途上国では社会ネットワーキングシステムとして変貌を遂げた。

二〇〇八年、コロンビアで左翼ゲリラのコロンビア革命軍の誘拐戦術に反対する抗議運動がフェイスブックでの呼びかけで起きた。コロンビアの首都ボゴタでは二〇〇八年二月四日、三〇万人が抗議運動に参加し、街を埋め尽くした。写真を見ると壮観である。このとき、フェイスブックの情報伝達力と動員力は、反体制運動の武器となる可能性を生んだ。

二〇一〇年一二月、チュニジアでベンアリ大統領の長期独裁政権に反対するデモがフェイスブックでの呼びかけで始まり、翌年一月にはベンアリ大統領は国外に脱出した。フェイスブックによって革命が起きたのである。この動きは一挙に北アフリカ全土に広がり、イエメン、エジプト、リビア、シリアでもフェイスブックによる呼びかけで長期独裁政権に対するデモが起きた。まさにデートの武器が、革命の武装蜂起の武器に変質したのである。

先進国では、ＳＮＳの巨大化はきわめて美味しいお金儲けのチャンスを生む。フェイスブックの市場価値は四兆円を超えるといわれている。株式が上場されれば一獲千金のチャンスである。ここでまた、アマゾンが登場してきた。何と驚くべきことに二〇一〇年六月一五日、アマゾンテクノロジーズが米国特許７７３９１３９としてＳＮＳの特許をとってしまったのである。

アマゾンのＳＮＳの特許の概要は以下のようである。原文は少し硬いので補足する。

「(ソーシャルネットワーキングシステムＳＮＳとは) ユーザーが他のユーザーの場所を特定したり、コンタクト関係を確立するのを補助するための多様なサービスを提供するネットワーク化されたコンピュータシステム (である)。

たとえば、(ＳＮＳの) ある具体化においては、特定の学校や組織へ加入しているかどうかに基づいて、他のユーザーを識別できる。

このシステム (ＳＮＳ) はまた、あるユーザーが別のユーザーとのコンタクト関係やコネクションを選択的に確立し、別のユーザーが (呼び出し側の) ユーザーの個人情報を見る許可を与えるメカニズムを提供する。

このシステム (ＳＮＳ) はまた、ユーザーがそれぞれのコンタクトを識別する機能を持てる。加えて、このシステム (ＳＮＳ) は、自動的にユーザーにそれぞれのコンタクトによって行なわれた個人情報の更新を通知できる。」

これはＳＮＳそのものである。フェイスブックも二〇一〇年二月二三日、米国特許７６６９１２３としてソーシャルネットワークのユーザーに関するニュースフィードをダイナミックに提供する方法として特許を持っている。また、フェイスブックは二〇一〇年一一月二日にソーシャルネットワークのメンバーに対してパーソナライズされたストーリーのフィードを生成する方法という特許を持っている。

しかし、アマゾンの特許はＳＮＳそのものであって、ずっと包括的である。この特許を与えてしまった米国特許局の判断には疑問を抱かずにはおれない。さきざき大問題となるだろう。

アマゾン・コムは、今もコツコツとあらゆる特許申請を書いているのだろう。

第9章　勢いを増すアマゾン・コム　連続する企業買収

一九九五年七月一六日に開店したアマゾン・コムは、「地球最大の本屋」をうたっていた。実際には資金がショートしつつあり、完全な自転車操業であった。

ところが、一九九七年五月一五日の株式上場によって、アマゾン・コムは膨大な資本を手にした。膨大な資本を手にしたアマゾン・コムはすぐさま巨大化を志向するようになる。アマゾン・コムの取り扱い商品は、本だけではなくなる。アマゾン・コムは「地球最大の本屋」でなく、別の表現「地球最大の選択を提供する会社」や「地球最大のカスタマー中心の会社」を使うようになった。

アマゾン・コムは、会社組織を北米とインターナショナルの二つに分けた。この二つの分野でアマゾン・コムは次々にいろいろな会社を買収したり投資したりして勢力を拡大していくのである。

1　欧州進出と本以外の分野への進出の始まり

一九九八年四月二七日、アマゾン・コムは、ブックページズとテレブックとＩＭＤＢの三社を買収した。五五〇〇万ドルと株式で払われた。この買収は、ブックページズとテレブッフのグループとIMDBのグループの二つに分けて考える必要がある。

ブックページズとテレブッフはアマゾン・コムの欧州進出の橋頭堡となる。ブックページズは英国最大のオンライン書店であり、これが一九九八年一〇月、アマゾン・コムの英国部門amazon.co.ukになる。配送センターは英国のスラウに設立された。また、テレブッフはドイツ最大のオンライン書店であり、これが一九九八年一〇月、アマゾン・コムのドイツ部門amazon.deになる。配送センターはドイツのレーゲンスブルグに設立された。フランスへの進出は少し遅れて二〇〇〇年八月二九日からである。

一方、IMDBはインターネットムービー・データベースの略である。インターネット上の映画とテレビの情報を蓄積していた。IMDB買収の意義は、本以外のDVD、CD、ビデオの分野への進出を開始したことにある。実際、一九九八年六月にアマゾン・コムは音楽分野への進出を発表した。アマゾン・コムは猛烈な勢いで先行企業を追い抜き、一〇月には早くもオンラインの音楽小売業で最大の業者になった。さらに一九九八年一一月、アマゾン・コムはVHSとビデオ販売を開始した。

一九九八年八月、アマゾン・コムは、マサチューセッツ州ケンブリッジのプラネットオールを運営しているセージエンタープライズ社を買収した。ウェブベースのアドレスブック、カレンダー、リマンディングサービスである。一九九九年初めにプラネットオール社はシアトルに移された。同月、アマゾン・コムは、カリフォルニア州サニーベールのジャングリーコーポレーションを買収した。ジャングリーコーポレーションは、オンラインショップでの何百万という商品の中から商品を発見し選択できるようなデータベース技術であるソフトウェアエージェントを開発している。これによってショップザウェブというサービスが提供されることになった。

2　ネットバブルの到来と転換社債による資金調達

『新賢明なる投資家』（既出）には次のように書いてある。

「（一九九八年末、ＣＩＢＣオッペンハイマーのアナリストだった）ヘンリー・ブロジェットは、将来の成長の可能性だけに言及し、アマゾン・コムの「株価目標」をいきなり、一五〇ドルから四〇〇ドルに引き上げたのである。その日、アマゾン株は一九％急騰し――ブロジェットがそれは向こう一年間の目標だったのだと抗議したにもかかわらず――、その四〇〇ドルをわずか三週間で達成してしまった。」

実際には、四〇〇ドルでなく、三五〇ドルだったという説もある。チャートの読み方のちがいである。どちらにせよ、大差がない。それに、チャートは株式の分割があると補正が加えられてしまうので、当時の新聞を丹念にあたらないかぎり本当の株価はわからなくなってしまう。このころ、アマゾン・コムの株主がアマゾン・コムの株を保有していた平均日数は一三日であったという。短期間で、とんでもない儲けを手中にする人が増えていたのである。ネットバブルであった。

一九九九年一月、アマゾン・コムは転換社債を発行して五億ドルの資金の調達をめざした。転換社債は、株式によって資金を集める方法とはちがって地味な資金集めの方法だが、大規模な資金調達ができる。転換社債については、ローレンス・マグドナルド、パトリック・ロビンソンの『リーマン・ブラザーズはなぜ暴走したのか』（峯村利哉訳、徳間書店、二〇〇九年）に詳しい。この本をすんなり読むには、ケン・オーレッタの『ウォール街の欲望と栄光』（永田永寿訳、日本経済新聞社、一九八七年）を読んでおくとよい。ローレンス・マグドナルドの本で簡単にふれている部分がよくわかる。時系列的にはつながっているのである。

ローレンス・マグドナルドの本の主題はリーマン・ブラザーズの破綻なのだが、関係する専門的な用語をきわめてわかりやすく説明している。たぶん、パトリック・ロビンソンがついているからだろう。一般常識として読んでおいてよい本だ。ただし、日本語訳はかなりこなれた自由な訳である。ここでは私が少し直訳風に戻した。

「突然、ウォールストリートジャーナルのグレッグ・ズッカーマンから私に電話がかかってきた。数時間後に発行される新しいAmazon.com の社債のすべてを知りたいと言ってきたのだ。翌朝、ウォールストリートジャーナルを開いて、金融と投資のセクションのC1というフロントページをめくると、『アマゾン・コム、世界の本屋』という特集記事が目に飛び込んできた。記事の焦点は、アマゾン・コムの新しい社債にあてられていた。史上最大規模の一つとなるこの新規発行は、機関投資家向けに限定されており、フィデリティパトナムやヴァンガードのような会社だけを対象として販売されていた。」

アマゾン・コムの一九九九年の年次報告書を見ると、原文は Convertible Subordinated Notes であり、ローレンス・マグドナルドは転換社債（Convertible Bond：最近の日本では商法が改正され、転換社債型新株予約権付社債という。長すぎてあまりよい用語ではない）と言っている。厳密にいうと、ローレンス・マグドナルドの原本自体、少しニュアンスがちがっているのかもしれない。

ところが、アマゾン・コムの五億ドルの調達目標に対して三〇億ドルの買い注文が殺到し、発行額を一二億五〇〇〇万ドルに引き上げた。利率は四・七五％、償還期限は二〇〇九年である。米国債権史上、最大規模の転換社債の発行となった。ともあれ、アマゾン・コムは転換社債による資金調達で大成功したのである。

世界一の投資家ウォーレン・バフェットは、ハイテク株はわからないとして、けっしてハイテク株を買わない人として有名だ。自分に理解できない分野にはけっして手を出さないのである。ウォーレン・バフェットのインターネットの利用法は、ウォールストリートジャーナルを読むこと、オンラインでブリッジゲームをやること、アマゾン・コムから本を買うこと、だけだった。メールでさえ秘書に打たせていた。ところが、ウォーレン・バフェットでさえ、アマゾン・コムの債権を四億九五〇〇万ドル購入し、アマゾン・コムの債券保有者第一位となった。

3　アマゾン・コムの戦線拡大と打ち続く買収・投資

一九九九年からのアマゾン・コムは、本というジャンルの壁をつきやぶって、地理的にも取扱品にも拡大を続けはじめた。そうしたなかで、アマゾン・コムは、バーンズ・コムに続く仮想敵を設定していた。それはイーベイであった。一九九九年三月、アマゾン・コムは自社のオークションサイトを開設した。これはインターネット最大のオークション業者イーベイに対抗するものであった。当時、イーベイのオークション市場占有率は七〇％といわれていた。

これに先立つ一九九九年二月、アマゾン・コムは、ドラッグストア・コムの株式の四六％を取得した。オークション市場のためである。ドラッグストア・コムは、マイクロソフトの元取締役のピーター・ニューバートが率いる会社である。ただし、この会社の株式を取得したときの記者発表文は見あたらない。アマゾン・コムの記者発表文にドラッグストア・コムが登場するのは、二〇〇〇年一月の追加投資のときになってからである。

続いて、アマゾン・コムは一九九九年三月、カリフォルニア州パサデナの動物ペット専門会社、ペッツ・コムの株式を五〇％獲得した。ペッツ・コムは一九九八年八月に設立され、一九九九年二月に上場したばかりの企業であった。ペッツ・コムは、宣伝戦略の分野でとても成功し人目を引いたが、肝心のビジネス戦略があやふやで、あらゆる部門で損失を出しつづけた。ネットバブルの崩壊で二〇〇〇年一一月に破産してしまった。アマゾンは持株を売却したが、相当の損失を出したことは確実である。ジェフ・ベゾスの買収戦略が、ずさんな一面を持っていたことを証明する一例である。

一九九九年四月、アマゾン・コムは、シアトルにあるライブビッド・コムを買収した。ライブビッド・コムは、インターネット上のライブイベント・オークション（競売）企業である。アマゾン・コムの戦略の中心がオークション市場にあることは明確である。同月、アマゾン・コムは、ビブリオファインド・コム、ミュージックファイル・コムをもつエクスチェンジ・コムを二億ドルの株式で買収した。

エクスチェンジ・コムは骨董品や入手しにくい古書を扱っていた。ビブリオファインド・コムは九〇〇万冊以上の見つけにくい古書のデータベースを持っていた。ミュージックファイル・コムは三〇〇万点以上の見つけにくい、入手困難な音楽などを持っていた。この取引は、アマゾンの古本部門の強化に目的があった。

このとき、アマゾン・コムは、さらに非上場のアクセプト・コムとアレクサインターネット社を取得していた。アクセプト・コムは、個人対個人（P2P）、企業対消費者（B2C）のインターネット取引を簡素化するソフトウェアを開発していた。アレクサインターネット社は、どのサイトをユーザーが訪問しているかを追跡し、その訪問者が興味を抱きそうな他のサイトを知らせるようにプログラムされたウェブナビゲーションサービスを提供していた。アマゾン・コムは、後述のA9・コムに技術的支援をすることになる。

4　食料品、スポーツ用品、工具、宝飾品までも

一九九九年五月、アマゾン・コムは、ホームグローサー・コムの株式の三五％を四二五〇万ドルで取得した。ホームグローサー・コムは家庭向け食料品を販売し、宅配していた。営業地域は、シアトル、ワシントン、ポートランド、オレゴンなどである。ここに至って、アマゾン・コムは食料品にまで手を伸ばし、大きく変質することになった。

一九九九年六月、アマゾン・コムは、ニューヨークに本拠を置くオークションの名門、サザビーと

の提携を発表した。アマゾン・コムはサザビーの株一〇〇万株を三五・四四ドルで買った。さらに、今後三年間のワラントで一株一〇〇円で一〇〇万株を購入することになった。全部で四五〇〇万ドルの投資である。高級アンティーク品のオークション市場を狙ったのである。

一九九九年七月、アマゾン・コムは、ギア・コムの株式の四九％を取得した。ギア・コムは、ブランド物のスポーツ用品を格安で提供していた。さらに、オークション市場に投資したのである。

一九九九年一〇月、アマゾン・コムは、ツールクリブを買収した。ツールクリブは、家庭用の工具と部品を扱っていた。二〇〇〇年二月にツールクリブ・アマゾン・コムとなる。

同月、アマゾン・コムは、コンバージェンスコーポレーションを二三〇〇万ドルで買収した。コンバージェンスコーポレーションは、ワイヤレスデバイスのインターネットへの接続ソフトを製作していた。この会社が「アマゾン・コムどこでも」というワイヤレス機器からのショッピングを可能にした。また、アマゾン・コムは、マインドコープス・インクを買収した。ウェブサイト用アプリケーションをつくっていた小さな会社である。

一九九九年一一月、アマゾン・コムは、バージニア州ヘルンドンのバックトゥベイシックス・トーイズを買収した。バックトゥベイシックス・トーイズは、クラシックなベーシックな玩具をつくっていた。この会社は二〇〇三年に売却される。

一九九九年一二月、アマゾン・コムは、アシュフォード・コムの株式の一六・六％を一〇〇〇万ドルで買収した。アシュフォード・コムは、宝飾品やレザー製品を販売していた。

二〇〇〇年一月　アマゾン・コムは新しい千年紀を迎えて、ロゴマークにひねりを加えた。

勢いに乗るアマゾン・コムの買収と投資の攻勢は続く。この月、アマゾン・コムは、コズモ・コムの株式の二三％を六〇〇〇万ドルで購入した。この会社は変わった会社で、ＤＶＤのレンタルを頼むと、スターバックスコーヒー店に一時間以内にＤＶＤを配達するというものだった。自転車を使えば可能といわれていたものの、もともとビジネスモデルに無理があった。ネットバブルの崩壊で二〇〇一年三月、真先に破産してしまった。この件でのアマゾン・コムの損失はかなり大きなものだった。

アマゾン・コムのライバルのバーンズ＆ノーブルの店舗にはスターバックスが入っているところがある。そこにアマゾンの箱に入ったＤＶＤを届けに行くというのは、悪い冗談というか、商業道徳的にもどんなものだったろうか。

同月、アマゾン・コムは、グリーンライト・コムの株式の五％を取得した。グリーンライト・コムは、オンラインでの車購入会社である。ついに車も買えるようになった。また同月、アマゾン・コムは、オーディブル・インクの株式の五％を購入した。オーディブル・インクは、音声版の本や新聞や雑誌などのコンテンツをインターネット上で提供するサービスを展開している。

二〇〇〇年二月、アマゾン・コムは、家具のリビング・コムの株式の一八％を購入した。さらに、アマゾン・コムはリビング・コムから、アマゾン・コムのホームリビングストアでの独占販売権と引き換えに、五年間で一億四五〇〇万ドルを受け取ることになっていた。

同月、アマゾン・コムは、グレッグマンニングオークションズの株式を五〇〇〇万ドル分購入した。グレッグマンニングオークションズは、オンラインオークションとオンラインでの小売を生業としている。とくに、中国でのオンラインｅコマースとインターネットのビジネスチャンスを活かしたいとしていた。

二〇〇〇年四月、アマゾン・コムは、ワインショッパー・コムの株式を三〇〇〇万ドル分購入した。カリフォルニアに限ってワインを提供していた。

この時期に買収したエレクトロニクス、ツール、キッチンビジネス関係の会社は、当初赤字を出しつづけたという。

5　ネットバブル崩壊

こうして、勢いのよかったアマゾン・コムの買収戦略は、二〇〇〇年前半のネットバブル崩壊とともに二〇〇一年ごろ急速にスローダウンしていく。『新賢明なる投資家』（既出）には次のように書いてある。

「二〇〇〇年三月から二〇〇二年一〇月にかけて、米国の株式市場は五〇・二％、すなわち七兆四〇〇〇億ドルという、大恐慌以来最大の下げ幅を記録」

「二〇〇〇〜二〇〇一年にかけて、アマゾン株とクアルコム株は、累計でそれぞれ八五・八％、七一・三％下落した」

アマゾン・コムの社員第1号のシェル・カファンは、アマゾン・コム草創の時期に活躍し、一九九七年一月一四日付けのインセンティブ（報奨）ストックオプションで七〇万九五六八株を〇・〇〇一四七一ドルで購入する権利を与えられた。計算が楽なように七〇万株としよう。また、一株〇・〇〇一四七一ドルで買ったとしよう。すると、約一〇〇〇ドルだ。嘘のように安い。一ドル一〇〇円とすると一〇万円だ。アマゾン・コムの給料がどんなに安くても買えない価格ではない。これが、とんでもなく値上がりする。

一九九八年六月二日にアマゾン・コムの株式を持っていれば、「2フォー1」の権利がついた。日本式の言い方だと一〇割無償である。七月二日に持株が二倍になる。七〇万株が二倍になり、一四〇万株になる。

一九九八年一二月一八日にアマゾン・コムの株式を持っていれば、3フォー1の権利がついた。二〇割無償である。一九九九年一月五日には持株が三倍になるということだ。元から考えると七〇万株が六倍になり、四二〇万株になる。一株が五〇ドルとすれば二億一〇〇〇万ドルである。実際の長者番付の記録では二億三六九〇万ドルである。

一九九九年八月一二日、2フォー1で株式が分割された。再び一〇割無償で、持株が二倍になるということだ。四二〇万株が二倍になり、八四〇万株になる。一株の値段が一〇〇ドルとすれば八億四〇〇〇万ドルだ。実際の長者番付の記録では八億八九〇万ドルである。一株一〇〇円なら八〇〇億円である。

株の値段をどの時点で計算するかで計算結果がちがってくる。また株式を分割すると、値を調整するので、今から見ると何分の一かに見える。当時、アマゾン・コムの株は一株一〇〇ドルでなく四〇〇ドル近くまでいった。こんな笑いが止まらないことがあろうか。まさにネットバブルである。引退して一生寝て暮せる。これがアメリカ人の夢、アメリカンドリームというやつである。

どうして、ジェフ・ベゾスはシェル・カファンに七〇万株もストックオプションを与えたのだろうか。当然、よく働いてくれたからというのも考えられる。それでも株数が多すぎる。たぶん、アマゾン・コムの資金が尽きかけたとき、資金を提供して共同経営者にならないか、というような話があったのではないかと思う。いずれわかることだろう。

さて、株の恐ろしいところは値下がりがあることだ。ネットバブル崩壊でアマゾン・コムの株もいちばん下がったときは一株六ドル台に落ちた。八〇〇億円が二四億円になったのである。七七六億円が消えた。それでも贅沢をしないかぎり、また人に騙されないかぎりは、一生寝て暮せそうなものだが、だいたいの人間はみな贅沢をし、人に騙される。シェル・カファンはどうなっただろうか。余計なことだが、これもいつか結果だけ知りたいところだ。

二〇〇〇年八月一五日にはリビング・コムが破産した。二月に提携したばかりであったから、驚きであった。これはたぶんアマゾン・コムにとってはショックであっただろう。以後、アマゾン・コムは買収や戦略的提携を手控える。二〇〇一年は四件だけに減少する。一一月にアマゾン・コムは、カタログシティ・コムの株式五〇〇万ドルを購入した。カタログシティ・コムは、カタログ製品と扱者へ簡単にアクセスできるような技術を提供する。

続いて二〇〇一年一二月、アマゾン・コムは破産したエッグヘッドを六一〇万ドルで買収した。さらにアマゾン・コムは、アワーハウス・コムとCDナウと提携する。これで終わりである。二〇〇三年には買収はなくなる。バブル崩壊の影響は大きかった。しかし、おもしろいことに二〇〇三年にアマゾン・コムは五二億六四〇〇万ドルを売り上げ、一九九七年以来初めて三五二八万億ドルの利益を出したのである。

6 イーベイの創立者ピエール・オミディア

インターネット関連では、次々にベンチャー企業が消えていった。そんななかでeBay Inc.（以下、イーベイと略す）は最初から利益を出して、売上げも順調に伸ばしてきた。このイーベイを創立した人物が、ピエール・オミディアである。

ピエール・オミディアは、一九六七年にフランスのパリで生まれた。オミディアという名前からわかるように、イラン系である。ピエール・オミディアはパリで生まれ育った。

一九七四年、ピエール・オミディアが六歳のとき、一家は米国のメリーランド州ベセスダに移住する。父親は、メリーランド州のジョンズホプキンス大学にあるメディカルセンターに勤務していたという。移住許可が出たのは、父親が医者であったことも有利に作用しているのだろう。二歳のときに両親は離婚したが、それでも両親は近くに住んでいた。ピエール・オミディアは、子どものころからコンピュータに親しんでいた。学校の図書館に置く索引カードを印刷するプログラムを書くため、時給六ドルで雇われたこともある。

一九九八年、ピエール・オミディアは、マサチューセッツ州のタフツ大学コンピュータ科学科を卒業した。そのころ、ピエール・オミディアは、ハワイから生化学の学位を取得するためにやってきたパメラ・ウェズレイと出会った。その年の夏、二人は連れ立って西海岸のサンフランシスコ湾岸地域に移った。

一九九二年、ピエール・オミディアは三人の友人と共同で、オンラインeコマースを専門とするインクデベロップメント社を設立した。これが、のちにeShop社になったが、一九九四年にマイクロソフトへ売却された。その後、ピエール・オミディアはアップルの子会社クラリスに勤め、コンシューマ用のアプリケーション「マックドロー」の開発者になっている。マイクロソフトがインク社を買収したため、クラリス社を出て、ジェネラルマジックに勤めた。

7 PEZに関する伝説とイーベイの立ち上げ

ピエール・オミディアのフィアンセとなったパメラ・ウェズレイは、PEZディスペンサーを集める趣味を持っていた。PEZディスペンサーとは、キャンディ菓子の容器である。PEZには人形の首が付いたものなどいろいろなディスペンサーがあるため、興味のある人にとってコレクションの対象になる。写真を見れば「ああ、あれか」と納得されるだろう。ところが、サンフランシスコ湾岸地域ではPEZディスペンサーを交換してくれる人を見つけるのはむずかしい、とパメラがこぼした。このことがふつうイーベイの起源とされているが、ピエール・オミディアは伝説にすぎないと言っている。この話は広報担当マネージャーが創作したつくり話であったことが確認されている。

そこで、ピエール・オミディアはプログラムコードを書いて、一九九五年九月のレイバーデイにオークションウェブを立ち上げた。マーケティングについてはとくに何も行なわず、NCSA（スーパーコンピューティング・アプリケーションの全米センター）のサイトに、オークションウェブという名前を登録しただけだったという。つまり、ユーザーへの他力本願であったのである。ふつうはこれだけでは成功しないものだが、オークションウェブの場合はうまくいった。時代がインターネット上での競売の場を求めていたからであろう。ユーザーのほうからサイトへやってきてくれたのだった。

オークションウェブの競売用サイトは、ピエール・オミディア個人のホームページにつくられた。オークションウェブは当初無料であったが、トラフィックが混雑して運営するのに月二五〇ドルかかるようになったため、有料化されることとなった。とはいえ、最初はノミネート料に一〇セント、売れた場合に一％と、まことにつましいものであった。それでも、初めの月には総計一〇〇〇ドルが振り込まれたという。事業の最初から黒字であったという説もあるが、黒字転換は一九九六年三月になってからという説もある。しかし、会社の収入は倍々ゲームで増えていき、事業の早期から黒字であった。オークションウェブは、やがてイーベイへと名前を変えた。

8　偶然の帝国、運も実力である

イーベイこそ偶然の帝国といった感が強い。ともかく会社が成功したので、一九九六年五月に会社は法人化され、ピエール・オミディアはジェフ・スクロールを社長として雇った。ジェフ・スクロールはスタンフォード大学の経営学修士で、ナイトリッダーのｅコマース部門で働いていた。

会社が成功したといっても、働いているのはピエール・オミディアとジェフ・スクロールの二人だけだった。ピエール・オミディアのアパートをオフィスとしていたが、パメラ・ウェズレイから文句が出て、オフィスはジェフ・スクロールのアパートに移転したという。イーベイが社員を雇うようになってから、サニーベールのインキュベーションセンターに移動した。とても倹約な会社であった。

僥倖によるところも大きかったが、ピエール・オミディアは努力もした。料金体系の設定やフィードバックフォーラム、メッセージボードの設置によってコミュニティ文化をつくり出し、利用者にとって親しみやすいものにした。その結果、当時アマゾン・コムの月あたりの平均滞留時間が一三分なのに対して、イーベイでは一時間四五分といわれるほどになった。

一九九七年、イーベイはベンチャー資本のベンチマークキャピタルのダン・レビーに電話して、資金として四五〇万ドルを引き出した。引き換えにイーベイの株式二二%が引き渡されたという。これはイーベイに資金が不足したというよりも、ライバル企業のオンセールとオークションユニバースに対抗するための経営上のアドバイスがほしかったからだという。一九九七年七月、社名が正式にイーベイになった。

9　女帝メグ・ウィットマンの社長就任

ベンチャーキャピタルの助言によって、一九九八年三月にイーベイは社長兼CEOとしてメグ・ウィットマンを雇う。メグは愛称で、正式にはマーガレットである。メグ・ウィットマンは一九五六年八月四日、ニューヨーク州ロングアイランドのコールドスプリングハーバーに生まれ育った。一九七七年にプリンストン大学経済学部を卒業した。

初めは医学を志していたが、ひと夏、大学新聞でアルバイトをしたことがきっかけとなって、経済学に志望を変更したという。ウォールストリートジャーナルのような高級な経済新聞を読む、一風変わった女子学生であった。一九七九年、メグ・ウィットマンはハーバードビジネススクールでMBA（経営学修士号）を取得し、出世のパスポートを手に入れた。

一九七九年から一九八一年のあいだ、メグ・ウィットマンはシンシナティのP&G（プロクターアンドギャンブル）社のブランド管理部門で働いた。一九八九年から一九九二年には、ウォルトディズニー社でディズニーのコンシューマ製品部門における上級副社長を務めている。続いて、一九九三年から一九九四年にストライドライト社へ移り、マンチキンという幼児用シューズの部門を設立し、同社のブランドと小売店舗の位置づけをやり直した。さらに、一九九五年から一九九七年のあいだ、FTD（フローリスト・トランスワールドデリバリ）の社長兼CEOを務めた。FTDとはむずかしそうな社名だが、花の宅配サービスである。そして一九九七年には、玩具やゲームを扱っていたハスブローの未就学部門におけるジェネラルマネージャーになった。

このように多様な経験をもつので、イーベイの社長兼CEOには最適と思われたのだが、移籍は簡単ではなかった。メグ・ウィットマンには夫も家族もあり、そう簡単に西海岸へ移ることができなかったからである。夫はグリフィス・R・ハーシュというマサチューセッツ州の神経外科医であった。ところが一九九七年、西海岸のスタンフォード大学医学センターの神経外科部門に就職できたので、一九九八年三月、メグ・ウィットマンもイーベイに移籍することが可能になった。

メグ・ウィットマンが社長兼CEOに就任すると、一九九八年九月二四日にイーベイを上場させた。上場価格は一八ドルだったが、その日の終値は四七ドルと二六〇％も上昇した。その後、イーベイの株価は二五倍にも膨れ上がり、イーベイの市場価値は四兆円から五兆円にも達したことがある。ピエール・オミディアは全株式のうち三〇％を保有していたので、資産は一兆二〇〇〇億円程度と評価されたこともある。

イーベイのビジネスモデルは、想像されがちな個人対個人の形態ではなかった。じつは、イーベイでは登録ユーザーのわずか二〇％の売り手が収益の八〇％を生み出していた。意外なことに、小規模事業者たちが個人を相手にする形態が主力だったのである。

イーベイが成功すると、ライバルが次々に参入してきた。このため、イーベイは手数料の値上げができなくなった。この場合、売上げを増やす手段は二つある。取引量の増加と、高額商品を手がけることだ。ウィットマンは、ローカル市場の強化とともに、高額商品市場に大胆に挑戦した。

まず、サンフランシスコで一三四年の歴史を誇るオークションハウスのB＆B（バターフィールド＆バターフィールド）を二億六〇〇〇万ドルで買収した。B＆Bの平均競売単価は一四〇〇ドルである。これはイーベイの平均競売単価である四七ドルをはるかに上まわる。次に、ウィットマンは自動車の競売をするクルーズインターナショナルを買収した。自動車も高額商品である。

また、ウィットマンは大胆に管理経費を削減した。イーベイはアバネットとエクソダスへサーバーの管理をアウトソーシングに出した。また、サプライヤーとの提携を行ない、少人数で巨額の取引を可能にした。イーベイには当初うさんくさいところもあり、過去にAK47などの銃火器、ポルノ、ドラッグを公然と扱っていたが、ウィットマンはこれをイーベイ本体から切り離した。

ウィットマンは外見が多少きつい印象を与えるので、パロディの格好の餌になっている。よく戯画の対象になっているのを見かける。ともあれ、イーベイは女帝ウィットマンの強力な指導で成功を続け、企業対消費者取引や企業間取引への移行をめざしている。

メグ・ウィットマンが着任すると、ピエール・オミディアは生まれ故郷のパリに戻った。三三歳にして、三年間で一兆二〇〇〇億円もの資産を手に入れたため、その使い道に困ったらしい。オミディア財団が設立され、まず一億ドルの資金で出発した。株価は上下するもので、一時、一兆二〇〇〇億円といわれたピエール・オミディアの個人資産は数千億円にまで減少した。洋服は四着しか持っておらずそれもイーベイのオークションで買ったとか、ＢＭＷの最新モデルを誰よりも早く入手したとかいう伝説がある。

ウィットマンは二〇〇八年三月、イーベイの最高経営責任者ＣＥＯの地位を降りた。二〇〇九年九月二二日、二〇一〇年カリフォルニア州知事選への出馬を表明した。アーノルド・シュワルツェネッガーに代わる気だったかもしれない。

10　アマゾン・コム、オークション市場で敗退

二〇〇一年七月ごろ、アマゾン・コムはイーベイに敗れ、オークション市場から総退却した。表面上は総退却を認めていない。旧日本軍式の言い方なら「退却でなく転進」である。その経緯を見てみ

よう。

二〇〇〇年一〇月、アマゾン・コムとサザビーは、ジョイントサイトを閉じた。二〇〇〇年五月の時点で、イーベイのオークション市場の占有率は五七・八％、アマゾン・コムは三・二％であった。

二〇〇一年一月三〇日、アマゾン・コムは九〇〇〇万ドルの赤字を出し、全従業員の一五％にあたる一三〇〇人の社員を解雇した。アマゾン・コムはまた、ジョージア州マクドノーの配送センターとシアトルのカスタマーサービスセンターを閉鎖した。このとき、ライブビッドも閉鎖され、アマゾン・コムのオークション市場は縮小してしまった。

二〇〇一年三月、アマゾン・コムのオークション、zショップ（zShop）、マーケットプレイスの各市場が何度か技術的故障に見舞われた（zショップとは、アマゾン・コムのマーケットプレイスに店を出せないベンダーが、アマゾン・コムのマーケットプレイスの外に出した店を総称していう。zショップにはアマゾン・コムのマーケットプレイスから連絡がつくようになっていた）。このため、アマゾン・コムのオークション市場のセラー（売り手）たちが打撃を受けた。補償は受けたものの、心は離れていった。

二〇〇一年六月、イーベイのオークション市場の占有率は六四・三％、アマゾン・コムは二・〇％であった。オークション市場での順位は、イーベイ、ユービッド、エッグヘッド、ヤフーに次いで、第五位であった。もはやアマゾン・コムにはオークション市場で勝ち目はなかった。それでも、あきらめがつかなかったのかなと思わせるのは、二〇〇一年一二月のエッグヘッド買収である。エッグヘッドはオークション市場順位第三位だったからだ。

最終的にアマゾン・コムがzショップを廃止したのは二〇〇六年一〇月二四日である。アマゾン・コムのHelp の Selling at Amazon.com ＞zShops ＞zShops Storefront に出ている。これは、二〇〇六年三月のトイザラス（表記については後述）との訴訟の結果を受けてのことらしい。このとき、アマゾン・コムは、オークション市場を事実上あきらめている。一時転進したというのかもしれない。

昔のドキュメントを読んで調べると、オークション市場の入口は http://www.amazon.com/auction である。実際に行ってみると、愛想のない入口があって、電子メールアドレスとパスワードの提示を求められる。こういうところは厄介になりかねないから、入っていかないほうがよい。

アマゾン・コムは、オンラインのオークション市場ではイーベイを倒せなかった。むしろ追い出されてしまった。一つの答をデビッド・ブネルとリチャード・レッケの『イーベイオークション戦略』（中川治子・倉持真理訳、ダイヤモンド社、二〇〇一年）が与えている。

それによると、イーベイは場所の提供だけで取引はユーザーに任せた。イーベイはアマゾン・コムのように自分で、余剰品、見切品、再生品を販売しようなどとは考えなかった。つまり、在庫をまったく持たなかった。これが強さの秘密であった。アマゾン・コムとはちがうビジネスモデルであった、というのである。

昔はこれで納得したが、今ふり返ってみると、それだけでもないように思う。要するに、ジェフ・ベゾスはオークションの世界をまったくわかっておらず、入念な準備や明確な戦略がなかった。とくに、個人対個人（P2P）戦略、企業対消費者（B2C）戦略の組立てがまったくなかった。なまじ資金があったから、力尽くだけでやったことがまずかったと思う。

ただし、アマゾン・コムがイーベイに負けたかというとそうでもない。じつは二〇〇六年ごろからアマゾン・コムのほうが全体的なマーケットでは力を伸ばしてきている。イーベイは逆に下降してきている。したがって、最後の勝負の結果はわからない。

11 アマゾン・コム無敗の神話のほころび

アマゾン・コムには無敗の神話があるように思えるが、実際はそうでもない。いくつかのほころびがある。一つは、検索エンジンA9だ。

アマゾン・コムは二〇〇二年、ヤフーからチーフサイエンティストのウディ・マンジーを引き抜いた。一九九八年にヤフーに引き抜かれるまでウディ・マンジーは、アリゾナ大学でコンピュータ科学を教えていた。

アマゾン・コムは二〇〇三年にウディ・マンジーをチーフ・アルゴリズムオフィサーという役職に据えた。この耳慣れない役職は、ウディ・マンジーの書いた『アルゴリズム入門：創造的アプローチ』という教科書の書名にちなんだものだ。アマゾン・コムはウディ・マンジーを検索部門の責任者に据えた。

二〇〇三年九月、アマゾン・コムはA9・コムの設立を発表した。設立場所はシアトルでなく、カリフォルニア州のパロアルトだった。これが、のちにマウンテンビューに本拠を置くグーグルに切り崩される原因ではなかったかと思う。わずか一〇キロメートルしか離れていない。車なら数分の距離である。

二〇〇四年四月、アマゾン・コムは検索エンジンA9のベータ版を公開し、続いて九月、アマゾン・コムは検索エンジンA9を公開した。批評家のあいだにA9に期待する向きはあったが、A9はほとんど人気が出なかった。ストリートレベルフォト・オブアドレスという機能が目を引いたのみである。

二〇〇六年二月、こんどはグーグルがアマゾン・コムのA9からウディ・マンジーを副社長として引き抜いた。責任者がいなくなったからだろうか、一〇月二日、アマゾン・コムは検索エンジンA9の機能の縮小を明らかにしている。この手の発表は、検索エンジンA9の終焉を意味している。ただし、A9・コムという会社そのものがなくなったわけではない。

二〇〇九年七月、アマゾン・コムは子会社のA9・コムを通じて、スナップテルを買収した。スナップテルはビジュアル製品検索に長じている。検索エンジンの敗北は、カルチャーが合わなかったからだったような気がする。

もう一つは、トイザラスとの提携だ。トイザラスに関しては、米国の裁判所の正式な書類でも「トイザラス」の表記で、Rの反転したものや引用符は使っていない。また、「トイザらス」は日本法人である。そこで、本書では米国法人をトイザラスと表記する。

二〇〇〇年八月九日、アマゾン・コムはトイザラス本体とトイザラス・コムとのあいだで戦略的提携を結んだ。このときの戦略的提携の契約書は一一〇ページにも及ぶものであったらしい。のちの裁判和解の影響か公開されてはいないようである。この契約書をジェフ・ベゾスは徹底的に検討したといわれる。

トイザラス・コムは、一九九九年に立ち上げたネット販売がうまくいっていなかったので、アマゾン・コムのノウハウがほしかった。また、トイザラス本体には、激化するイートーイやウォルマートとの戦いが有利になるのでは、という読みがあったといわれている。一方、アマゾン・コムには玩具市場のノウハウが欠けていた。さらに玩具の在庫はトイザラスが引き受けてくれるので、アマゾン・コムは在庫管理をしないで済むことになった。

二〇〇四年五月、トイザラス（トイザラスとトイザラス・コムをこう総称する）がニュージャージー州の裁判所にアマゾン・コム（関連会社を含む）との戦略的提携の解消を訴えた。トイザラスは、アマゾン・コムと提携してもネット販売での実績が上がらないうえに、アマゾン・コムのマーケットプレイスの中に自身のＵＲＬを持てなかった。トイザラスは、独占供給契約と解釈していたにもかかわらず、アマゾン・コムが独立系のセラーから供給を受けていたからである。

二〇〇三年ごろから、トイザラスは無理な経営方針も手伝って苦境に陥り、大量の人員整理を行ない、しだいに弱体化していった。二〇〇五年七月、ベインキャピタルパートナーズ、ＫＫＲ、ボルナド・レアルティトラストなどの投資ファンドが連合して、弱体化していたトイザラスに対して六六億・ドルでレベレージバイアウトをかけ成功した。トイザラスの上場は廃止され、非上場企業となった。

二〇〇六年三月、ニュージャージー州の裁判所は、トイザラスはアマゾン・コムとの提携関係を解消できるという判決を下した。この判決文は英文で一三四ページほどのものだが、インターネットで手に入る。判決文というよりもドキュメンタリーのような文章で重みに欠けるが、読んでおもしろい資料である。判決文は書いている。

「一般的に言って、ベゾス氏を含む証人に対する本法廷の観察は、彼らはきわめて選択的な記憶を持っているということである。（中略）本法廷は、彼らが、ある詳細部分について『思い出せません。確かではありません。それについてはまったく記憶にありません』を乱発するのに驚いた。これと対照的に、他の詳細部分についてはきわめてはっきりした鮮やかな記憶を持っていたのである。」

わが国の国会で証人喚問されて、同じような答をした小佐野賢治という人を思い出した。ジェフ・ベゾスも同じくらいしたたかな男なのだろう。慎み深い裁判官は次のようにも書いている。

「ベゾス氏と彼のスタッフは、言葉の使用にきわめて巧みであった。アマゾン内部ではまったく（一般社会とは）別の語彙が使われている。タブ、機能性、zショップ、プログラマティック・セリング・イニシアティブはともかくとして、排他的や競争などコンテキストに依存してまったく異なるやり方で使うことができる。」

裁判官はこういう遠まわしな皮肉でなく、はっきり物を言うべきだ。判決文を読んだ批評家たちから、かなり厳しい批判が出た。要するに、ジェフ・ベゾスは、実在しない荒唐無稽なコンセプトを適当に操りまくり、自分の都合のよいように言葉の意味や定義を変えているということだ。この手のしたたかな人と競うのは大変だろうと思う。また、全文を通読して本当に気の毒に思うのは、当時のトイザラスの役員はまったくインターネットがわからなかったということだ。こういう会社は、インターネット販売などに手を出すべきではなかったと思う。

二〇〇九年六月、ニュージャージー州の控訴審でアマゾン・コムは再び敗れ、アマゾン・コムはトイザラスに五一〇〇万ドルを支払って提携を完全解消した。

トイザラスの現在について一言述べると、通常、投資ファンドに買収されると、会社は適当に切り売りされたりして完全消滅してしまうものだが、トイザラスは生き残っている。二〇〇九年五月にはFAOシュバルツを買収し、二〇〇九年八月にはKBトーイズを買収している。不思議なこともあるものだと思っている。

12 買収と投資の再開

二〇〇四年八月、ネットバブル崩壊の傷の癒えたアマゾン・コムが最初に手がけた買収が、Joyo 卓越である。七五〇〇万ドルで買収した。当時、中国最大の本や音楽やビデオのインターネット小売店である。Joyo は英国領バージンアイランドに籍を置いている。

二〇〇五年四月、アマゾン・コムは、サウスカロライナ州チャールストンのブックサージLLCを買収した。ブックサージLLCは、オンデマンドで絶版本や稀観本を印刷し完全な受注を達成する。同月、アマゾン・コムは、モバイルデバイス用のイーブックスとリーダーとサーバーソフトに長けたフランスの会社モビポケットを買収した。同年六月には、カスタムフリックスを買収した。カスタムフリックスはフィルムをダウンロードし、DVDに焼き付ける会社である。

二〇〇六年二月、アマゾン・コムは、ショップボップを買収した。ショップボップは婦人用アパレル、靴、アクセサリーの小売をしている。同年一二月、こんどはウィキアインクを買収した。ウィキアインクは、ウィキペディアやウィキアに使われるオープンソースソフトウェアの開発をしている。

二〇〇七年五月、アマゾン・コムは、デジタルフォトグラフィーレビューを買収した。同月、ブリリアンスオーディオを買収した。ブリリアンスオーディオは当時、米国最大の独立系オーディオブックの出版社であった。同年八月、アマゾン・コムは、エミーストリートに投資した。

二〇〇八年一月、アマゾン・コムは、オーディブルを買収した。オーディブルはインターネット上でスポークンオーディオ情報とエンターテインメントを提供している。同月、アマゾン・コムは、子会社ＩＭＤＢを通じて、ウィザウト・ア・ボックスを買収した。ウィザウト・ア・ボックスは、独立系映画制作者が世界中の映画祭に作品を出品したり映画の宣伝をしたりするのに役立つオンラインツールの開発やサービスの提供を行なうメディア会社である。

二〇〇八年四月、アマゾン・コムは、ラブフィルムインターナショナルの最大の株主になった。ラブフィルムは英国とドイツのアマゾン・ヨーロッパのＤＶＤビジネスを買収した。この買収費用でアマゾン・ヨーロッパはラブフィルムの株式を購入した。

二〇〇八年五月、アマゾン・コムは、アニモトに出資した。アニモトは、写真や動画を共有するサービスを提供する会社である。

二〇〇八年六月、アマゾン・コムは、ファブリック・コムを買収した。ファブリック・コムはオンラインの布地ストアである。ファブリック・コムはカスタマーが好むパターンで、好む大きさに裁断してくれる。

二〇〇八年七月、アマゾン・コムは、子会社IMDBを通じて、カリフォルニア州バーバンクのボックスオフィス・モージョを買収した。ボックスオフィス・モージョはオンラインで映画を出版し、ボックスオフィス・レポーティングサービスを提供する。また同月、エンジン・ヤードインクに投資した。

二〇〇八年八月、アマゾン・コムは、エラストラ・コープに投資した。また同月、シェルファリを買収した。シェルファリは愛書家のためのSNSである

二〇〇八年一〇月、アマゾン・コムは、リフレクシブ・エンターテインメントを買収した。また同月、古本や稀覯本を扱うエイブブックス、ジャストブックス、イベルリーブロ・コム、ブックファインダー・コム、ゴージャバ・コム、フィルジー、ライブラリーシング、クリスランズを買収した。

二〇〇九年二月、アマゾン・コムは、ニューヨークに本拠を置くイールデックスに投資した。イールデックスはオンラインの広告をターゲットとする会社である。

二〇〇九年四月、アマゾン・コムは、レックスサイクルを買収した。また同月、ブックツアー・コムを買収した。ブックツアーは著者のイベントのオンラインディレクトリーである。

二〇〇九年五月、アマゾン・コムは、フーディスタに投資した。フーディスタは誰でも編集に参加できるオンライン料理百科事典である。

二〇〇九年六月、アマゾン・コムは、トークマーケットに投資した。トークマーケットはウェブサイトの支払いシステムを扱っている。また同月、ザッポスの買収を発表した。買収は一一月九日、ザッポスは靴屋である

これ以降、アマゾン・コムは買収と投資を行なっていない。キンドルに完全に注力している。記者発表からほぼ完全に買収と投資が消えた。

13　アマゾン・コムの買収戦略の総括

アマゾン・コムは膨大な数の企業を買収したわけだが、結局はどうだったのだろうか。二〇一〇年現在、米国内で子会社として残っている企業の数は意外に少なく、以下のとおりである。

・オーディブル・コム
・ファブリック・コム
・ブリリアンスオーディオ
・IMDB
・ショップボップ
・アレクサ
・ザッポス・コム

この他に、アマゾン・コムが出資した企業というのがあって、これは評価しにくい。また、アマゾン・コム内に取り込まれた企業もある。ただ、少し冷たい言い方をすれば、このぐらいしか残らなかったということもできる。ベンジャミン・グレアムとジェイソン・ツバイクの『新賢明なる投資家』には次のように書いてある。

「他企業を買収することで急成長する『連続買収魔』は、ウォール街ではほぼまちがいなく、いい結末を迎えていない。」

アマゾン・コムは、よくこれだけ無謀な買収をくり返しながら生き残れたということだろう。日銭《ひぜに》の入ってくる小売の強さである。

14　第三の進出方向は大規模小売店

アマゾン・コムの第三の進出方向はオンライン上の大規模小売である。これについてもすでに戦いが始まっている。これについては多くの仮想敵がある。しかし、最大の敵はウォルマートであろう。一九九九年に書かれたレベッカ・ソーンダーズの『アマゾン・ドットコム』（信達郎監修、千葉元信・岡崎久美子・松尾秀樹訳、三修社、二〇〇二年）という本がある。この本は、序章の表題が「ウェブ界のサム・ウォルトンとよばれる人物」であり、アマゾン・コムのジェフ・ベゾスを、ウォルマートのサム・ウォルトンと対比している。この本が書かれた当時は少し進みすぎた予想で、浮いていた感じがあるが、一〇年以上経過した今は現実の問題になってきている。

ウォルマートはサム・ウォルトンが創業した。アーカンサス州ベントンビルに本部を置く世界最大のスーパーマーケットチェーンであり、売上額で世界最大の企業である。

サム・ウォルトンは一九一八年、オクラホマ州のオクラホマシティ近郊のキングフィッシャーに生まれた。その後、ミズーリ州スプリングフィールド、マーシャル、シェルビナ、コロンビアと引越しをくり返した。米国中部で生まれ育った、いわゆる米国人らしい米国人である。幼年時代から、牛乳の販売、雑誌の予約販売、兎や鳩の販売などで家計を助けた。野心に満ちた行動的な若者で、いろいろなスポーツを好んだ。

15　J・C・ペニーに勤務する

一九四〇年、サム・ウォルトンは、アイオワ州デモインのJ・C・ペニーに就職した。J・C・ペニーは、ジェームズ・キャッシュ・ペニーによって一九〇二年、ワイオミング州で設立された。J・C・ペニーは地方のデパートである。日本の都心の華やかなデパートとは少しちがうように思う。ある時点から、カタログ通信販売に進出した。衣類と家具で全米首位のオンラインストアである。

ただ、シアーズのほうが格が上であるといわれている。シアーズ・ローバック&カンパニーは、一八九三年、イリノイ州シカゴに設立された。もともとは、大量に売れ残った製品を安く買ってきて、それを通信販売で売るカタログ通信販売会社だったが、大型小売店も持っていた。二〇〇五年にKマートと合併し、シアーズホールディングスになる。シアーズもカタログ販売から撤退した。

ついでに、モンゴメリーウォードについても述べておこう。モンゴメリーウォードは、アーロン・モンゴメリー・ウォードによって、一八七二年、カタログ通信販売会社として設立された。クリスマスの時期によく歌われる「赤鼻のトナカイ」は、モンゴメリーウォード大型小売店のイメージソングである。

一九九七年に倒産し、ＧＥキャピタルの子会社として存続した。二〇〇〇年、ウォードと社名を変更する。二〇〇一年にあえなく倒産。二〇〇四年、ダイレクトマーケッティングサービス社がウォード社の著作権の大部分を買い取り、オンライン小売店として復活した。二〇〇八年、所有権がスイスコロニー社に移転した。

大型小売店をＧＭＤ（ジェネラル・マーチャンダイスストア）ということもあるが、これはジェネラルストアということもあり、もともとは、要するに何でも屋や、よろず屋である。日常生活で必要な物を総合的に扱う、大衆向けの小売業態である。古い写真で見ると、西部劇に出てくるいろいろな生活用品を売っている店である。最近のコンビニエンスストアはＧＭＤの流れである。だから、米国のショッピングモールで見慣れたＪ・Ｃ・ペニーをＧＭＤというと、多少の違和感を感じる。

一九六〇年前後にＧＭＤの流れとしてカテゴリーキラーという特定分野に特化した店が出てきた。たとえば、トイザラスがある。トイザラスは一九四八年、ワシントンＤＣに子供向けの家具屋チルドレンズスーパーマーケットとして設立された。特別注文の玩具製作を頼まれているうちに、しだいに玩具への傾斜が大きくなった。一九五七年、メリーランド州ロックビルにトイザラスが設立された。トイザラスという名前は、玩具のトーイとチャールス・ラザルスのラザルスにかけた。全米に八六〇店舗、海外に七一六店舗を展開している。二〇〇五年に投資ファンド団に買収され、現在は非上場企業である。この話は前にした。

次に、ウォールグリーンがある。ウォールグリーンは一九〇一年、イリノイ州ディアフィールドに設立された。ドラッグストアのチェーンで、全米に七〇三四店舗を展開している。さらに、ホームデポがある。一九七八年、ジョージア州マリエッタに設立された。全米、カナダ、メキシコ、中国などに二一九三店を展開し、家屋の補修や建築用品およびサービスを提供している。

16　バラエティストアの経営にたずさわる

サム・ウォルトンは一年半後、J・C・ペニーを辞め、ふらりと旅先で出会ったタルサ郊外のプリオアにある火薬工場で働く。この地でヘレン・ロブソンに出会い、一九四三年に二人は結婚する。一九四五年の起業の際、サム・ウォルトンはバトラー兄弟率いるバラエティストアチェーンのベン・フランクリンの傘下に入り、アーカンサス州ニューポートに店を開いた。ニューポートを選んだのは、ヘレンが一万人以上の町は駄目と主張したからである。

バラエティストアは安売りの店であるが、店内の商品はすべて同じ値段であることが特徴である。わが国ならば、たとえば一〇〇円ショップを思い浮かべればよい。以前はウールワースのように軽食カウンターを提供する店もあったという。もともとは、五セント、一〇セントから始まり、ファイブアンドテン、ニッケルアンドダイム、ファイブアンドダイムなどのように語感のよい一五セントくらいの商品を扱う店が多かったようだ。一五セントは一九六〇年代まで固定していたが、しだいに一ドルに上がっていく。

バラエティストアの発祥は一八七八年、ウールワースズがニューヨークに開いたものである。ウールワースズは、正式にはF・W・ウールワースカンパニーという。フランク・ウィンフィールド・ウールワースが設立したからである。商品を店員に出してもらうのではなく、買い物客が自分で商品を選ぶことができるところに特徴があった。一九九八年に売却されたニューヨークにあった高層ビルのウッドワードビルディングで有名だった。焦点の定まらない多様化拡大政策で弱体化し、二〇〇九年一月に廃業している。

その他のバラエティストアには、J・J・ニューベリーズ、マックロリーズ、S・S・クレスゲ、マックレランズ、ベン・フランクリンストアズ（以下、ベン・フランクリンと訳す）などがあった。ベン・フランクリンは一九二七年に始まった最初のフランチャイズ制の小売店である。ベンジャミン・フランクリンにちなんで名づけられた。フランクリンの有名な言葉「一ペニーを節約すれば一ペニー儲かったことになる」に影響を受けている。バトラー兄弟が一八七七年にボストンに設立したメールオーダー会社に起源がある。一九五九年に売却された。

サム・ウォルトンは、バラエティストアの経営には成功するが、土地の賃貸借契約の失敗でニューポートを去ることになる。

17　ベントンビルに店を開く

一九五〇年、サム・ウォルトンは、ベントンビルにウォルトンズ・ファイブアンドダイムという店を開く。一九五二年、サム・ウォルトンは、ファイエットビルにあったスーパーマーケットのクローガーの店を買収した。同じ一角にスーパーマーケットのウールワースとスコットストアがあった。

ここで、スーパーマーケットとは何だろう。少しかしこまった定義では、スーパーマーケットは食料品と生活用品を提供する店である。普通の食料雑貨品店と比べると、規模が大きく選択の幅が広いところがちがうようだ。

18　他の店を覗いてまわる

サム・ウォルトンの商売には特徴的なやり方がある。他の店を覗いてまわることだ。

一九九八年一〇月一六日、ウォルマートがアマゾン・コムに対して一億ドルの訴訟を起こした。アマゾン・コムがウォルマートの元最高情報責任者（ＣＩＯ）リチャード・ダルゼル以下の従業員一五人を引き抜き、ウォルマートの情報システムやロジスティクスシステムの情報、コンピュータ化された取引システムや流通システムの秘密や機密情報を不当に入手できるようにしたため、ウォルマートが多大の損害を受けたというのである。

ジェフ・ベゾスはさっそく、ウォルマートに関する本を数冊買い求め、反論の方法を研究した。そこで、たいへん有利な証拠を見つけた。

「新しい店を経営していくには、人手が必要だった。私にはそれほど資金がなかったので、恥も外聞も捨てて、優秀な人材を求めて他の店を覗いて回った。これは、小売業者としてのその後の人生を通じて、私が一貫してとった方法である。」（サム・ウォルトン著『私のウォルマート商標』渥美俊一監訳、櫻井多恵子訳、講談社文庫、二〇〇二年）

ジェフ・ベゾスが裁判でこの文章を引用したことによって、ウォルマートの訴訟はほとんど意味のないものになってしまった。引き抜きや、本人が言っているように他の店のやり方を真剣に模倣したり、「盗む」のは、サム・ウォルトンが生涯続けた方法である。サム・ウォルトンは、前掲書のいろいろなところで書いている。

「このように、私がやったことの大半は他人の模倣である」

「ほかの店に行って、競争相手を視察しろ、とサムは何度もいったものだ。『あらゆる競争相手を研究しろ。欠点は探すな。長所を探せ』」

「私は業界の誰にもましてソル・プライスから多くの経営原則を盗んだと思う。本当は『借りた』という言葉を使いたいところだが」

「Kマートに行くたびに（私は誰よりも頻繁にKマートに足を運んでいるだろう）、その品揃えやディスプレーを本当に羨ましく思ったものだ」

これでは、人を訴えるなど論外だ。初戦においてジェフ・ベゾスは、みごとにサム・ウォルトンを完膚なきまでに叩きのめしたのである。

19 ウォルマートの誕生

一九六二年、四つのディスカウントストアチェーンが設立された。

一番目はKマートである。一八九九年、バラエティストアのS・S・クレスゲカンパニーがミシガン州デトロイトに設立された。一九六二年にＳ・Ｓ・クレスゲカンパニーによってＫマートが設立された。Ｋマートは二〇〇五年にシアーズを買収し、シアーズホールディングコーポレーションと社名変更された。

二番目はウールコである。バラエティストアのウールワースが一九六二年にウールコを設立した。米国内の店舗は一九八二年に消滅する。カナダ内の店舗は一九九四年にウォルマートに売却された。

三番目はターゲットである。一九〇二年、ミネソタ州ミネアポリスにジョージ・デイトンによってデイトン・ドライグッズカンパニーが設立された。一九六二年、デイトン・ドライグッズカンパニーはディスカウントストアチェーンの一号店としてターゲットを開店した。一九六九年、デイトン・ドライグッズカンパニーはデイトン・ハドソンと社名変更し、二〇〇〇年にターゲットコーポレーションと社名変更した。

四番目がウォルマートである。一九六二年にサム・ウォルトンがロジャーズにディスカウントストアとしてのウォルマートストア第一号店をオープンした。

ディスカウントストアは、安く大量に商品を仕入れることによって、大規模小売店や従来型の小売店の価格よりもずっと安く販売する店舗である。商品の種類は、多い場合と、特定の商品に特化している場合とがある。ディスカウントストアは、バライエティストアのように単一価格ではない点が異なっている。これらのなかで、当初、規模において十数倍以上も大きいＫマートは、アマゾン・コムにとって脅威の可能性があった。サム・ウォルトンは言っている。

「競争企業は、わが社が切磋琢磨するうえで欠かせない存在だった。Ｋマートがなければ、わが社は今のように成功しなかっただろうし、Ｋマートもまた、わが社によってより優良なチェーンストアになれたことを認めてくれるだろう」

しかし、Ｋマートとの競争は実際には起きなかった。Ｋマートが押さえたのは地方都市であり、ウォルマートが押さえたのはさらにその縁辺の田舎町だった。Ｋマートはウォルマートにとって脅威というよりは羨望の種であり、経営研究を模倣する対象だった。そして、ウォルマートが実際に競争したのは田舎町の小規模な個人商店であり、ウォルマートは個人商店をブルドーザーのように押しつぶしていった。

ウォルマートはしだいに大成功を収めていき、サム・ウォルトンは次のようなウォルマート哲学を持った。「米国の小さな町には、誰も思いもよらないほど多くのビジネスチャンスが転がっている」と。

20　ロジスティクスの整備

軍隊にとって弾薬や食糧の補給は、最も重要な事柄の一つである。軍隊の用語で兵站という。最近はロジスティクスという英語をそのまま使うようだ。

ウォルマートが多店舗展開になってくると、それを管理することが必要になってきた。在庫商品の種類や量、各商品の売れ行き、発注すべき商品、値下げすべき商品、入れ換えるべき商品など、商品回転率を管理するために役立つ情報である。在庫商品が速く回転すればするほど、必要な資本は少なくて済む。そのためには、いつどんな商品を仕入れるか、売価はいくらにするかなどを的確に判断し実行しなければならない。データベースの整備が必要とされた。

次に、物流の問題があった。ウォルマートが適切に運営されていくためには、どうしても物流センターが必要であった。初期のウォルマートでは、サム・ウォルトン自身がトラックで買い付けに出かけた。こうした場当たり的なやり方はしばらく続き、かなり規模が大きくなっても、ある日、何の予告もなくトラックがやってきて商品を降ろして消えていく、というやり方だった。サム・ウォルトンはボブ・ソーントンを雇い、物流センターを建設することとなった。

一九七〇年、ウォルマートはベントンビル郊外に一五エーカーの土地を購入し、約四二〇坪の本部社屋と一七〇〇坪の物流センターを建設した。ずいぶんとつつましい物流センターだが、サム・ウォルトンの吝嗇《りんしょく》の哲学に基づいているのである。

ウォルマート社内では、ロン・メイヤーが社内情報システムの改善をはかった。これは、フェロルドの物流システムを引き継いだものである。ロン・メイヤーによって、ウォルマートに、個々の店の発注や入荷を物流センターに集める商品集荷方式や、物流センターの一方に発注品が入荷するとただちにそれを個々の店ごとに集めて物流センターの別の出口から配送するクロスドッキング方式が導入された。

21　株式の上場

一九六九年、リットルロックの投資会社ウィット&ジャックステファンズからマイク・スミスが来る。一九七〇年、ウォルマートはニューヨーク証券取引所に上場する。ウォルマートの株式の二〇%にあたる三〇万株を売り出した。額面一五ドルで総額四五〇万ドル。たいした額ではないが、上場企業となったことで、サム・ウォルトンは個人的な借金の悪夢から開放された。

株式の上場とともに資金の心配がなくなったサム・ウォルトンのウォルマートは、大胆な出展戦略の展開を始める。戦略の基本は、他店が素通りするような小さな田舎町に、適正規模のディスカウントストアを開くことである。そうして、地方都市をかなり遠くから包囲する形で出店していった。絨毯爆撃のような多店化作戦である。

一九七六年、デビッド・グラスを中心にアーカンソー州シアシーに物流センターが構築された。物流センターは完全に自動化され、各店舗およびサプライヤーとコンピュータで結ばれていた。これを皮切りに、全米の各営業地区に物流センターが展開された。ウォルマートの物流センターの大半は、原則として各店舗からトラックの一日の走行距離内にある。自社のトラック部隊も整備し、数千台のトラックと一万台以上のトレーラーを備えるに至った。

ウォルマートのジャック・シューメーカーは、バーコードシステムやコンピュータによる品目別在庫管理システムを導入した。さらに、すべての店舗、物流センター、本部を結ぶ双方向通信システム

通信システムの構築を計画した。一九八三年、自前の通信衛星を打ち上げた。通信衛星システムを利用した双方向通信システムの構築には数年かかった。しかし、できあがったシステムはみごとなものであった。

こうした動きのなか、一九九〇年ごろには、ウォルマートは全米最大の小売店になった。極大化の法則というものがあるとすれば、まさにウォルマートの場合はそれが当てはまる。ウォルマートは自立的にこれ以上大きくなれないところまで、どんどん大きくなっていった。身動きがとりにくい巨大なマンモスになっていったのである。

22　ウォルマートの功罪

サム・ウォルトンは苦々しげに言う。

「ウォルマートが成長していく間に、多くの小規模店が廃業していった。一部の人々は、これをもって、『田舎町の商人を救済せよ』という類の論争に火をつけようとした」

「私が聞いたウォルマートに対する非難のなかでも最も当惑させられるのは、私たちは『よきアメリカの田舎町を破壊する敵だ』というものである」

ウォルマートに対抗する方法として、サム・ウォルトンは次のように言っている。

「小店舗は、わが社と正面から競争することを避け、私たちにできない独自のことをする必要があるのだ」

「バラエティストアの場合は、（中略）自分たちの立場を完全に再考する必要がある。（中略）小さな町には、わが社が手の届かない隙間市場はつねに存在している。生き残るためには、誰もが時代の変化についていく必要があるのだ」

論旨を明確にするために具体例を抜いたが、ここで言っているのはカテゴリーキラーのようなものになれと言っているらしい。

「ハードグッズストアの場合、私たちと正面からぶつかるケースがあっても、立地条件さえよければそれほど問題はないはずだ」

ここでも、カテゴリーキラーのようなものを想定しているらしい。サム・ウォルトンは人件費にケチ吝嗇であった。自分で告白しているから、よほどケチだったのだろう。

「ウォルマートが成功した要因として、品ぞろえと商品開発、物流システム、情報技術、市場寡占化戦略、絨毯爆撃型で店作戦を語るのは誇らしくあるが、正直にいえば、わが社の驚異的成長の本当の秘密はこうした要因のどれでもない」

「私はたいへんなケチで、従業員に十分な給料を払っていなかった。（中略）店員には時間給以外は払っていなかったし、その賃金もかなり安いものだった。自己弁護するなら、当時の小売業、とくにバラエティストアの店員の賃金はだいたいそんなものだったのだ」

23　アマゾン・コム対ウォルマート

さて、二〇〇〇年以降、ウォルマートの前に突然登場してきたのがアマゾン・コムである。ウォルマートの戦略は、地方都市の縁辺部の田舎の町を攻略し、集中的な店舗展開をくり返して地方都市を包囲し、最後は地方都市を手中に収める方式のくり返しである。たとえていえば、点在する要塞を一つずつ攻めとって、面の展開を広げていくような戦略である。手間も人手もお金も時間もかかる。

ところが、アマゾン・コムの戦略は、強力な核兵器によって瞬時に全領域を攻略するような革新的なものである。おそらくウォルマートは、この発想の転換にはかなわないだろう。

もう一つは、人材の問題だ。アマゾン・コムは、かなり優秀なエリート将校をそろえた強力な参謀本部をもっている。ところが、ウォルマートにはそれがない。ウォルマートは戦場の現場に優秀な守備隊長をそろえているが、戦略立案の参謀本部が弱い。

24　高級品市場

ウォルマートにしても、アマゾン・コムにしても、手を出せていない市場は高級品市場だ。ウォルマートの場合は、ほぼ永久に手を出せないだろう。また、出さないだろう。

米国の場合、高級品市場を押さえているのはおもに次の四つである。

第一に、サクス・フィフスアベニューがある。これは一八九八年、アンドリュー・サックスらがニューヨークに設立した高級百貨店チェーンであり、全世界にサクス・フィフスアベニューを六二店舗、サックスオフ・フィフスストアーズを五三店舗を展開している。米国で高いお土産を買おうとするなら、サクス・フィフスアベニューがよい。

第二に、ニーマンマーカスがある。ニーマンマーカスは一九〇七年、テキサス州ダラスにハーバート・マーカス・シニアと妹のキャリー・マーカス・ネイマン夫婦によって設立された。石油成金のテキサス人たちに好評を呼んだ。

次の二つは、前の二つに比べると格が少し下だ。

第三に、ノードストロームがある。ノードストロームは一九五一年、ワシントン州シアトルにスウェーデン人のジョン・W・ノードストロームによって創業された。ノードストロームは米国に来て、召使いの仕事をしながら小金をため、ニューヨークからワシントン州に移動した。ノードストロームは一八五七年、カナダのゴールドラッシュで一山当てて靴の店を開いた。靴の店で長く、ファッションに進出したのはかなりあとになってからである。高級というイメージのわりに、手ごろな値段で人気がある。

第四に、ブルーミングデールズがある。ニューヨークに本拠を置く。メイシーズインクが親会社である。欧州の衣料品を販売する店が発展した。全米に三六店舗を展開している。メイシーズインクはいわゆるメイシーズ（R・H・メイシーズ&カンパニー）の親会社でもある。メイシーズは一八五一年、マサチューセッツ州へイバーヒルでローランド・ハッセー・メイシーによって創業された。一八五八年にニューヨークに移転した。全米および海外に四三一店舗を展開。オハイオ州シンシナティに本社がある。

今のところ普通の人は、ゲランやシャネルのような高級化粧品や、エルメスの高級ハンドバッグや、シャネルやディオールのような高級既製服をアマゾン・コムでは買わないだろう。そういう意味では高級品を扱う百貨店の防壁は固い。ただし、高級品などいらないという時代風潮が強くなってくると百貨店の存在そのものが問われることになる。

実際、不況で日本の百貨店にもそういう動きは出てきている。昔は、背広は一着ずつ注文して仕立ててもらうものだった。生地はよくて体には合うけれど、デザインは何ともお粗末の一語だった。しかも高かった。このころ、背広の既製品は吊るしといわれて安物の代名詞のように言われて嫌がられたものだ。ところが、大手が優秀なデザイナーにデザインさせて工場生産に変え、大量販売に踏み切ると、生地や縫製がよかったとは必ずしもいえないがデザインはよくて安いということで、皆が既製服に転向した。既製服といわず、プレタポルテというようになった。注文服はオートクチュールを気取って名乗るには、あまりに土俗的で惨めで切り返しきれなかった。

こうしてみると、アマゾン・コムの敵が見えてくる。第一の敵はバーンズ&ノーブル・コムであった。第二の敵はイーベイであった。第三の敵はウォルマートであった。そして、最後の敵は独占禁止法である。アマゾン・コムの巨大化・寡占化に伴って、いつかアマゾン・コムは独占禁止法の守護神である司法省や連邦取引委員会ＦＴＣと、まみえることになるだろう。

第10章　アマゾンのコンピュータ化されたビジネスのしくみ

1　アマゾン・アソシエイトプログラム

アマゾン・コムは、ある意味でバーチャルな仮想世界である。物理的な本屋があるわけではないのだが、それをカスタマーの想像力で、あたかも仮想的な本屋があるようにイメージさせる。いわば錯覚の世界である。実際に存在するのは、カスタマーのパソコン（これをクライアントマシンという）、アマゾン・コムのコンピュータ（これをサーバーという）、それに、これらを結びつけているインターネットである。

実際に動かすためには、まずカスタマーのクライアントマシン上のコンピュータプログラムが必要である。これはブラウザーというプログラムでよい。これについての説明は不要だろう。次に、アマゾン・コムのサーバー上で動いているコンピュータプログラムが必要である。どんなプログラムなのか、開示されていないからわからない。だいたいサーバーがどこにあるか、いったい何台のコンピュータで構成されているかもわからないし、ＯＳ（オペレーティングシステム）が何であるかも開示されていないのである。

ただし、手がかりはある。アマゾン・コムには、アマゾン・アソシエイトプログラムというのがある。ホームページやブログをもっている人なら、原則的に自由に参加できる。自分のホームページやブログに、アマゾン・コムへの商品へのリンクを張る。誰かがそのホームページやブログを見て関心を抱き、それを見てみようとアマゾン・コムの商品へのリンクをクリックすると、自動的にアマゾン・コムのホームページの商品に飛ぶ。そこで、そのカスタマーがその商品を買いたいと思い、ショッピングカートに入れて購入すると、アマゾン・コムから購入金額の三〜七％にあたる報奨金が出るのである。

つまり、ホームページやブログのオーナーがアマゾンへリンクを張り、そのリンクを通して商品が売れた場合に、アマゾン・コムから紹介料を受け取れるのである。少しむずかしそうにいうと、アマゾン・コムのアソシエイトプログラムは、他のウェブサイトの所有者とのコラボレーション（共業）を可能とする。アマゾン・コムは、他のウェブサイト、オンラインサービスプロバイダー他とのアライアンスで、その勢力範囲をさらに広げることができる。アマゾン・コムも儲かるし、紹介する人も儲かるので、両者がハッピーなわけである。

2　プロダクト・アドバタイジングＡＰＩ

アマゾン・コムは、こうしたシステムをアマゾン・アソシエイトプログラムという名称で運営していた。アマゾンが徹底していたのは、ＡＰＩ（アプリケーションプログラミングインターフェイス）というものを用意していた点である。アマゾン・コムのサーバーの構成や、ＯＳやプログラムの実際についてはわからない。間接的な証拠で、数百台のサーバー（もっとあるかもしれない）があり、ＬＩＮＵＸというＯＳが使われていることがわかっているだけである。

アマゾン・コムを運用しているプログラムはどんなものかわからないが、ＡＰＩが公開されていれば、このＡＰＩを使うことによって、特定のオペレーションをさせたり、必要な情報を引き出したりすることができる。アマゾン・コムの運用プログラムがどんなものであるかは、完全なブラックボックスだが、ＡＰＩを使えばアクセスして動かすことができるのである。

つまり、アマゾン・コム流の多少むずかしい言い方によれば、アマゾン・アソシエイトプログラムに参加しているアソシエイトであれば、ＡＰＩを利用して、豊富なコンテンツを柔軟かつ革新的な方法で自分のウェブサイトに表示できる。また、アソシエイトにとってのおもな利点は、最新の売れ筋データやレビュー、商品説明、商品価格、発送可能時期などの多くの情報を表示できるようになることである。

ＡＰＩを利用するには、使用許諾条件に同意し、開発者登録を行なって、登録ＩＤ（サブスクリプションＩＤ）を取得する。次に、必要に応じてオンラインドキュメントを参照する。これを熟読して理解できれば利用を開始する。そうすれば誰でもソフト開発者になることができ、アマゾンのプラットフォームを活用した高度なウェブアプリケーションを開発できる。

アマゾン・コムのＡＰＩは、少し前まではアマゾン・アソシエイトウェブサービスとよばれていたが、最近、プロダクト・アドバタイジングAPIと名称変更された。プロダクト・アドバタイジングAPIとは、直訳すれば製品広告APIである。名称変更の理由は、「ソフト開発者がアマゾンのサイトで販売されている商品の広告作成を行ない、その対価としてアマゾンから広告費を受け取るという、APIの目的をより正しく表わすためである」という。

もう少しわかりやすくいえば、名称変更をしないと、アマゾン・アソシエイトウェブサービスとアマゾン・ウェブサービスAWSが並存してしまうのだ。アマゾン・ウェブサービスAWSはクラウドコンピューティングを意識した一般的な名称であるが、アマゾン・アソシエイトウェブサービスはアマゾン固有の対価報酬（アフィリエイト）サービスである。混じってしまうと混乱が起きる。

もともと、アマゾン・アソシエイトウェブサービスで培った技術力を、もっと一般的なインターネットサービスとして提供していこうとするのが、アマゾン・ウェブサービスAWSである。だから、アマゾン・アソシエイトウェブサービスをプロダクト・アドバタイジングAPIと名称変更する必要があった。

プロダクト・アドバタイジングAPIを縦横無尽に使いこなすには、多少の専門的な知識は必要である。MS-DOSやウィンドウズのAPIを使いこなすには、多少の専門的な知識が必要であったのと同じである。ただし、ふつうの人が紹介料をもらうぐらいのレベルでは、APIを操作する必要はない。

プロダクト・アドバタイジングAPIを理解するために、英文のプロダクト・アドバタイジングAPI開発者ガイドとプロダクト・アドバタイジングAPI入門ガイドがある。入門ガイドは三二ページしかなく、これで複雑な全体像を理解するのはとても無理だ。開発者ガイドは私の読んだ版では六〇三ページある。職業柄、マニュアルを読むのには慣れているが、正直、プリンターで打ち出したときは厚さにまいった。しかし、読んでみるときわめてやさしくてわかりやすい。

ただし、二〇〇九年版のプロダクト・アドバタイジングAPI開発者ガイドには、二〇〇六年に消滅したはずの組織に関する記述があったり、名称の明確なまちがい（図と本文で名称が一致しない）などがあり、またロケールの問題もあるのかもしれないが、画面表示が一致しないなど実際に使うには注意が必要なようだ。

以下、技術の細かい部分を縦書きの本で説明するのは無理だから、考え方を中心に紹介しよう。

3　アマゾンの市場に集まる登場人物

アマゾンのウェブサイトにはベンダーが集まっている。ベンダーの集まる所をマーケットプレイス（市場）という。www.amazon.com がその場所である。ベンダーを大別すると、マーチャント、セラー、アソシエイトとなる。

・マーチャントは、アマゾンのマーケットプレイス www.amazon.com を通じて商品を売るようにアマゾンから誘われた会社である。マーチャントは、在庫を保管し、購買注文の管理運用業務を行なう。アマゾン・コム自身もマーチャントである。個人や一般の会社はセラーにはなれるが、マーチャントにはなれない。

・セラーは、自分の商品を売る個人や会社である。すべてではないが、セラーの多くは在庫を保管し、購買注文の管理運用業務を行なう。
・アソシエイトは、自分自身では商品を売らない個人や会社である。アソシエイトは、マーケットプレイスで売られている商品をカスタマーに購入してもらうよう説得することで、セールスコミッションをもらっている。

歴史的な理由で、これらはさらに細分化されている。たとえば、マーチャント（厳密にいえば、マーチャンツである）は、マーチャント@プロマーチャント、マーチャント@セラー、アマゾンの三つに分かれる。

・マーチャント@プロマーチャントへの支払いは、サブスクリプションプライス、コミッション、クロージングフィーに基づいている。マーチャント@プロマーチャントは在庫管理にアマゾンのセラーセントラルを利用している。似たような名前だが、後述のプロマーチャントセラーとはちがうとされている。
・マーチャント@セラーは、マーチャントの中で最も位が高いとされている。マーチャント@セラーは、ファッションのノルドストロームやパソコンストアのイングラムマイクロなど、世界で最も大きな会社のいくつかに限られている。マーチャント@セラーはアマゾンの小売のウェブサイトに現われるので、そう呼ばれる。マーチャント@セラーは自身の在庫管理にアマゾンのセラーセントラルを利用している。また、マーチャント@セラーはマーケットプレイスにストアフロント（出店）をもっている。

次に、セラーだが、これもアマゾン・アドバンテージセラー、インディビジュアルセラー、プロマーチャントセラーの三つに分かれる。

・アマゾン・アドバンテージセラーは特別なセラーであって、自身の商品を売るためにアマゾンのパートナーになっている。これらのセラーは、アマゾンが売っていない商品を売る個人や製造業者である。たとえば本の著者などである。

・プロマーチャントセラー（大口の売り手）は、インディビジュアルセラー（小口の売り手）よりもはるかに大量に商品を売るセラーであり、便宜も計られている。

今まで述べたのは米国の状況で、日本では必ずしも同じにならない。

4　プロダクト・アドバタイジングAPIでどんなことができるか

プロダクト・アドバタイジングAPIの内容を研究すると、アマゾン・コムの仕事のやり方の哲学がわかる。プロダクト・アドバタイジングAPIを使うと次のことができる。自分でC言語やC#言語などで一からプログラムを組む必要がない。リクエスト（要求）を組み上げて送ってやれば、レスポンス（応答）が戻ってくる。

・アマゾン・コムのマーケットプレイスでの販売商品の検索
・これらの商品に関する情報の入手
・商品に対するカスタマーのレビュー（感想・批評）の入手

・完全に機能するショッピングカートの生成
・ショッピングカートの商品の追加、除去、変更
・商品を販売している会社の情報の取得
・販売されている同様の製品の検索
・ショッピングカートの商品の購入
・友人のウィッシュリスト、結婚や赤ちゃんのレジストリーなどの商品を検索し、これらの商品を購入すること

アマゾンの画面の細部まで検索のＡＰＩが割り当てられていて、自動的にこれに反応するようになっているのには驚く。ぜひマニュアルを見てほしい。英語がわからなくとも、わかりやすい図があって一目でわかる。

5　アマゾン・コムの商品はどう組織化されているか

アマゾンは大量の商品を販売している。これをどのように整理して組織化して管理しているのだろうか。誰でも思いつくのは階層的な管理である。コンピュータを使っている人は、階層的ディレクトリの考え方に慣れているだろう。その類推で、ある程度はわかるだろう。

アマゾンの階層的ディレクトリでは、商品はノード（節点）で表現される。ノードは親子（ペアレント－チャイルド）関係にある。頂点にルートノードがある。ルートは根である。たとえば、靴とい

うルートノードが考えられる。その下にペアレントノードがある。男性用、女性用、子供用などのノードがある。女性用ノードの子（チャイルド）ノードとして、ブーツ、スニーカー、ヒールなどが考えられる。もし、あるノードがチャイルドノードをもたない場合は、リーフ（葉）ノードという。

こうしたツリー構造で商品は整理されている。特別な場合として、親ノードを二つ以上許す場合というのがある。たとえば、「ハリー・ポッター　ゴブレット・オブ・ファイヤー」の親ノードは、本というノードとトップセラーというノードだというのだ。ただ、これを許すと多少理論的に厄介なことが起きそうな気がするのだが、どう解決しているのだろう。

ノードには四つの属性がある。

・ノードの名前
・ノードのＩＤ（識別子、アイデンティティファイヤー）
・チャイルドノード（子ノードを示す）
・ペアレントノード（親ノードを示す）

データ構造とアルゴリズムを勉強させられた学生なら、脳裏にノードがポインターで連結された絵が浮かんでくることだろう。

6　検索インデックス

アマゾンでショッピングをする楽しみは、販売されている商品の数が多いことである。ところが、多すぎるのも良し悪しで、検索結果があまり多すぎても始末に困る。そこで、アマゾンではすべての商品を、検索インデックスとよばれる商品カテゴリーに分類している。商品カテゴリーを指定して検索を絞り込むと、検索結果があふれ出して手がつけられなくなるということがない。

検索にかかるインデックスは多数用意されている（表10・1）。これはロケールの指定によってちがう。ロケールはローカル（地域）から出た言葉だ。ロケールの指定は、CAがカナダ、FRがフランス、DEがドイツ、JPが日本、UKが英国、USが米国である。ロケールをJPと指定すると日本向けになる。

不思議なことに、プロダクト・アドバタイジングAPI開発者ガイドのテキスト本文の記述と、巻末の表の記述に差がある。本文になくて表にあるものがある。また、実際の日本のアマゾンの画面とも差がある。ずいぶんアバウトなものらしい。ドキュメント化が間に合わないのかもしれない。

検索インデックスは、結合させて使うこともできる。次の指定がある。

・すべて（all）＝すべての検索インデックスに対して検索をかける
・ブレンデッド（blended）＝いくつかの検索インデックスを結合させて検索をかける
・マーチャント（merchant）＝マーチャント識別子で指定されたマーチャントに「すべて」の検索をかける
・ミュージック（music）＝クラシック、デジタルミュージック、ミュージックトラックを結合させる
・ビデオ（video）＝DVDとVHSを結合させる

表10.1　検索インデックス

名称	扱う商品
All	すべて
Apparel	アパレル
Automotive	カー・バイク用品
Baby	ベビー・マタニティ
Beauty	コスメ
Blended	すべて
Books	和書
Classical	クラシック音楽
DigitalMusic	デジタルミュージック
DVD	DVD
Electronics	エレクトロニクス
ForeignBooks	洋書
GourmetFood	グルメフード
Grocery	食品
HealthPersonalCare	ヘルスケア
Hobbies	ホビー
HomeGarden	ホームガーデン
HomeImprovement	ホームインプルーブメント
Industrial	インダストリアル
Jewelry	ジュエリー
KindleStore	キンドルストア
Kitchen	ホーム・キッチン
Lighting	ライティング
Magazines	雑誌
Merchants	マーチャント
Miscellaneous	ミセレイニアス
MP3Downloads	MP3ダウンロード
Music	ミュージック
MusicalInstruments	楽器
MusicTracks	曲名
OfficeProducts	文房具・オフィス用品
OutdoorLiving	アウトドア
Outlet	アウトレット
PCHardware	パソコン・ハードウェア
PetSupplies	ペットサプライ
Photo	写真
Software	ソフトウェア
SoftwareVideoGames	ソフトウェア・ビデオゲーム
SportingGoods	スポーツ
Tools	ツール
Toys	玩具
VHS	VHS
Video	ビデオ
VideoGames	ゲーム
Watches	時計
Wireless	ワイヤレス
WirelessAccessories	ワイヤレスアクセサリー

実際のアマゾン・コムや日本のアマゾンのドロップダウンメニューでは、出るものもあるし出ないものもある。また、名前がちがうものもある。

7　商品の集まりのさまざまな形態

アマゾンはいろいろなデータ構造的な概念を用意している。

第一に、バリエーション（Variation）がある。シャツを考えると、シャツにも色とサイズがある。これをバリエーションという。バリエーションペアレンツというノードから派生してくる。

第二に、コレクション（Collection）がある。これは、あるテーマに関連した商品のグループである。たとえば寝室というテーマに関連したコレクションには、シーツ、枕カバー、毛布などがある。これを検索できるのは便利である。コレクションのつくり方には工夫がいるし、ノウハウも必要だろう。

第三に、タグ（Tag）がある。タグはアマゾン上の実在（Entity:）のラベル付けに使われる。たとえば、「ママへの贈り物」などが考えられる。タグを使うと、カスタマーが自分独自の商品の集まりをつくれるようになる。いろいろなカスタマーが同じ実在に別のラベルを付けることもある。タグへのアクセスについては次のような種類がある。

・パブリック（Public）＝誰でもアクセスでき、タグ付け者の名前を表示
・アノニマス（Anonymous）＝誰でもアクセスできるが、タグ付け者の名前を非表示
・プライベート（Private）＝タグ付け者とフレンド（友人）だけがアクセスでき、タグ付けした人の名前を表示

第四に、リスト（List）がある。リストは順序付けられた商品の集まりである。欲しいもののリストと日常語でも言うのでわかりやすいと思う。

第五に、アクセサリー（Accessory）がある。ある商品にはアクセサリーがある。これはカメラに随伴したカメラケース、フラッシュカード、バッテリーなどである。アクセサリーには商品ＩＤ（商品識別子）が付いている。

これらとは少し性格がちがうが、関連商品（Related Items）グループがある。これは、検索した商品に関連した商品の情報を返すものである。

8　少しむずかしい話、RESTとSOAP

アマゾン・コムのサーバーがサポートしているプロダクト・アドバタイジングＡＰＩのオペレーションを遠方のカスタマーのクライアントマシンから呼び出すには、リクエスト（要求）というものを使う。これに対して、アマゾン・コムのサーバーはレスポンス（応答）というものを返す。最近の若い人はレスポンスのことを短く「レス」と言っているようだ。要求を出すと応答が返ってくると図式化すればよい。

インターネットでは、サーバーとクライアントとのあいだでコンテンツを送受信するのにＨＴＴＰ（hypertext transfer protocol、ハイパーテキスト転送プロトコル）というプロトコルを使う。プロトコルとは通信規約のことで、通信の手順や約束事のことである。ＨＴＴＰで送受信されるコンテンツには、HTML言語やXML言語で書かれたものがある。

HTML（hypertext markup language、ハイパーテキスト・マークアップ言語）は、ホームページの記述言語である。ホームページはウェブ上のHTMLで書かれたドキュメント（文書）とみなすことができる。ホームページを自分でつくったことのある人はご存知だろう。少し慣れればわかりやすく使いやすい。広く普及している言語である。

XML（extensible markup language、拡張可能マークアップ言語）は、個別の目的のために拡張できる記述言語である。コンテンツの記述や表示を主たる目的とするHTMLから発展はしたが、少し趣がちがう。直接、コンテンツの表示には使わない。

アマゾンのシステムでは、リクエストやレスポンスのやりとりに、RESTやSOAPを使ったソフトウェアや、WSDLを使ったXMLメッセージシステムを使う。

REST（representational state transfer）は、キーと値のペアをパラメータに指定して呼び出し処理を実行させる。RESTのリクエストは、単純なHTTPのリクエストで、URL中のパラメータとともにGETメソッドを使うか、POSTボディの中のパラメータとともにPOSTメソッドを使う。GETやPOSTは少しむずかしく、説明の分量が多くなるので参考書を読んでほしい。そういうものだと思っていただいても大過はない。

RESTのレスポンスは、XMLドキュメントとして返ってくる。ただし、このままでは人間が読むのにはつらいので、XSLT（XML stylesheet language transformation、XMLスタイルシート言語変換）というサービスを使って、HTMLとして取得することもできる。これならテキストとして読みやすい。

ＷＳＤＬ（web service description language、ウェブサービス記述言語）はウィズダルと読む。ＷＳＤＬは、ウェブサービスで使用されるオペレーション、パラメータ、リクエスト、レスポンスなどを定義するＸＭＬを使った言語である。

他に、ＳＯＡＰ（simple object access model）も使える。ＳＯＡＰは、クライアントとサーバーとのあいだでリクエストやレスポンスをＸＭＬ形式でやりとりするための通信規約である。少し凝ったシステムである。アマゾン・コムではサポートされているが、ＲＥＳＴのほうを推奨しているようである。

むずかしいことはわからなくともよい。要するに、プロダクト・アドバタイジングＡＰＩを使うにはＸＭＬを使う、ということだけを押さえておけばよい。マニュアルにも説明があるし、インターネットにはていねいで親切な解説がいくつも載っている。少し勉強すれば、使い方だけならすぐにマスターできる。本当は、むき出しのＸＭＬやプロトコルなどを表面に出さずに、必要なデータを入力するだけで、あとは見えないようにカプセル化してしまったほうが一般の人には使いやすかったのではなかったかと思う。

9　セキュリティとアクセスキー

ネットワークで最大に重要なものに、セキュリティがある。プロダクト・アドバタイジングＡＰＩ

では、セキュリティの保証上、すべてのリクエストに署名認証を含める必要がある。二〇〇九年八月一五日以降、アマゾンのプロダクト・アドバタイジングAPIでは認証されていないメッセージは受け付けられなくなった。それまで認証を必須としていなかったことは驚きである。

ところで、認証とはどんなことなのだろうか。認証（Authentication）というのは、誰がリクエストを送っているかを同定（Identify）し、確証（Verify）するプロセスである。ネットワークでは相手が直接見えない。向こう側にいる相手がじつは誰かがなりすましていることも考えられるわけである。そういう危険性を排除するプロセスが認証である。

プロダクト・アドバタイジングAPIをきちんと使うためには、プロダクト・アドバタイジングAPIのAWSアカウントをつくらなくてはならない。AWSアカウントをつくると、二つのAWS識別子を獲得することになる。

・AWSアクセスキーID（アクセスキー識別子）＝二〇文字の英数字文字列
・AWSシークレットアクセスキー（秘密アクセスキー）＝四〇文字の文字列

これらを使って、HMAC-SHA署名という方法で認証を行なう。現代最高の暗号化の方法の一つで、なかなか理解するのはむずかしい。それだから破りにくい暗号で、安全といえる。

10　買いたい商品を検索する

商品を検索するには、次のようなプロダクト・アドバタイジングAPIのオペレーションを使う。

・ItemSearch（アイテムサーチ）＝マーチャントとセラーの商品の検索
・SellerListingSearch（セラーリスティングサーチ）＝セラーの商品の検索
・ListSearch（リストサーチ）＝カスタマーの商品の検索
・BrowseNodeLookup（ブラウズノードルックアップ）＝ブラウズノードに関連した商品の検索
・VehiclePartLookup（ビークルパートルックアップ）
・VehiclePartSearch（ビークルパートサーチ）
・VehicleSearch（ビークルサーチ）

最後の三つは自動車（ビークル）に関係するもので、特殊なものである。

アマゾン・コムが自身で言うところによれば、アマゾン・コムで売られている商品のほとんどはマーチャントによるものである。マーチャントにはアマゾン・コム自身も含まれる。セラーやカスタマーによるものはそう多くない。

蛇足だが、ここからアマゾン・コムの体質が、企業対消費者（B2C）であって、個人対個人（P2P）ではないことがよくわかる。これがオークションに弱い理由である。したがって、いちばんよく使われるオペレーションはItemSearch（アイテムサーチ）である。アイテムサーチは文字どおり商品検索である。実際の使い方については省略する。開発者ガイドにていねいな説明がある。

11　カスタマーが購入したくなる工夫

❶ 画像を使う

「一枚の画像は千の言葉にまさる。オンラインeコマースでは、これはいつも真理である。オンラインeコマースの弱い点は、カスタマーが買いたいと思う洋服を試着できないこと、触れられないことである。カスタマーにすばらしい画像を提供できれば、この障害を乗り越えられる」と、アマゾン・コムのプロダクト・アドバタイジングAPI開発者ガイドに書いてある。

アマゾン・コムには多数の写真が収容されている。画像の指定には次の要素を使う。

・エンドポイント＝画像サーバーのURL
・英数字のトークン＝国別コードで、US（米国）とCA（カナダ）が01、UK（英国）が02、DE（ドイツ）が03、FR（フランス）が08、JP（日本）が09である
・サフィックス＝大、中、小、サムネイル、ベリースモール

こうした画像の検索や表示には、さまざまな工夫が凝らされている。だが限界もある。小さい本だと思って発注したらとても大きく重い本であったり、さぞかし立派な本だろうと想像していたら小さな貧弱な本でびっくりしたことがある。寸法が書いてあっても手にとれないとわからない。

❷ プロモーション

アマゾン・コムは販売促進のため、プロモーションを用意することがある。これにはいくつかの場合がある。おもしろい区別がある。

ある商品がプロモーションの報酬の一部となっている場合、ベネフィットという。たとえば、カメラを買うとカメラケースが無料になるという場合、カメラケースはベネフィット商品であるという。特典とか、おまけといった感じだろう。

プロモーションに値するようになるために、カスタマーがある商品を買わなければならない場合、エリジブルという。たとえば、カメラを買うとカメラケースが無料になるという場合、カメラはエリジブル商品である。これは特典適合商品とでもいうのだろうか。

ベネフィットでエリジブルな場合もある。たとえば、二枚のシャツを買うと三枚目のシャツが半額割引になるという場合、シャツはベネフィット商品でもあり、エリジブル商品でもある。そんなことは考えもしなかった。

アマゾン・コムは、アマゾンが提供する最新のプロモーションを与えるRSSフィードを送信している。RSSフィードは無料でXMLの形態で送信されてくる。データはウェブサイト上で表示用にカスタマイズできる。RSSフィードを受信するにはRSSリーダーが必要である。

RSSは解釈に諸説あるが、RDFサイトサマリーで、RDFはリソースディスクリプションフレームワーク（資源記述フレームワーク）の頭文字である。RSSはニュースやブログなど各種ウェブサイトの更新情報を簡単にまとめて配信する文書フォーマットの総称である。もともとは一九九九年、ネットスケープコミュニケーションズが使いはじめた用語である。

❸ カスタマーレビューをはじめとする各種レビュー

アマゾン・コムのホームページの最大の成功原因の一つに、カスタマーレビューの豊富さがある。もともとはアマゾン・コムのホームページのコンテンツが不足しており、埋め草が目的だったというが、コミュニティづくりの方法としてかなり成功した。カスタマーレビューを読んで本の購入を考える人も増えた。匿名批評なので弊害もあるが、参考になることも多い。アマゾン・コム内部の編集スタッフが書いたエディトリアルレビューというものもあるが、カスタマーレビューほどの人気はないようだ。セラーも捕捉情報セラーフィードバックとして提供できる。画面を比較してみると、レビューも米国と日本ではだいぶちがうようである。

❹ セラーが販売している他の商品を薦める

カスタマーが商品を購入したり、検索したりすると、他の商品にも関心を示すことがあるかもしれない。カスタマーが購入したくなるような同様の商品を薦めることによって、さらに商品が売れるかもしれない。

「同様の」ということは、あるカスタマーが商品Xを買うと商品Yも買う、というアルゴリズムで定義できる。これはおもしろい考え方である。同様な商品の検索は、SimilarityLookup（同様性検索）というオペレーションで実行できる。ある商品A、B、Cと同様な商品というとき、インターセクション（積集合）、ランダム（和集合）というのがある。インターセクションはAにもBにもCにも同様なということで、ランダムはAかBかCかのいずれかに同様なということである。

同様な商品も、検索結果が出すぎてはかえって迷惑である。そこで、条件とマーチャント識別子でフィルターをかけて絞り込める。条件とは、新品、中古品、コレクター商品などである。マーチャント識別子とは、出品者のIDつまり識別子である。特定のマーチャントを指定できる。

商品検索オペレーション応答グループをRelatedItems（関連商品）という応答グループに選ぶと、RelationType（関連タイプ）というパラメータが使える。オペレーションもある。関連タイプは階層的構造を持てる。

同じセラーが販売している他の商品を推薦することもできる。ある商品を他人に推薦することもできる。いちばんよく売れているトップセラー商品や新商品（ニューリリース）もカスタマーの購買意欲を刺激する。人気、価格、条件で商品を並べ替えることも大切なことである。むろん、そういうオペレーションもある。

カスタマーは、ウィッシュリスト、リストマニア、ウェディングレジストリー、ベビーレジストリーに関心を持つかもしれない。外国では、贈り物をしてほしい品物をリストにして友人に贈ってもらう習慣がある。無駄がなく、よい習慣かもしれない。

❺ 価格と在庫情報

カスタマーにとって価格を調べられることは重要である。アマゾン・コムのマーケットプレイスで販売されている商品は一つ以上のセラーやマーチャントによって販売されている。同じ商品でも、新品か中古品かによって価格がちがう。販売される商品はオファーというものに関連づけられている。オファーは、価格、条件、ベンダーの三つで規定される。

商品のサマリーはオファーについての情報で、条件あたりのオファーの総数、条件ごとの最低価格などが示される。オファーに関するより多くの情報を得ることもできる。製品カテゴリーの価格帯を提供したり、商品のバリエーションからオファーを得たりもできる。

在庫はアベイラビリティという英語の訳である。コンピュータ業界では可用性と訳す。あまり日本語としてなじまない言葉である。ここでは在庫とする。在庫には次の値がある。

・在庫あり＝配送センターに一点以上の在庫がある場合
・通常〜以内に発送＝配送センターに在庫がなく、仕入先から商品を取り寄せる場合
・在庫切れ＝出版社またはメーカーで在庫切れのため、一時的に注文を受け付けられない場合。商品によっては、入荷しだい、電子メールで知らせる場合もある
・お取り扱いできません＝出版元や販売元での在庫切れ、重版、絶版、生産予定が未定などの理由で入荷予定がない場合。もしくは予約を締め切った商品
・近日発売 予約可＝予約できる場合

❻ ショッピングカート

アマゾン・コムでの買い物は、仮想的にスーパーマーケットでの買い物と同じである。そこでは原

則、次のような手順で買い物が行なわれる。
・カスタマーがショッピングカートを手に入れて、商品をカートに入れる
・カスタマーがショッピングカートに商品を追加したり、そこから取り除いたりする
・カスタマーがショッピングカートの商品を購入する
　したがって、ショッピングカートはとても重要である。ショッピングカートを作成するには、CartCreateというオペレーションを使う。すると、ショッピングカートＩＤ（カート識別子）が返ってくる。プロダクト・アドバタイジングＡＰＩのリクエストを出すときには、認証のためカートＩＤとＨＭＡＣ（keyed-hashing for message authentication code、メッセージ認証のための鍵付ハッシング）を必ず使う。

　ショッピングカートには五〇個の商品に対するエントリーがあり、各エントリーには個数を表わす一から九九九までの数字が入る。理論的には五万個の商品が入るわけである。そんなにたくさん買ったら財布がもたない。

　カートの収容領域には、アクティブエリアとセーブフォーレイターエリアとがある。すぐ商品を購入できる領域と、商品を後日のために保存しておく領域である。アクティブエリアに追加できない商品としては、在庫切れ商品、高級ダイヤやオートバイのように数量が限定された商品がある。さらに規則によって、バリエーションの親ノード、コレクションの親ノードも入らない。

　ショッピングカートの操作では、ショッピングカートの生成、ショッピングカートの商品の変更、商品の追加、商品の削除、ショッピングカートの中身の検索などがある。ショッピングカートから商

品を購入するには、注文のパイプラインという操作を経由する。チェックアウトボタンに次いで購入ボタンを押すと購入URLが発行される。商取引をトランザクションというが、トランザクションの追跡にはトランザクションルックアップ（トランザクション検索）を使うし、出荷トランザクションを分割することもできる。

このように、プロダクト・アドバタイジングAPIはなかなかよくできたものである。これらのプロダクト・アドバタイジングAPIの内容を読むと、アマゾン・コムが実際に運用しているシステムプログラムのようなものの全容が、おぼろげながらわかる。

私はマイクロソフトやIBMの友人たちが一生懸命にXMLの普及運動をやっているのを見ていて、XMLの勉強はしたものの、はてこれをビジネスにどう活かして使うのだろうと思ったものだ。アマゾン・コムのプロダクト・アドバタイジングAPI開発者ガイドを読んで、ああこういうふうに使うのだと納得した。洗練されたオブジェクト指向なら、もっともっと凝ったやり方もあるだろうが、ともかくこれは動いていてお金を儲けているのである。コンピュータでビジネスをやる、むしろAPIでビジネスをやるとはこういうことかと納得した。これが新しいビジネスのやり方なのだと感心した。

第11章　電子ブック端末キンドル

1　キンドル発売

二〇〇七年一一月一九日、米国ニューヨークのユニオンスクエア近く、Wホテルユニオンスクエアでアマゾン・コムの最高経営責任者（CEO）ジェフ・ベゾスがキンドルを発表した。壇上に上がったジェフ・ベゾスは、楔形文字の刻まれた粘土板やグーテンベルグの聖書を紹介したあと、革新的な携帯型リーダー（読み出し機）キンドルを発表した。

こうした携帯型端末はこれまでにも各種あったが、キンドルはワイヤレスを使って本やブログや雑誌や新聞をダウンロードできるところが異なっていた。ワイヤレスといえば、ふつうWi-Fi接続を使うのが一般的だが、Wi-Fi接続の場合、ホットスポットを探さなければならないという問題があった。そこで、ジェフ・ベゾスは米国の電話会社スプリントのEVDO（エボリューションデータ・オンリー）ネットワーク上に構築した。大げさにいえば、何のケーブルも接続することなく、その存在すら感じないままインターネット接続ができて、本やブログや雑誌や新聞などのコンテンツを瞬時にダウンロードできるのである。

キンドルは、明るい太陽光の下でも本物の紙のように見えて読めるように表示する、鮮明で高解像度の白黒の電子ペーパーディスプレイ（ＥＰＤ）を備えている。この電子ペーパーディスプレイはイーインク（E Ink）社の製品である。キンドルの外形寸法は一三・五センチ×一九・一センチ×一・八センチである。向かって左側が厚く、右側が薄くなっている。物理的な本を意識したのだろうか。初代キンドルは、デザインの悪さを嘲笑された時期がある。

電子ペーパーディスプレイの表示サイズは八・三センチ×一一・六センチである。解像度は６００×８００ピクセルで、四階調グレースケールであった。テキストのフォントサイズは六種類用意されている。日本語対応はしていなかったから問題にはならなかったが、もし日本語に対応させるなら少し解像度が不足していたように思われる。バックライトは使用していない。当初の価格は三九九ドルであった。

ジェフ・ベゾスは次のように語っている。

「キンドルに関するわれわれの設計目標は、（あたかも）キンドルが手の中に隠れてしまうことで、それによってカスタマーが読書を楽しめることです」

言っていることがわかるようでわからない。手の中に収まるほどは小さくない。その存在を忘れてしまうというほどの意味だろうか。ジェフ・ベゾスはこの表現が気に入っているようで、記者発表文にも記者発表にも使った。あるビデオを見て補うと、次のようなことを言っているようだ。

「キンドルのアイデアは物理的な本の主要な機能を特定し、それを取り込み、物理的な本よりも先へ進もうということです。

物理的な本のいちばん大事な機能は、本を読んでいるとそれが消えてしまうということです。あなたは本を読むとき、インクや糊やステッチや紙のことを忘れているでしょう。あなたは著者の世界に入り込んで、物理的なオブジェクトは消えてしまうのです。

そして、それこそがわれわれがキンドルで実現したいと望んでいることです。キンドルはとても簡素な機械で、それは消えてしまい、あなたは著者の世界に入っていけるのです。」

まあ、わからないほどではない。機械で読んでいるということを意識しない、というほどのことであろう。消えてしまうというのは、キャッチフレーズとしては少しこなれていないのではないだろうか。

「キンドルはワイヤレスですから、ベッドにいようと列車に乗っていようと、本のことを考えることができ、六〇秒以内にダウンロードできます。キンドルスから（パソコンに頼らず）直接にショッピングできます。本日、われわれはキンドルが利用できるようになったことで興奮しています」

キンドルのワイヤレス配送システムは、アマゾン・ウィスパーネット・ワイヤレスサービスとよばれ、先進的なセルラー電話の高速データネットワークＥＶＤＯを利用している。ウィスパーというのは、ささやきという意味だ。キンドルのカスタマーは、ワイヤレス経由で、キンドルストアで買い物ができ、コンテンツを受け取ることができる。パソコンもWi-Fiホットスポットも同期化操作も必要としない。

当初、キンドルストアで利用可能な本や新聞や雑誌やブログなどのコンテンツの数は九万点であった。アマゾン・コムは以後、全力でこのコンテンツ数の増加を図っていく。昔のパソコンの競争で、アプリケーションソフトが何本あるかを競ったことを髣髴《ほうふつ》とさせる。

キンドルの重量は292グラムで、ペーパーバック本よりも軽く、片手で操作できると宣伝した。内部メモリーは180MB（メガバイト）で、二〇〇冊の本を収容できた。オプションでSDカードを使えば、さらに何百冊か収容できた。最大4GBまでのSDカードが使えるようになっていた。購入した本はアマゾン・コム上にオンラインでバックアップされているので、仮にキンドル上のメモリーが一杯になっても、それをどかして新しいタイトルのために場所をつくることができる。古いタイトルはアマゾン・コム上にバックアップされており、いつでも戻すことができる。

キンドルは組み込みの二五万語のオックスフォード・アメリカン辞書をもっており、さらに当然だがウィキペディアにもアクセスできる。キンドルのバッテリー寿命は四八時間であり、充電時間は二時間であった。キンドルにはキーボードがついていて、本の余白に注釈や感想を書き込むことができる。カスタマーは、これらのノートを編集、削除、エクスポートでき、将来のためにブックマークできる。また、キンドルは自動的にコンテンツのどこを最後に読んだか、自動的にブックマークしてくれる。本の改ページのために、キンドルの両側に改ページボタンがついている。

キンドルで使える文書フォーマットは、AZW形式、MOBI形式、PRC形式である。独自の形式ばかりで、オープン性はない。囲い込みを意識しているのだろう。キンドルのCPUはXScaleアーキテクチャのPXA255である。このRISC（縮小命令セットコンピュータ）アーキテクチャを使ったCPUは流転の歴史をもち、もともとはARMのCPUだったが、DECとの共同開発でStrongARMとなり、訴訟問題ののちにインテルに売却された。さらに二〇〇六年にマーベルテクノロジーグループに売却された。このCPUを搭載したマシンも歴代不幸な歴史をもつ数奇なCPUである。OSはLINUXのようである。

2　キンドル2の発売

二〇〇九年二月一二日、アマゾン・コムはニューヨークのモルガンライブラリーアンドミュージアムでキンドル2を発表した。一年余りで新型機の発売である。キンドル2は初代キンドルを改良し、新機能で補強した。新しいスリムなデザイン、バッテリー寿命の増加、より高速な改ページ、内部メモリーの増加、より鮮明な解像度などが特徴である。

・バッテリー寿命が二五％増加
・改ページ速度が二〇％高速化
・内部メモリーを七倍の2GBに増加、一五〇〇冊が収容可能
・テキストの読み上げ機能の標準搭載
・ウィスパー同期
・キーボードの配置とキーの形状の変更
・購入できるコンテンツが二四万点に増加

価格は当初三九九ドルであったが、二〇〇九年一〇月六日から二五九ドルになった。ある意味で、一年余りで第一世代機は陳腐化してしまったのである。第一世代機の在庫はたぶんかなりあったはずだが、どこでさばいたのだろう。おそらく全世界販売というのが、第一世代機の在庫一掃に貢献したのだろう。

キンドル2では、テキスト読み上げ機能（テキストツースピーチ）が新しい機能で、セールスポイントであった。あとは容量の増加と高速化と軽量化にすぎなかった。ところが、この読み上げ機能に対して、米国の著作家組合（Author Gild）から「電子ブックの権利は警戒態勢：アマゾンのキンドル2は読み上げ機能を追加」という声明が出た。

読み上げ機能を使うと、キンドルコンテンツが実質的にオーディオブックになってしまう。これはオーディオブックの権利を侵すものだ。今はアマゾンのキンドル2のモノトーンな合成音は、専門の声優が読み上げるオーディオブックにはかなわない。しかし、将来的には改良が加えられ、オーディオブックの存立が危うくなってしまう。だいたいそういう要旨の文章だが、あまりに散文的・第三者的な文章で、告訴など法的手段に言及しない迫力に乏しい文章である。

これに対してアマゾン・コムは対応した、とウォールストリートジャーナルの三月二日号に記事が出た。アマゾン・コムはキンドル2の最新版が電子合成音で、「自動読み上げを可能にするかどうかはタイトルごとに出版社と著者が決定することである」というようにしたというのだが、これがどういう法的拘束力を持つのだろうか。

また、アマゾン・コムは「どんなコピーもつくられていません。どんな派生的な作品もつくられていません。どんなパフォーマンスもなされていません」として、キンドル２の読み上げ機能は合法的ですと声明しているとある。ただし、その記者発表文はアマゾンのウェブサイトには見あたらない。くだんの著作家組合は同じ三月二日声明を発表しているが、最初のよいステップだと評価して腰砕けになってしまった。

3　キンドルＤＸの発売

二〇〇九年五月六日、キンドル２の発売三カ月後にキンドルＤＸが発表された。ＤＸはデラックスの意味だろう。この機種は記者発表の冒頭が次のようになっている。

「大型のキンドルＤＸのディスプレイと新機能が、広い範囲の専門的書やパーソナル文書を読むという、より強化された経験を提供します」

つまり、前のキンドルやキンドル２では、細かい添字の付いた数式が詰まった数学や物理の専門書は読みにくかったということだろう。画像、表、チャート、グラフなども読みやすくなった。キンドルＤＸでも表現力は十分でないが、相当改善されている。キンドルＤＸは、外形寸法が一八・三センチ×二六・四センチ×〇・九一センチで、キンドルに比べて大きくなり、薄めになった。重量は五三六グラムで、キンドルに比べて倍増した。

キンドルＤＸは、九・七インチの電子ペーパーディスプレイ、組み込みＰＤＦリーダー（後述）、自動回転能力、内部メモリーの強化というような特徴がある。価格は四八九ドルと高くなった。しかし、キンドル２が三九九ドルなら、必ず割安のキンドルＤＸを買うだろう。十分に計算し尽くされた価格設定である。

キンドルＤＸのディスプレイは九・七インチで、キンドルの六インチに比べて大型である。表示面積はキンドルの二・五倍で、電子ペーパーディスプレイの表示サイズは一三・一センチ×一九・六センチである。解像度は８２４×１２００ピクセルになっている。キンドルＤＸの白黒表示は、キンドルの四階調に比べて、キンドルＤＸでは一六諧調となっている。画像の表現力は増しただろうが、カラーでないので、料理の本、園芸の本、子供向けの絵本の表示には十分でない。

キンドルＤＸには、ＰＤＦリーダーが組み込まれ、ＰＤＦ文書を読めることになったので、スクロールやパンニングやズーミングやリフローイングなしに、複雑なレイアウトの文書を読めるようになった。ＰＤＦとはポータブルドキュメントフォーマットの略で、無理に訳せば互換文書書式となる。アドビシステムズが開発した電子文書に関するファイル書式である。すべての環境でほぼ同様のレイアウトで文章や画像などを読めるので便利である。二〇〇八年には国際標準化機構（ＩＳＯ）によってISO 32000-1として国際標準となった。

自動回転能力によって、ポートレートモードやランドスケープモードで読めるようになり、また、デバイスをどちらの手で持ってもフリップできる。内部メモリーは３・３ＧＢとなり、約三五〇〇冊が保存可能となった。キンドル２では一五〇〇冊であった。購入できるコンテンツの数は二七万五〇〇〇タイトルに増えた。

4　七〇%のロイヤルティ

あるハードウェアがシェアを独占してしまうには、有名なやり方がある。それは、そのハードウェアで動くコンテンツの数を増やすことである。コンテンツを増やすにはどうしたらよいだろうか。アマゾン・コムはとてもユニークな方法を考えついた。それはロイヤルティを上げることである。

二〇一〇年一月二〇日のアマゾン・コムの記者発表文は次の表題である。

「アマゾンは、キンドル・デジタルテキストプラットフォーム（DTP）に対して、新しく七〇%のロイヤルティオプションをアナウンスします。これによって、著者と出版社は、販売されるすべてのキンドルブックに対して、より多くのロイヤルティを稼ぐことができます」

ロイヤルティを印税と訳すと、びっくりする。ふつう本の印税は一〇%だからだ。それが七〇%なんてと思う。眉に唾をつけてよく見なければと思うではないか。

「アマゾン・コムは新しいプログラムの詳細をアナウンスしました。キンドル・デジタルテキストプラットフォームを使用する著者と出版社が、販売されるすべてのキンドルブックに対して、より多くの収入の分け前を稼ぐことができます。」

ここまでは表題と同じだ。

「新しい七〇%のロイヤルティオプションを選択した著者と出版社は、小売価格、配送コスト総額の七〇%を受け取ることができます。この新しいオプションは、既存のDTPの標準的なオプションに付け加えられるもので、置き換えるものではありません。この新しい七〇％ロイヤルティオプションは二〇一〇年六月三〇日から利用できるようになります。」

あれ、何を言っているのかなと思う。

「配送コストはファイルサイズに基いており、１ＭＢ（メガバイト）あたり〇・一五ドルです。今日の平均的なＤＴＰファイルサイズは３６８ＫＢ（キロバイト）ですから、配送コストは、販売されたユニットあたり〇・〇六ドルです。この新しいプログラムでは、このように著者と出版社はすべての販売分で、より稼ぐことができます。

たとえば、八・九九ドルの本で、著者は標準オプションで三・一五ドルもらえますが、この新しい七〇％オプションでは六・二五ドルもらえます。」

この世の中にそんなうまい話があるのだろうか、と続けて読みたくなる。

「今日、著者は、出版社が物理的な本に対して設定する小売価格の七％から一五％の範囲でロイヤルティを受け取るか、デジタルブックに対して小売業者から受け取る総額の二五％を受け取るかしています。」

ちゃんと慣行を理解しているのだ。

「ＤＴＰの著者と出版社は、自分のニーズにいちばん合うロイヤルティオプションを選べます。七〇％オプションを選択する著者と出版社は、すべての同じ機能にアクセスでき、標準的なロイヤルティレートを受け取る本の場合と同じ要請に従うことになります。」

やっと条件が出てきたかと思う。

「さらに七〇%ロイヤルティオプションの資格を得るために、本は以下の要請のセットを満足しなければなりません。
・著者と出版社の供給する小売価格は二・九九ドルから九・九九ドルの範囲になければならない
・この小売価格は物理的な本の最も低い物理的小売価格よりも最低二〇%安いこと
・タイトルは著者と出版社が権利を有するすべての土地で利用（可用）できること
・タイトルは読み上げ機能（テキストツースピーチ）のようにキンドルストアの広範な機能セットに含まれること
・このロイヤルティオプションの下では、物理的な本の価格を含んで、競争力のある価格設定か、それ以下で提供されること。
アマゾンはこのプロセスを自動化するツールを提供し、七〇%のロイヤルティは小売価格から計算されます。」

「七〇%ロイヤルティオプションは著作権内の作品に対してであり、一九二三年前に出版された作品（パブリックドメイン）には適用されません。開始時には七〇%ロイヤルティは米国内で販売される本に対してだけ利用できます。」

安い本だけを対象にしているということは、ロイヤルティの総額はあまりたいしたことがないことを意味する。著作権の切れた本にはロイヤルティは支払わないと言っている。アマゾン・コムが、テキストだけでなく、たとえばスピーチ（音声）を含む包括的権利を確保していることは、物書きにとって本当に得か損かわからない。カセット版、ＣＤ－ＲＯＭ版、ＤＶＤ版など別々に印税をもらうことはできないのである。

今回のアマゾン・コムの提案をよく考えると、これは将来のアマゾンの性格の変貌を意味しているのではないかと思う。従来はアマゾンは出版社から受け取った本を小売していたのだが、今回の提案ではアマゾンが出版社を製品供給業者のように扱っている。主客が入れ替わるかもしれない時期に来ているように思う。

5　ビッグブラザー

ある日、買ったはずの本が自分の本棚から忽然と消えてしまったらどうだろう。きわめてびっくりするにちがいない。それと同じことがキンドルでも起きた。ジョージ・オーウェルの小説『１９８４年』や『動物農場』が、ある日キンドルから忽然と消えていたのである。何が起きたのだろうか？

消えたというよりも、正確には消されてしまったのだが、消されたのはモービルレファレンス社というデジタル出版社の『１９８４年』と『動物農場』である。これらの再版権は別の出版社が持っているのだが、古い作品なので著作権切れと勘ちがいしたモービルレファレンス社がデジタル化してキンドルのライブラリーとして売っていたようだ。これに気づいた再版権所有社がアマゾン・コムに抗議した。

そこで、アマゾン・コムはモービルレファレンス社の製品を不法コピーとして二〇〇九年七月一七日、二点の販売を停止した。これはまともだったのだが、ユーザーがすでに買ったコンテンツについても、キンドルから無断で削除してしまった。

デジタルコンテンツにはＤＲＭ（digital rights management、デジタル著作権管理）というガードがかかっていて、一般人には簡単にはアクセスできない。コピーさせないためである。ところが、アマゾン・コムは遠隔操作で個人のキンドルに侵入し、黙って消してしまった。いったん売られたハードウェアやコンテンツにアマゾン・コムが自由に侵入して手を出せるなら、何とも気味の悪いことである。

キンドルは『１９８４年』の独裁者ビッグブラザーならぬアマゾン・コムの見えない手に支配されているのかということになる。たまたま『１９８４年』であったことも災いしたのかもしれないが、猛烈な抗議運動が起きた。慌てたのはアマゾン・コムであり、ジェフ・ベゾスである。キンドルコミュニティに投函した「アマゾンからの謝罪」と題された二〇〇九年七月二三日午後一二時一六分付のコメントで、ジェフリー・ベゾスは述べている。

「これは、先にキンドル上で１９８４や他の小説の不法に販売されたコピーにわれわれが対処したやり方に対する謝罪であります。この問題に対するわれわれの『解決法』は、愚かであり、思慮が足らず、悲惨なほどわれわれの原則から外れたものでありました。本件はまったく自ら招いたものであり、われわれはわれわれが受けた批判に値します。われわれはこの痛ましい過ちの傷跡を、さらに前進していくために、よりよい決定をなす助けとしたいと思います。

われわれのカスタマーに深く謝罪します。

アマゾン・コム創立者&最高経営責任者」

ジェフ・ベゾス

アマゾン・コムはこのように謝罪し、削除を受けたユーザーに対して該当作品の別のコピー、あるいは三〇ドル分のギフト券または小切手の提供を申し出た。フリーソフトウェアファウンデーション（FSF）も二〇〇九年七月二三日の声明で、この措置を歓迎し、良しとした。

6　キンドルの課題

キンドル版のコンテンツの売上げは、アマゾン・コムの必死の努力もあって急速に伸びている。バーンズアンドノーブル・コムのジョナサン・バルキーリーは、本でなくデータを売ろうとした。ロケットイーブック（Rocket eBook）に賭けた。狙い目は悪くはなかったが、少し時代に先行しすぎた。アマゾン・コムのキンドルはうまくタイミングをつかんで、バーンズアンドノーブル・コムが実現できなかった夢を実現しつつある。

ただ、課題もある。今までパソコン業界でよくいわれた「われわれが標準をつくる」だが、単独で標準をつくり出していくのはたいへんむずかしい。とくに、ハードウェアがからんだ場合にはむずかしい。アマゾン・コムは、キンドル端末を無料で配ってでもキンドル標準を普及させて、コンテンツで儲けたいのだろうが、そうはたやすくないだろう。

また、ハードウェアにはつねに在庫の問題がある。在庫を少なく押さえれば危険は減るが、注文に応えきれない。在庫が過剰だと圧倒的に危険である。アマゾン・コムの強さは、オールモスト・ジャストインタイムで在庫がほとんどないということにあったが、キンドルはアマゾン・コムの足かせになってしまったという感がある。

ハードウェアの別の問題としても、優秀なハードウェアをつくった経験のある多数のライバルが虎《こ》視眈々《したんたん》とねらっている。モノクロしか表示できないキンドル端末で、ユーザーが満足することはない。キンドルの最終的な敵は、カリスマのスティーブ・ジョブスに率いられたアップルの iPad（アイパッド）である。アマゾンのジェフ・ベゾスには、スティーブ・ジョブスほどのカリスマ性はない。すでにスティーブ・ジョブスは神の領域にすら近づいている。これと対抗するのは無理だし、不可能というものだ。アマゾン・コムはハードウェアからはさっさと撤退するのが賢明と思う。

ハードウェアの不良在庫は恐ろしい。昔、ウィンドウズにＷＦＷ（Windows for workgroups）というのがあって、ウィンドウズで簡易ＬＡＮ（local area network）を組めた。たいへん便利な製品で、ずいぶん楽しんだものである。当時、学内ＬＡＮは高価なエミュレータを使って接続することになっていた。馬鹿げたことだと思っていた。要するに、イーサネットボードとこれのＯＳサポートさえあれば、ＬＡＮ接続もインターネット接続もできるはずなのである。その抜け道を探し出してＬＡＮ接続の実験をし、次に大学のパソコンからインターネットへ飛び出した。今では当たり前のことだが、大学のコンピュータセンターの関係者立会いの下でインターネットに接続できたときは本当に驚いた。

ＷＦＷは日本国内では発売されなかったが、米国へ出かけるたびに買い込んできた。どうしてこんなよい製品を日本で発売しないのだろうと思った。日本のマイクロソフト株式会社からはＷＦＷの品質が低いからと説明されていたが、どうも納得できなかった。私のもとではちゃんと動いているのである。かなりあとになってある文献で、ＷＦＷのＬＡＮボードが在庫過剰となって、さすがのマイクロソフトでさえも悲鳴を上げたと読んだ。これに懲りたマイクロソフトは、ＷＦＷの日本語化を手控えたのである。

いちどキンドルの不良在庫がたまったら、アマゾン・コムといえど傾きかねない。スティーブ・ジョブスは癌ということだが、摂生してぜひ長生きしてもらいたいものだ。

7　本は悠久の歴史を持つ

古代から、知識を記録し保存するために文字が発明され、それを何らかの形で収納することが行なわれた。メソポタミアでは楔形文字が発明され、粘土板に記された。『ギルガメシュ叙事詩』などが最も有名なものだろう。複雑で込み入った神話を伝えるには何千・何万枚もの粘土板が必要だった。エジプトではヒエログリフという象形文字が発明され、パピルスという植物からつくった巻物に記された。『死者の書』が有名である。

中国では、竹の札でつくった竹簡をなめし革の綴じひもでつないだものが発明された。「葦編《いへん》三絶《ぜつ》」という言葉がある。孔子が易経を愛読したため、竹簡の綴じひもが幾度も切れたと、司馬遷の『史記』という歴史書に記載されている。中国では紀元前二世紀ごろにはすでに紙が発明されている。

蔡倫が発明したといわれている。木版による印刷はだいたい八世紀ごろに発明されたといわれ、儒教の経典や仏教の経典が印刷された。

小アジアでは、羊やヤギの皮を利用した羊皮紙が発明され、巻物にして使われた。羊皮紙の書物で最も有名なものは『死海文書』だろう。クムラン教団によりヘブライ語で記されたもので、旧約聖書や新約聖書の解釈に、どちらかというと非正統的な立場から新しい光を投げかけた。

紙の製法が中国からイスラム世界に伝わったきっかけは、七五一年のタラス河畔の戦いである。アッバース朝軍に捕えられた唐の捕虜の中に紙職人がいたからである。これがヨーロッパに伝わることになる。しかし実際には、修道院で羊皮紙に筆写がくり返された。ウンベルト・エーコの『薔薇の名前』の世界である。ヨーロッパで紙が広く使われるようになるのは、一五世紀半のドイツのヨハネス・グーテンベルクの印刷術の発明以後である。以後、大量印刷が可能になったことで、安価で扱いやすい本が普及することになる。聖書などは、印刷術が普及するまでは一般の人が読めるものではなかった。

8　本はなくならないだろう

アマゾンのキンドルやアップルの iPad の爆発的な成功によって、印刷物の存在が希薄になってきたといわれている。紙媒体にたよる新聞や雑誌はたしかにそうだろう。これらは情報の迅速な配布が生命で、その点ではインターネットにとてもかなわない。休日をはさんで新聞の情報が二〜三日遅れで伝えられると悲惨だなと思ったりする。

ただ、単行本となるとそうもいえないと思う。辻静雄という有名な料理研究家がいる。元新聞記者で、結婚後に料理学校の校長になった辻静雄氏は、フランス料理が本来どういうものであるかについて悩んだ。そこで読んだのが、M・F・K・フィッシャーの『食の芸術』と、サミュエル・チェンバレンの『ブーケ・ド・フランス』（〝Bouquet de France〟）である。読了後、実際に著者に会おうと、紹介状をもらってフランスに渡った。

私も、M・F・K・フィッシャーとサミュエル・チェンバレンの本を読みたいと思って、米国のアマゾンで古本も含めてほぼ全部を買い集めた。ただ、M・F・K・フィッシャーの本は『ブルゴーニュの食卓から』（原題は『はるか昔フランスで：ディションでの歳月』）と『オイスターブック』（牡蠣の本）を読んだだけで、残りは積読《つんどく》である。サミュエル・チェンバレンの『ブーケ・ド・フランス』は六〇〇ページ以上の立派な本で楽しく読んだ。フランス各地の建物の写真やスケッチがたくさん入っている。建築の先生だから、たいへんスケッチが上手で感心させられる。二人の本は約六〇年前の本だから、はるか昔のフランスの話である。

サミュエル・チェンバレンの本を探している段階で、ウェイバリー・ルートの『フランスの食』（〝The Food of France〟）という本に出合った。『フランスの食』の序文はサミュエル・チェンバレンが書いている。この本はサミュエル・チェンバレンの『ブーケ・ド・フランス』と同じく、フランス全土をまわってフランス料理を紹介している。ウェイバリー・ルートは、バター、ラード、オイルに関する独特の方法論を持ち、どの油を使うかで生活の豊かさがわかるという。独特な考察ではあるが、今だとクレームがつきそうである。

ウェイバリー・ルートの『フランスの食』があまりにおもしろかったので、もう一つの大冊『イタリアの食』（〝The Food of Italy〟）を読んだ。イタリア全土をまわってくれるので、イタリアの地形がよく頭に入った。私が自分で訪ねた場所は、とくになつかしく思い出せた。

『フランスの食』と『イタリアの食』という、それぞれ四九六ページ、七五〇ページという大冊の本を読めたのは、グーグルがあったおかげだと思う。少しでもわからないことはグーグルで検索し、カラープリンターで美しく打ち出した画像や地図を貼りこんで、自分だけの本をつくったりした。

ただ、問題もあった。本が重くて、持ち運びに苦痛を感じるようになったことだ。重すぎて鞄には入れられず、別に専用の紙袋を持って通勤した。何かよい解決法はないかと思って探していたら、最近、ペーパーバック版が出ていることに気づいて購入した。たしかに小型で軽量になった。中身だけならまったく同じものだが、ただ愛着が感じられないのである。手に持った重さ、装丁や、活字、余白のとり方など、かなりちがう。もしペーパーバック版を最初に入手していたら、読破できなかったと思う。現在の電子版だったらどうだろうか。たぶん読破はできないだろう。本の存在感が薄いから、長続きしないのである。

重ければ読む分だけをコピーすればよい、と思ってそうしたこともある。これは試してみればわかることだが、まとまりをつけるのが大変なのである。製本されていない本というものは、便利そうでいて意外にそうではない。

9　携帯型読み出し機が必要な場合もある

ウェイバリー・ルートの『イタリアの食』は読んで楽しくすばらしい本ではあったが、一九七一年発行の本であり、古さが多少気になっていた。というのは、現在のイタリアで人気を呼んでいるアマローネというワインや、スーパートスカーナワインについての記述がなかったからである。これはウェイバリー・ルートが本を書いた時代には、まだ有名になっていなかったり、出現していなかったりしていたので仕方のないことだと思う。

そこで、イタリアのワインについてもう少し新しい情報を知りたくなり、ジョセフ・バスティアニーチとデヴィッド・リンチの『イタリアのワイン』（"Vino Italiano"）という本を読んだ。二〇〇二年に出た本である。これも最新ではないのだが、ともかく二〇世紀の本でなく二一世紀の本である。この本は米国人の消費者向けにイタリアのワインを紹介するというスタイルをとった、とてもおもしろい本である。イタリアに慣れるようにとイタリア語が頻出するのには、多少悲鳴を上げさせられた。そこでイタリア語の電子辞書をそろえた。

この本は挑戦的な姿勢の本だ。「われわれはガイドブックを書こうなどとはまったく思っていなかった。どこへ行き、何をして、何を考えるべきかまでをいちいち教えてくれるのがガイドブックというものだ。…そんなことをしたら、まったく退屈な教科書になってしまうだろう。」

それはそれでけっこうなのだが、本文に出てくる地名が本の地図に載っていないことなどざらである。地図が必要なら『ワイン・アトラス・オブ・イタリー』（イタリアのワイン地図）という本を見よとあるので、アマゾンの中古市場で探し出してこれも買った。他にもワインの地図は最新の大冊のものを持っている。地名を地図上で探し出せないことはないが、検索に時間がかかり面倒である。

これはやはり、グーグルの地形図を駆使しなければとても続かない。通勤の行き帰りに少しずつ読み、わからない地名には付箋を貼り込むか鉛筆で印をつけ、家でグーグルを検索し、これもまたカラープリンターで美しく打ち出した画像や地図を貼りこんで読了できた。私のやり方はまことにオールドファッションであったが、これからの携帯型読み出し機は画面からグーグルを呼び出せて、画像や地図を貼りこめないと駄目だと思う。

また、電子辞書は簡単に利用できるのが望ましい。また当然のことながら、読むだけのものだけでなく、クリックしてインターネットからデータを引き出せるものでなければならない。ソアーヴェという地名が出てきたとしたら、それをクリックするだけで地図が出てきたり、画像が出てきてほしいと思う。さらに、メルローとカベルネソーヴィニヨンとはどんな色をした葡萄なのか、単に赤ワイン用の葡萄と理解してしまうのは悲しいことである。静止画像や動画像で見ないと、とても理解できない。また自分のノートにもたっぷり貼り込みたいと思う。

イタリアを旅行しながら読むということにでもなれば、ハードカバーの『イタリアのワイン』はかなりの重量で、とても耐えられない。さらにワインを確認してということになれば、キンドルやiPadは絶対に必要である。携帯型読み出し機の大きさは、アマゾンのキンドルDXか、アップルのiPadくらいがほしい。ある程度の大きさがないと地形図は役に立たない。カラー表示は絶対に必要だろう。地形図はモノクロの場合とカラーの場合では情報量が圧倒的にちがう。実際にモノクロプリンターとカラープリンターで地形図を打ち出してみると、ちがいがよくわかる。表現力の圧倒的なちがいといえるだろう。

キンドルの将来には、まだまだいろいろなことがあるだろう。

10　『もうすぐ絶滅するという紙の書物について』

本章に関連して、ウンベルト・エーコとジャン＝クロード・カリエールの『もうすぐ絶滅するという紙の書物について』（工藤妙子訳、阪急コミュニケーションズ、二〇一〇年）の一読を薦めたい。表紙のカバーをひっくり返すと別の表紙になる楽しみのある本である。

大愛書家・大読書家の二人が、本に関する蘊蓄《うんちく》を傾けている。私がウンベルト・エーコのファンであり、ジャン＝クロード・カリエールの映画のいくつかを見ているせいもあるだろうが、とてもおもしろい。前半のフロッピーディスク装置やCD-ROM装置に関する記述を読んでいると、技術的知識の貧しさに悲惨ささえ感じたりするが、インキュナビラという古書に関する知識はとてもわれわれ凡人の及ぶところではない。

安心させてくれるところもある。たとえば「我々が読まなかったすべての本」という章では、ウンベルト・エーコが次のように言っている。

「聖書を、創世記から黙示録まで本当に読み通したことがある人はいるでしょうか」

〝まさか、あなたは本職でしょう。私だって最初から最後まで全部読みましたよ〞と言いたくなり、少しほっとする。続けてウンベルト・エーコが、

「白状しますと、私が『戦争と平和』を読んだのは四〇歳になってからです」

と言っていて、〝それなら、私も一七歳のときの夏休みに読みました〞と思う。

バイヤールの言を借りて、

「ジョイスの『ユリシーズ』を読んだことはないが、『ユリシーズ』がどんな本か学生に話すことはできる」

とあると、〝まさか〞と思ったりする。意識の底の夢想に近いあの話を読まずに話せるとは、とうてい思えない。さらにウンベルト・エーコが、

「サッカレーの『虚栄の市』は読みましたかとか、あんまりうるさく訊かれるのでしかたなく、『虚栄の市』を読もうとしたことが過去に三回はあります。しかし、どうしても途中で投げ出してしまうんです」

とあると、〝私だって岩波文庫の四冊本で読みました〞と言いたくなり、ふつうの本の範囲では、それほどコンプレックスを感じなくてもいいのだと安心させてくれる。

ただ、本一般に関する造詣の深さでは、とても足元にも及ばない。

脱線はさておいて、ウンベルト・エーコの本を読んで感じるのは、紙の本はやはりすばらしいもので長い歴史を持つ、その存在が一挙に消滅するということはないだろう、ということである。

ただ、本は場所をとる。ウンベルト・エーコの蔵書は五万冊だという。ナシーム・ニコラス・タレ

ブのベストセラー『ブラック・スワン』（望月衛訳、ダイヤモンド社、二〇〇九年）の第一部「ウンベルト・エーコの反蔵書、あるいは認められたい私たちのやりくち」には三万冊と書いてある。どちらでもよいが、ウンベルト・エーコの蔵書は自宅と別宅を埋め尽くしているらしい。最近の日本の狭隘《きょうあい》な住宅事情はそういう贅沢を許さない。読んでない本のコレクションをタレブは「反蔵書」とよんでいるが、おそらくふつうの人には反蔵書を持てる余裕はないだろう。文化国家をめざした戦後の日本では、豪華な文学全集や世界大百科事典で壁を埋め尽くすのがステータスであったが、もうほとんど消滅してしまったようだ。将来、本の存在が薄くなるとすれば、置き場所の問題によるのかもしれない。

第12章　アマゾン・ウェブサービスAWS

クラウドコンピューティングがさかんに人々の口に上っている。これは、一九七〇年代中期から始まったマイクロコンピュータ革命や、一九八〇年代のパソコン普及、一九九〇年代のダウンサイジングとは逆行する動きである。

もともとコンピュータは、大型コンピュータとそれに結びつけられた何十台とか何百台というターミナル（端末）からできたネットワークの形態で使われた。大型コンピュータの能力とターミナルの能力差はあまりに大きく、大型コンピュータはホストコンピュータとよばれた。主人と奴隷の関係である。大型コンピュータ界の巨人ＩＢＭ全盛の時代であった。

それが一九八〇年代になると、サーバーを中心としてクライアントというマシンをつないだクライアント・サーバーという形態で使われるようになった。大型コンピュータはサーバーというマシンに置き換えられた。ミニコン界の巨人ＤＥＣやワークステーション界の巨人サンマイクロシステムズ全盛の時代であった。集中型コンピューティングから、分散型コンピューティングへ移行したといってよい。この時代、ＩＢＭやオラクルは必死になってネットワークコンピューティングやシンクライアントを広めようと試みた。

ところが一九九〇年代になって、マイクロソフトによるもっと安価なサーバーが登場すると、DECやサンマイクロシステムズの覇権があやしくなった。結局、この二社は歴史から姿を消してしまった。一時、マイクロソフトがすべての覇権を握ったと考えられたこともある。

しかし、一九九〇年代前半に起きたインターネット革命は、構図を変えてしまった。ネットワークの構成要素としてのサーバーは不可欠であるとしても、本当にコンピューティングに本質的な寄与をしているかといえば、そうは思えなくなってきた。コンピューティングの中心にあるのはインターネットである。パソコン以外に何が必要かというのが本当のところだっただろう。

そうなると、大型のコンピュータや大規模ＯＳやデータベースソフトをつくっている会社は危機を感じる。普通の人の仕事は、安いパソコンとワープロとエクセルとメールだけで、できてしまうからだ。メールだけで仕事をしている人もいる。そこで、大きなメーカーからは、セキュリティの強化とか、システムの無故障性といったことがしきりに強調される。ちゃんとした大規模なシステムでないと駄目ですよ、というわけである。ただ、大規模なシステムにしたところで、セキュリティの穴はあるし、システムがダウンしないわけではない。保守的な大規模システム擁護論である。

ところが、グーグルはマッシブパラレル型の超並列コンピュータをつくって、インターネットをリードした。これが一つのモデルになる。新しいパラダイムの形成である。つまり、インターネットの中心に強大なコンピュータがあれば、インターネットにつながれるコンピュータはそれほど強力である必要はないのではないか。ハードディスクだって必要ないのではないか。ソフトもいっさい必要ないのではないか。サーバーだっていらないのではないか。全部どこかにアウトソーシングに出せば、経費の劇的な削減になる。一昔前のネットワークコンピューティングやシンクライアント（薄いクライアント）の復活である。

これに関連して、スケーラビリティの概念が注目されるようになってきた。スケーラビリティとは、システムに資源を追加することによって、小規模なものから大規模なものへと規模を拡張できる能力をいう。投入する資源が増えると全体のスループットが向上するシステムをスケーラブルシステムという。超並列コンピュータ（マッシブパラレルコンピュータ）に関連して、この考え方が出てきた。インターネットのネットワークの雲（クラウド）の中に強力なコンピュータをつくって、あらゆることをそれにまかせようというのが、クラウドコンピューティングである。これは、歴史的にいってもＩＢＭやオラクルの得意とするところで、マイクロソフトはそこまで成長しきっていない。エンタープライズレベルのところまで進出を始めたところで、混乱に陥ってしまった。グーグルも検索エンジンということでは優れているが、どうもそういうことには向いていないようだ。

1　アマゾン・ウェブサービスＡＷＳとは

先にも述べたように、アマゾン・ウェブサービス（以下、ＡＷＳと略す）は、もともとはアマゾン・コムの内部でのサービスであった。現在、プロダクト・アドバタイジングＡＰＩとよばれているサービスがたいへん有効であったということから、外部へのもっと一般的なサービス提供に踏み切ったとされる。

ＡＷＳは、二〇〇六年初頭から、あらゆるサイズの企業に、クラウドの中のインフラ・ウェブサービスプラットフォームを提供している。ＡＷＳは、ソフトウェア開発者が、アマゾンの技術プラットフォームと商品データにアクセスできるように、アマゾンの全サイトで提供している技術とサービスの総称である。ＡＷＳは、ソフトウェア開発者が、それぞれの創造性を発揮して、ダイナミックかつ高機能で革新的なインターネットアプリケーションを開発するためのインフラとなることをめざしている。

ＡＷＳを使えば、企業は望むままに、コンピューティングパワー、ストレージ、一連の柔軟なＩＴインフラサービスにサービスアクセスを要求できる。また、いかなる開発プラットフォームでも、いかなるプログラミングモデルでも選択できる融通性を持つことができる。ＡＷＳでは、使った分だけ支払えばよく、前払い金や長期の契約は必要ない。それがＡＷＳを企業のカスタマーやクライアントへアプリケーションを引き渡すための最もコスト効率のよい方法としている。ＡＷＳによれば、企業はスケーラブルで信頼でき安全なアマゾン・コムのグローバルなコンピューティングインフラを利用できる。

2　ＡＷＳの利点

ＡＷＳは、ＩＴ企業やソフトウェア開発者にいくつかの恩恵を与えることができる。

・コスト効率がよい＝ＡＷＳでは前払い金なしで、使った分だけ支払えばよいので、費用対効果が高い。ＡＷＳのクラウドのスケールが大きくなるにつれて、ＡＷＳの運用・管理・ハードウェアのコストの占める比率が小さくなり、浮いた分をユーザーに還元できる。
・ディペンダブル＝ＡＷＳでは、ユーザーがどのような問題を出してきても、厳しくテストされたウェブスケールのインフラを使える。ＡＷＳのクラウドは分散化され、安全で弾力性があり、ユーザーに信頼感を与える。
・フレキシブル＝ＡＷＳでは、ユーザーがどんなプラットフォームやプログラミングモデルを希望しようと、どんなアプリケーションでも構築できる。ＡＷＳでは、ユーザーは使用する資源を望むままにコントロールでき、アプリケーションに適合させることができる。
・わかりやすい＝ＡＷＳでは、スクラッチからスタートしなくてもよい。ＡＷＳにはユーザーのアプリケーションに組み込むことができる多数のサービスがある。データベースから支払いのアプリケーションに至るまで、これらのサービスがコスト効率のよいアプリケーション構築を助ける。

3　ＡＷＳの提供するサービス

現在、ＡＷＳで提供しているおもなサービスは、次のとおりである。まず、インフラサービスには次のものがある。本当は名前を付けるときにアマゾンを外すべきだったと思う。長い名前の場合、頭に残るのは先頭の「アマゾン」だけだからだ。下まで記憶に残らない。

❶ アマゾン・エラスティックコンピュートクラウド（アマゾンEC2）

アマゾンEC2は、クラウドの中でリサイザブル（サイズ変更可能）なコンピューティング能力を提供するウェブサービスである。アマゾンマシンインスタンス（AMI）を構成し、アマゾンEC2サービスをロードする。ユーザーのコンピューティングに対する要求の変化につれて、迅速にアップ・ダウンできるスケール能力がある。

なぜEC2という名前かというと、エラスティックコンピュートクラウドの頭文字がECCで、Cが二つ重なっているから、EC2と表記する。ECの二番目という意味ではない。

❷ アマゾン・シンプルストレージサービス（アマゾンS3）

アマゾンS3は、いつでもウェブ上のどこからでも大量のデータを蓄積したり、抽出したりするのに使われるウェブサービスである。シンプルとあるのは、単に謙遜にすぎないから注意したほうがよい。以下も同様である。S3はEC2と同じで、シンプルストレージサービスの頭文字がSSSで、Sが三つ重なっているからである。

アマゾンS3によって開発者は誰でも、アマゾン・コム自身がウェブサービスのグローバルネットワークを走らせるのに使っている高度にスケーラブルで、信頼性があり、高速で、高価でないデータストレージインフラへアクセスできる。

❸ アマゾン・クラウドフロント

コンテンツ配信用のウェブサービス。AWSと統合され、開発者とビジネスがエンドユーザーへ、ローレイテンシー（短い待ち時間）と高速データ転送速度で、コンテンツを配信する簡単な方法を与える。

❹ アマゾン・シンプルDB（アマゾンSDB）

アマゾンSDBは、クエリー（照会）を、構造化されたデータにリアルタイムで発行するウェブサービスである。アマゾンSDBは、アマゾンS3とアマゾンEC2と密接に結合して動作する。クラウドの中のデータセットを保存し、処理し、照会する。アマゾンSDBは使いやすく、運用上の複雑さなしにデータベースのコアとなる構造化データのリアルタイムの検索と照会という機能性を提供する。

❺ アマゾン・シンプルキューサービス（アマゾンSQS）

アマゾンSQSは、コンピュータ間でメッセージが移動するときにメッセージを保存しておける、高信頼性で高度にスケーラブルなホステッドキューを提供する。アマゾンSQSを使うことにより、開発者はメッセージを失うことなく、また各コンポーネントがいつも利用可能であることを要求することなく、異なるタスクを実行しているアプリケーションの分散コンポーネント間でデータを移動させることができる。

❻アマゾン・エラスティックマップレデュース（アマゾンEMP）

アマゾンEMPは、ビジネス、研究者、データ解析、開発者が、大量のデータをコスト効率よく処理できるようにするウェブサービスである。アマゾンEMPは、アマゾンEC2とアマゾンS3のウェブスケールインフラ上で走るアパッチ・ハドゥープフレームワークを使う。

アパッチ・ハドゥープフレームワークは、フリーのジャバ（Java）ソフトフレームワークであり、大規模データの分散アプリケーションをサポートするものである。アマゾンEMPを使うと、ウェブインデキシング、データマイニング、ログファイル解析、マシンラーニング、財務解析、科学シミュレーション、生物情報などのアプリケーションのように、データインテンシブなタスクを実行するために希望する容量を確保できる。

❼アマゾン・リレーショナルデータベースサービス（アマゾンRDS）

アマゾンRDSは、クラウドでリレーショナルデータベースをセットアップし、運用し、スケールするウェブサービスである。アマゾンRDSは、時間のかかるデータベースのアドミニストレーションというタスク管理をしながら、コスト効率よくリサイザブル（サイズ変更可能）な容量を提供する。これによりユーザーはアプリケーションとビジネスに専念できる。

❽ AWSプレミアムサポート

AWSプレミアムサポートは、AWSインフラサービス上でアプリケーションを構築し実行させるための、ワンツーワンで高速な応答ができるサポートチャンネルである。カスタマーのビジネスが要求するときは、いつでもAWSのチームが技術的なアシスタンスを提供する。有料である。当面、米国だけのサポートである。

次に、仮想プライベートクラウドを見てみよう。

❾ アマゾン・バーチャルプライベートクラウド（アマゾンVPC）

アマゾンVPCは、カスタマーの企業の既存ITインフラとAWSクラウドとのあいだの、安全でシームレスなブリッジである。アマゾンVPCは、企業の既存ITインフラを、仮想プライベートネットワーク（VPN）経由で隔離されたAWSのコンピュータ資源のセットに接続できるようにし、セキュリティサービスやファイヤウォールや侵入検出システムなど既存の管理能力をAWSの資源にまで広げられるようにする。

アマゾンVPCの理論は、工学部で本格的な教育を受けた人か、広域ネットワークの専門家でないと、わかりにくいと思う。現在、アマゾンVPCは、アマゾンEC2と統合しているだけだが、将来は他のAWSサービスとも統合する予定である。

他に業者向けサービスとして以下のものがある。

⑩ アマゾン・フルフィルメントウェブサービス（アマゾンFWS）

アマゾンFWSは、簡単なウェブサービスインターフェイスを通じて、アマゾン・コムのフルフィルメント能力にアクセスできるようにする。フルフィルメントとは、商品の注文から発送までのもろもろの管理運用業務を指す。たとえば、アマゾン・コムの場合、業者が本を納入し、アマゾン・コムが本を保管し、カスタマーがその本を発注し、アマゾン・コムが本を見つけて梱包し、アマゾン・コムが発送する。その代金請求、入金処理、苦情・問合せなどの処理、返品・交換処理などの業務を称してフルフィルメントとよぶ。

4　アマゾンEC2を使うには

アマゾンEC2は、アマゾンのコンピュータセンター内のリナックス（LINUX）やユニックス（UNIX）サーバーインスタンスや、ウィンドウズサーバーインスタンスをローンチし、管理することを可能にするウェブサービスである。ローンチというのは、ロケットの発射台をローンチャー（ランチャーという表記のほうが多い）ということから、感じをつかんでほしい。発射するような感じである。アマゾンEC2を使うには、AWSアカウントが必要である。サインアップすると自動的にアマゾンS3とアマゾンVPCにもサインアップすることになる。

次に、インスタンスを立ち上げる。それには、ローンチウィザードをスタートさせ、指示に従って先へ進む。AWSコンソールにサインインする。EC2コンソールダッシュボードから、ローンチインスタンスをクリックする。ここでアマゾンマシンインスタンス（以下、AMI）を選択する。AMIは、仮想的なサーバーの新しいイメージをつくるのに必要な情報をすべて含んでいる。つまり、アマゾンのコンピュータセンター内に、好みに従って仮想的にリナックスサーバーやユニックスサーバーやウィンドウズサーバーを立ち上げるのである。

まず、リナックスまたはユニックスか、ウィンドウズにするか、どちらかを選ぶ。その後、インスタンスの詳細、つまり細かい部分を詰める。本来はよく計画したうえで設定しなければならない。次に、暗号キーをつくり、ダウンロードする。セキュリティグループをつくり、ファイヤウォールを構成する。インスタンスをローンチする。こうしてできた仮想サーバーに接続するには、リナックス・ユニックスの場合はSSH（セキュアシェル）を使い、ウィンドウズの場合はPuTTY（パティ）というソフトウェアを使う。

基本的にはこれで終了だが、始まったばかりでもある。サーバーをアマゾンのコンピュータセンター内に移すには、いろいろなことを考えなければならない。綿密な計画が必要である。テレビ広告や新聞広告では、クラウドコンピューティングやクラウドサービスはいかにも簡単そうに見えるが、それは広告の嘘で、相当の教育と技量をもった専門家でないと、とてもシステム構築などできるものではない。現在の技術水準で最高度のものだということを承知しておいてほしい。

本当に理解するためには、膨大な分量のドキュメント（文書）を読まなければならない。素人にわかるかといわれれば、明確に「ノー」である。そのへんがいい加減に報道されているのが困る。ＩＢＭやオラクルが食指を動かしているのは、ドキュメントを読むだけでも素人にはできないし、システム構築に至っては無理だからだ。プロにおまかせくださいというところだろう。まともに動く企業システム構築は高度な専門技術者のチームにやってもらう以外に方法がない。そこがお金のとれる由縁であり、狙い目なのである。

もし、あなたが企業のトップだったら、若いエンジニアに話を聞いてみればよい。とても理解不能な言語で彼らは長々と話を続けるだろう。トップが考えるべきことは、場所をとるコンピュータ施設とシステム部門を企業内に置いておくべきかどうかの判断である。物理的な空間は激減できる。人員も節約できる。ただし、コストは下がらない。システム構築とメンテナンス費用は、外注に出すと膨大なものになるからだ。それにもう一つ心しておくべきことは、それほどむずかしい処理を本当に企業が必要としているのかということだ。せいぜいパソコンが数台あればできてしまうような事例がたくさんある。

アマゾンのカルチャーとＡＷＳのカルチャーはまるでちがう。少し乖離《かいり》しているように思う。またアマゾンはＡＷＳのサポート部隊を持っていない。サポートはインターネットのディスカッショングループにお任せである。これが心細いところだ。ただ、アマゾンがサポート部隊を持つようになれば、アマゾンという会社の性格が変わってしまう。大規模小売業からコンピュータネットワーク会社になる。ジェフ・ベゾスにそこまでの覚悟があるかどうかが、ＡＷＳの将来を決めるだろう。

終章　アマゾン・コムの将来

1　独特の美学に裏打ちされたカルチャー

ともあれ、アマゾン・コムはジェフ・ベゾスの個性を強く反映した企業である。アマゾン・コムについて誰もが書いている話がある。ロバート・スペクターによれば、アマゾン・コムの最初の机は、不要になったドアーと、4×4（フォーバイフォー）の木材を使ってジェフ・ベゾスが手づくりでつくった。脚の長さがそろっておらず、がたつきがひどかったという。D・E・ショウの元社員で、その後、高校で数学を教えていた社員番号6のニコラス・ラブジョイが補修した。ベゾスが最初の二台をつくり、ニコラス・ラブジョイが次の四台をつくったという。

従業員が増えても、アマゾン・コムは既製品の机を買わず、外注に出してつくらせていた。机の基本設計は創立当時と同じで、机用の木材とブラケットの部品代が六〇ドル、職人の人件費が六〇ドル、計一二〇ドルで机をつくらせていたという。単にお金の節約ということなら、世の中には中古事務機器の廉価販売をしている会社があるから、そこから買ったほうが安いと思う。軍隊の余剰物資を買うという手もある。ずいぶん安く買えるはずで、お金の節約が目的ではないように思う。

この件に関しては、たぶんアン・バイヤーズという人の次のような観察がおもしろい。

「ジェフ・ベゾスは、アマゾン・コムの出発の見かけのすべてを、惨めで革命的（humble and revolutionary）なように見せたかったのだ。つまり、彼は自分のガレージオフィスをできるかぎり安っぽく見せたかったのだ。」

これは曲折した美学でわかりにくいが、そういう物の考え方をする人もいる。とくに米国人はそういう考え方を好む。マーク・ペンダラストの『コカ・コーラ帝国の興亡』（古賀林幸訳、徳間書店、一九九三年）という本には次のように書いてある。

「一八八六年に誕生したコカ・コーラの物語は、典型的なアメリカの成功譚の特徴をすべてそなえている。野心あふれる若き企業家のお手本となってきたヒーローたちは、みな裸一貫から身を起こし、忍耐と勤勉と幸運によって巨万の富を築き上げたのだ。」

たとえば、ロックフェラーがその例だ。ピーター・コリアーとデビッド・ホロビッツの『ロックフェラーズ』には、ロックフェラーがつねに周囲に尋ねたというこんなセリフがある。

「誰か私より惨めな出発をした人がいるかね」

ロックフェラーの話は、彼が歳をとればとるほど誇張され、極度に貧しい家の出身から世界一の大富豪になったということが強調されていったという。現実のロックフェラーの実家はそれほど貧しくはなかったという。

ジェフ・ベゾスにはどこか曲折したところがあっておもしろい男だ。ジェフ・ベゾスはスローガンも好きだ。有名なものをいくつか並べてみよう。

「懸命に働き、楽しみ、歴史をつくろう」(Work hard, have fun, and make History)

「急速に大きくなろう」(Get Big Fast)

「世界で最も顧客中心の会社になろう」(To be the world's most customer-centric company)

「顧客への関心、オーナーシップ、行動指向、倹約、厳しい採用基準、革新」(customer obsession, ownership, bias for action, frugality, high hiring bar, and innovation)

そのときどきのスローガンを、社内ポスターで掲示したり、社内ラジオで流したりするという。アマゾン・コムの社内のエレベーターには大きな白板が設置されていて、ディスカッションできるようになっている。廊下を犬が走りまわっている。どの机にも、人形やキャラクターグッズが多い。ジェフ・ベゾスの机のまわりにもポケモンが飾られている。アマゾン・コムの文化は、ジェフ・ベゾスの独特の美学に飾られたところがある。

2　厳しい選別

アマゾン・コムのすべての年次報告書を読んで、取締役の推移をみるといろいろなことがわかる。

一九九七年、アマゾン・コムの取締役会の顔ぶれは次のようであった。

・ジェフリー・ベゾス
・トーマス・A・アルバーグ

・スコット・クック
・ジョン・ドーア
・パトリシア・Q・ストーンシーファー

一九九八年には変更がない。一九九九年になると、弱冠三六歳のジョセフ・ガリが取締役会に入る。マーケッティングの才能を買われ、社長兼COO（最高運用責任者）に抜擢された。この年、ジェフ・ベゾスは社長職を一時的に譲って会長に退いた。しかし、二〇〇〇年七月二五日にはジョセフ・ガリは退けられ、ジェフ・ベゾスが社長兼会長兼CEO（最高経営責任者）に返り咲いた。ジョセフ・ガリの抜擢は迅速だったが、期待に応えられなければすぐクビである。厳しい企業文化である。

二〇〇一年、マーク・S・ハンセンが取締役会に迎えられた。流通と卸を扱うフレミング社の会長兼CEOである。二〇〇二年、スコット・クックが取締役会から消えた。地歩を固めたアマゾン・コムにとって、スコット・クックはすでに必要なくなっていたのだろう。それに、スコット・クック自身も燃え尽きてしまった印象を受ける。代わりに入ってきたのが、リーダースダイジェストアソシエーションの会長兼CEOのトーマス・O・ライダーである。

二〇〇三年、マーク・ハンセンが取締役会から消えた。代わりに入ってきたのがエレクトロニックアーツ社の執行副社長兼CCO（最高クリエイティブ責任者）のウィリアム・B・ゴードンである。二〇〇四年、二人の取締役が入ってくる。ゼロックスの元チーフサイエンティストのジョン・シーリー・ブラウンとジェネティック社の社長マートル・S・ポッターである。この体制は二〇〇七年まで変更がない。

二〇〇八年、イングラムマイクロの社長兼COOのアラン・モーニーが取締役に入ってくる。この体制は二〇〇九年も変わらない。二〇一〇年三月一六日、証券取引委員会SECへのフォーム8Kで、アマゾン・コムはきわめて簡単にジョン・ドーアの退任を報じた。

結局、アマゾン・コムの上場以来、取締役の座に変わらずいるのは、ジェフリー・ベゾス、トーマス・A・アルバーグ、パトリシア・Q・ストーンシーファーの三人だけである。最初は五人だったから、三人残っているではないかといわれるかもしれないが、取締役の数は増えているのに三人しか残っていない。適格でないとみなされれば、さっさと入れ替えられる。

フォーブスのフレッド・ボーゲルシュタインによれば、アマゾン・コムでの仕事は次のようだという。一流の記者は観察が鋭い。

「ジェフ・ベゾスは、笑いは絶やさないものの、仕事は厳しく、真剣で、多くを要求する。たとえば、ジェフ・ベゾスの毎週のマネージメントミーティングは四時間のマラソン会議で、博士号の口頭試験にも似たものだ。重役たちは、新製品、技術、価格戦略、コストコントロール評価などについてプレゼンテーションを行なう。すると、ジェフ・ベゾスは第一級検察官の技量をもって、あらゆる角度からみて自分が納得するまで質問する。」

テレビで蜷川幸雄氏の厳しい稽古風景を見たことがあるが、同じようなものかもしれない。ジェフ・ベゾスは定性的な答には満足しない。具体的な数字で定量的に答えられなければ満足しないのだ。

一方で、ジェフ・ベゾスはとにかく変わったおもしろい人だ。倉庫で従業員とゴム輪の撃ち合いを真剣にやるかと思えば、本社でも水鉄砲を従業員に向けて遊ぶ。廊下でリンゴをかじり、お手玉をする。廊下に置いてある動物の立ち姿勢の骨格模型にカメラを向けて、「スマイル（笑って）」と言ったりする。

かと思えば、エンジンなしのゴーカートを従業員に押させて廊下を突っ走る。大きな鉄枠でできたボーリングのボールに入って、従業員に押させて巨大なボーリングのピンを倒す。また、大きな風船に乗って従業員たちと跳ねまわる。庭でアクアラングをつけて、水を張った巨大なプラスチックの桶に飛び込む。テレビに出ては、背中におもちゃの馬の鞍をつけ、人に乗らせたり、乗ったりする。やんちゃなジェフ・ベゾスの別の一面である。

そうであっても、アマゾン・コムでの選別は厳しく、生き残るのはたいへん厳しい。

3　インベントリー物流

アマゾン・コムで感心するのは、サービスが迅速であることと、汚れていない本を買えること、また価格が安いことだ。

昔は、有名書店に海外発注しても、届くのに最低三カ月、ひどいときは一年もかかった。それでも、届けばよいほうだった。三〇％くらいは注文が消えてしまう。在庫なしの返事が来ればよいほうで、それも来ないでブラックホールに飲み込まれるように注文が闇の中に消えてしまう。さらに、昔は本が汚かった。有名書店などの洋書はみな汚れていたり、ページが折れていたりした。だいたいはカバーがない。専門書の洋書などの場合、まず国立の有名大学の研究室に見計らいにまわされて、汚れていたり、カバーがなくなっている。不愉快だ。それに昔は洋書の場合、為替レートが異常に高かった。一ドルをいったいいくらで計算しているのだ、と文句をいいたくなるほどだった。

こうしたことがアマゾン・コムの場合、ほとんど改善されている。通常の航空便でも一週間程度で届く。本は汚れておらず、だいたいきれいだ。本来はこんなことは商売の基本ではないかと思うが、在来の本屋さんはまったく守っていなかった。アマゾン・コムでは届いた本にカバーのないときは、文句をいえば別のコピーと取り替えてくれる。実際、かなり高価な本で文句をいったら、「送り返すと重い本で送料が高いから、送り返さなくて結構です。新しい本を送ります」とメールをもらった。実際に新しい本を送ってくれた。ただし、こんどもカバーがなかったのには苦笑したことがある。ほぼ為替レートどおりで本が手に入る、これも大事なことだ。とてもリーズナブルで納得する。

こうしたことは、アマゾン・コムのウェアハウスとフルフィルメントシステムの充実によるものだと思う。私がアマゾン・コムのどこに注目するかといえば、じつはそこだ。もともとのアマゾン・コムの思想は、無店舗販売で、物理的な店舗をいっさい持たず、在庫ゼロということだった。ある意味で、いかなる形態でも土地や建物を所有しない完全にバーチャル（仮想的）な世界の会社であろうとしていたように思われる。しかし、これには無理があり、ある時点からアマゾン・コムは猛烈な勢いでフルフィルメントセンターとウェアハウスを増やしていく。

創業時からフルフィルメントセンターとウェアハウスという言葉を使いながら、年次報告書でコンセプト（概念）の記述でなく具体的な施設を指す場合、一九九九年までは配送センター（ディストリビューションセンター）という用語を使っていた。それが、二〇〇〇年の年次報告書からフルフィルメントセンターとウェアハウスという言葉に変えた。また、このころから個別のフルフィルメントセンターとウェアハウスの設置期日が記述されなくなった。数が増えてきたからだろう。現在は面積だけが示されるようになった。米国の施設のみを記す。

・アリゾナ州　フェニックス
・デラウェア州　ウィルミントン（一九九七年）、ニューキャッスル（一九九七年）
・インディアナ州　プレインフィールド、ホワイツタウン、モンスター
・カンザス州　コフィービル（一九九九年）
・ケンタッキー州　キャンベルズヒル（一九九九年）、レキシントン（一九九九年）、ヘブロン、ルイビル
・ネバダ州　フェルネイ（一九九九年）、ファーンリー、ノースラスベガス、レッドロック
・ジョージア州　マクドノー（一九九九年）
・ノースダコタ州　グランドフォークス（一九九九年）
・ニューハンプシア州　ナシュア
・ペンシルバニア州　カーライル、チェンバーズバーグ、ヘーズルトン、アレンタウン、ルイスベリー
・テキサス州　ダラス、フォートワース
・バージニア州　スターリング

・ワシントン州　シアトル（一九九六年）

アマゾン・コムでは、本の発注伝票は各地の配送センターのウェアハウスに送られ、人手で検索され仕分けされる。コンピュータ化やベルトコンベアーの導入も進んでいるが、完全ロボット化はできない。本は大きさも重さもまちまちで機械化がしにくいとして、最後は二〇世紀初頭のテイラーシステムのような工夫に頼っている。これはまたずいぶんオールドファッションな方式であり、過酷な作業の一面も持っているらしい。

横田増生氏の『アマゾン・ドット・コムの光と影』（情報センター出版局、二〇〇五年）という本がある。たいへん参考になる本だ。日本でこのぐらいの厳しさだとすれば、米国ではもっと厳しいのだろうと推測される。GMのロジャー・スミス会長が一九八〇年代に考えたように、物流拠点や倉庫からすべての労働者を追い出して、ロボットとコンピュータとベルトコンベアーだけで処理をするようになるのかもしれない。一般の労働者にとっては、労働は厳しく、賃金は一般よりも安く、労働時間は長く、ノルマは厳しくつねにチェックされ、楽ではないようだ。米国の会社はみなそうだ。上に這い上がるためには、必死の努力が要求される。

アマゾン・コムがこれだけ安定した巨大会社になってくると、労働者を必死に努力させるには、何をインセンティブとして与えるかが問題になってくるだろう。『フォーブス』のフレッド・ボーゲルシュタインの伝えるところによれば、ジェフ・ベゾスは第4四半期にウェアハウスを一週間ほど視察するのだそうだ。ウェアハウスの責任者にとっては、税務当局の査察以上の過酷なものらしい。

ジェフ・ベゾスは、ピッキングのアルゴリズム、ラインのスピード、生産性などについて、質問の集中射撃を浴びせかける。自分が満足しないかぎり、質問は止めないという。少しオールドファッションでありながら、アマゾン・コムのシステムがきわめて生産性が高いのは、ジェフ・ベゾスのこうした努力によるものだろう。

私もほぼ毎日、米国や日本のアマゾンへ発注し、いろいろな本を集めている。最近は、本以外も国内のアマゾン・コムで買っている。ダッチオーブンという西部開拓史時代の鍋や、ボヘミアグラスのデキャンターまで買っている。ケーブルさえ、ついアマゾンで買ってしまう。楽で確実なのだ。都心の大学のせいかもしれないが、朝に頼めば夕方には配達されてくる。これにはあっと驚く。何でもアマゾンで買ってしまおうという時代が来ているのかもしれない。今後、普通の商店は苦しいだろう。厳しい選別が待っている。商店街にはシャッターを下ろしたままの店が増えるだろう。

4　創業以来の株高

売上げと株価は別のものだ。年次報告書を調べてみると、売上げだけならアマゾン・コムの実績はみごとに一直線に増加している（表13・1）。ただ、売上げと株価は相関関係にない。売上げが伸びていても、つらい時期はあった。だが、アマゾン・コムの強さは、どんなときにでも日銭が入ってきたことである。

現在、アマゾン・コムの株価は補正数値ではあるが、かなりの高値となっている。バブル期ならともかくとして、普通なら株価収益率ＰＥＲが七〇は高すぎる。iPad を出してアマゾン・コムに挑戦

表13.1　創業以来の総売上げと総利益

年	総売上げ	総利益
1995	511万ドル	▲30万ドル
1996	1575万ドル	▲625万ドル
1997	1億4788万ドル	▲3102万ドル
1998	6億0981万ドル	▲1億2455万ドル
1999	16億3983万ドル	▲7億1997万ドル
2000	27億6198万ドル	▲14億1127万ドル
2001	31億2200万ドル	▲5億5675万ドル
2002	39億3300万ドル	▲1億4993万ドル
2003	52億6400万ドル	3528万ドル
2004	69億2100万ドル	5億8845万ドル
2005	84億9000万ドル	3億5900万ドル
2006	107億1100万ドル	1億9000万ドル
2007	148億3500万ドル	4億7600万ドル
2008	191億6600万ドル	6億4500万ドル
2009	245億0900万ドル	9億0200万ドル
2010	342億0400万ドル	11億2900万ドル

した形のアップルも異常なほどの高値だが、ＰＥＲは二〇と適正数値だ。アマゾン・コムはまだ伸びると期待している向きも多いのだろう。

二〇一一年一月二八日付けのアマゾン・コムのアニュアルレポート（年次報告書）を読むと、ジェフ・ベゾスはまだバリバリの四七歳である。ジェフ・ベゾスに従う役員も一人だけ六〇歳がいるが、あとは全員四〇歳、五〇歳台である。年齢構成が著しく上にシフトした大学という環境にいる私からみると、信じられないくらい若い。

この精鋭集団アマゾン・コムは、これからどんな野望の実現と追求をめざしていこうとしているのだろうか。楽しみに思っている。

あとがき

米国のアマゾン・コムはほぼ毎日利用している。何度かメールアドレスを変更したせいもあって、正確にはわからないが、あるとき私の購入した本の総数が画面にふいに二六五〇冊と出てきて驚いたことがある。どこかにデータが残っているらしい。日本のアマゾン、フランスのアマゾン、イギリスのアマゾン、ドイツのアマゾン、イタリアのアマゾンから購入した本を含めると、だいたいその倍以上は購入したと思う。

最近は、本だけでなく、日本のアマゾンからは、ケーブルなどの電気部品やブルーレイディスクなどの材料や、枕や座椅子などの日用品まで買っている。都心の東京電機大学にいるせいか、朝に注文すると夕方には届いて、さすがにびっくりすることがある。

ただ、全集などの揃い物やCDやDVDの揃い物はアマゾン・コムのデータ管理が甘く、ときどき泣きをみる。入力の際に上巻か下巻か、巻の総数などきちんと入力するのはむずかしいのだろう。それを一つの名前にまとめると、とんでもないエラーが出る。6巻全部でこの価格は安いと思っていたら1巻だけしか届かなかったとか、パッケージの写真にCDは8枚と出ているのに1枚しか収録されておらず、あきれることがある。ユーザーが怒って文句を書いているのを散見する。ご愛嬌というところかもしれない。

アマゾン・コムの創立者ジェフ・ベゾスという人は昔から一風変わった人だと思っていた。稀有壮大な話をするけれども、本当かなと思ったりした。ふとしたきっかけでアマゾン・コムについて書きはじめて驚いたことは、虚飾や伝説が非常に多いということである。ジェフ・ベゾス自身、意識的に誇張して伝説や神話をつくりあげようとしていたようである。

それを一つずつ解明していくのがおもしろかった。ジェフ・ベゾスが何歳のときに起きた事件かを決定するだけで、インターネットからダウンロードした資料がバインダー一杯になってしまったことがある。全体として打ち出した資料の量はものすごく、紙袋やバインダーが邪魔で困った。本棚一つを占領してしまった。

いちばん信頼した資料は、アマゾン・コムの株式上場の目論見書と、SEC（証券取引委員会）に報告したすべての年次報告書である。これは嘘を書くと法律で罰せられるからだいたい信頼できる。もっとも、ある経済書には目論見書など当てにならないとあったから注意しては読んだ。年次報告書は、初期のものは自虐的なまでに正直で悲惨なくらいである。だから読んでおもしろいのだが、最近のものはきわめて優等生的で曖昧で読んでいてつまらない。

また、米国の裁判資料や特許の資料も多数参照した。また、アマゾン・コムのプレスリリースも役に立った。全部そろっているところがよい。ただし、組織防衛上、まったくもっともなことだが、ところどころ抜けがあったりする。それは別の資料を読んで埋めた。

本書成立について一言。『「工学」のおもしろさを学ぶ』という本が東京電機大学出版局から出ているが、その第2版に工学部長の私も書くようにと東京電機大学の古田勝久学長から指示があった。執筆依頼に来られた東京電機大学出版局の浦山毅氏に、「原稿は超特急で書きますから、このアマゾン・コムの原稿を出版してください」とちゃっかり依頼してしまった。ＯＫが出て浦山毅氏が編集に当たってくれた。とても克明に読んでいただいて厚く感謝している。

よく考えてみると、この本が世に出るきっかけになったのは、古田勝久学長のおかげである。心から厚く感謝する。また、極度の心配性で神経質な私を長い執筆期間中、支えてくれたのは「平気、平気、私がついてる」という家内の励ましであった。厚く感謝する。末尾ながら、子供の頃から文章を書くことの面白さを教えてくれた私の母にあらためて厚く感謝する。

脇　英世

【著者紹介】

脇　英世（わき・ひでよ）

昭和22年　東京生まれ

昭和52年　早稲田大学大大学院博士課程修了，工学博士

工学部長，工学部第1部長，工学部第2部長を2期4年勤めたのち，現在，東京電機大学工学部教授，出版局長。

著書に『Windows入門』『文書作成の技術』（岩波書店），『ビル・ゲイツの野望』『ビル・ゲイツのインターネット戦略』（講談社），『LinuxがWindowsを越える日』（日経BP），『インターネットを創った人たち』（青土社），『IT業界の開拓者たち』『IT業界の冒険者たち』（ソフトバンク）ほか。

情報通信技術審議会技術委員，基盤技術開発促進センター委員・技術委員，通信放送機構臨海研究開発プロジェクトリーダー，ほかに政府関係委員会，審議会委員などを歴任。

アマゾン・コムの野望　ジェフ・ベゾスの経営哲学

2011年6月10日　第1版1刷発行　ISBN 978-4-501-62680-8 C0034
2012年8月20日　第1版2刷発行

著　者　脇　英世

発行所　学校法人 東京電機大学　〒120-8551　東京都足立区千住旭町5番
東京電機大学出版局　〒101-0047　東京都千代田区内神田1-14-8
Tel. 03-5280-3433(営業) 03-5280-3422(編集)
Fax. 03-5280-3563 振替口座 00160-5-71715
http://www.tdupress.jp/

印刷：新日本印刷(株)　製本：渡辺製本(株)　装丁：大貫デザイン
落丁・乱丁本はお取り替えいたします。　Printed in Japan

事項索引

【す】

【せ】

人名索引

【た行】

【な行】

【は行】

【ま行】

【や行】